电动汽车充电桩原理与维修

（彩色图解＋视频）

谭本忠　编著

机械工业出版社

本书共分为 4 章。第 1 章为电动汽车充电技术，主要介绍电动汽车的电气系统和充电方式；第 2 章为电动汽车充电站的建设流程，主要介绍充电站的分类、选址、施工、运营、维护保养、收益，以及手续申报和设备采购等内容；第 3 章为电动汽车充电桩的工作原理与维修，主要介绍交流充电桩和直流充电桩的工作原理与维修技术；第 4 章为充电模块的工作原理与维修，主要介绍充电模块的工作原理和故障维修方法，以及维修充电模块所需要的设备。

本书语言精炼、以图为主、内容丰富、实用性强，配套视频课程，读者可通过“天工讲堂”小程序观看，既可供电动汽车充电站维保技术人员使用，也可作为充电桩及充电模块维修技术短期培训班教材，还可供职业院校新能源汽车专业的师生阅读和参考。

图书在版编目（CIP）数据

电动汽车充电桩原理与维修：彩色图解 + 视频 / 谭本忠编著 .—北京：机械工业出版社，2025.1.

ISBN 978-7-111-77765-6

Ⅰ.U469.72

中国国家版本馆 CIP 数据核字第 20252X1J85 号

机械工业出版社（北京市百万庄大街 22 号　邮政编码 100037）

策划编辑：谢　元　　　　　责任编辑：谢　元

责任校对：郑　婕　张　薇　封面设计：张　静

责任印制：郜　敏

中煤（北京）印务有限公司印刷

2025 年 3 月第 1 版第 1 次印刷

184mm×260mm · 10 印张 · 246 千字

标准书号：ISBN 978-7-111-77765-6

定价：99.90 元

电话服务　　　　　　　　网络服务

客服电话：010-88361066　机　工　官　网：www.cmpbook.com

010-88379833　机　工　官　博：weibo.com/cmp1952

010-68326294　金　书　网：www.golden-book.com

封底无防伪标均为盗版　机工教育服务网：www.cmpedu.com

前　言

随着新能源汽车的飞速发展，电动汽车充电站的建设必须走在前面。

充电站的建设需要用到场地、电力负荷和充电设备。充电站建好以后还需要相关人员对其进行运营和维护保养。因此，围绕充电站会形成一个非常大的产业链，包括充电桩的生产企业、充电站的投资建设企业和充电站的运营和维保企业。这些企业都需要大量的技术人才。

为了培养行业人才，编者结合多年从事充电桩维修技术培训的实战经验，编写了这本书。全书共分为4章。

第1章，电动汽车充电技术。目的是让读者对电动汽车的电气系统和充电方式有所了解。

第2章，电动汽车充电站的建设流程。主要介绍充电站的分类、充电站的选址、充电站的手续申报、充电站的设备采购、充电站的施工、充电站的运营、充电站的维护保养、充电站的收益等内容，让读者对充电站的投资建设有所了解。

第3章，电动汽车充电桩的工作原理与维修。由于充电桩包含充电模块，而充电模块是充电桩的核心部件，也是技术难度最大的部分，所以本书把这部分内容单独列为一章，即第4章。因此在第3章中只介绍充电桩除去充电模块以外的内容。本章主要介绍充电桩的分类、交流充电桩的工作原理与维修、直流充电桩的分类、直流充电桩的工作原理与维修。重点介绍了直流充电堆，简单介绍了液冷充电桩。

第4章，充电模块的工作原理与维修。本章介绍充电模块的组成、充电模块PFC板和DC/DC板的多种拓扑结构图，重点介绍目前市场上应用最多的英飞源和华为的充电模块。

维修充电桩既要掌握理论知识，又要进行实战训练，所以在本书中还简单介绍了电工基础知识和常用的维修方法。

在编写本书过程中，基本按照编者自己的工作经验并参考原厂资料来完成，由于水平有限，书中难免有不妥之处，望读者批评指正。

谭本忠

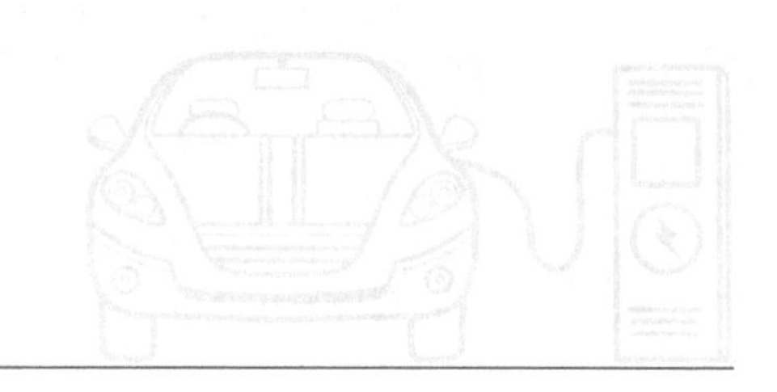

目 录

资源说明页

本书附赠67个微课视频

配套资源使用说明：

1. 微信扫码（封底“刮刮卡”处），关注微信公众号“天工讲堂”。

2. 点击“我的”“使用”，跳出“兑换码”输入页面。

3. 刮开封底“刮刮卡”，获得“兑换码”，输入“兑换码”“验证码”，点击“使用”，选择“全选”“结算”。

4. 进入微信小程序“天工讲堂”，登录后，可在“学习”中看到课程资源。

通过以上步骤，您的微信账号即可免费观看全套课程！

首次兑换后，微信扫描本页的“课程空间码”即可直接跳转到课程空间。

《电动汽车充电桩原理与维修》课程空间码

第1章

电动汽车充电技术

众所周知，我国的新能源汽车无论在数量上还是在技术上都处于世界领先水平，而且政府大力支持新能源汽车产业的发展。新能源汽车可分为混合动力电动汽车和纯电动汽车两大类，混合动力电动汽车又分为插电式混合动力电动汽车和增程式混合动力电动汽车两大类。

新能源汽车的动力电池目前主要分为磷酸铁锂电池和三元锂电池两大类，它们各自都有优缺点。无论用哪类动力电池都需要充电。大力发展新能源汽车，首先要建设好充换电网络。由于充换电设备在使用过程中经常会出现各种故障，为了使充换电设备正常运行，必须及时排除各种故障。

同时，在充电桩的生产、充电站的建设和维保中都需要大量的技术人员，他们必须掌握充电桩的工作原理与维修技术。充电桩的核心部件是充电模块，充电模块的结构复杂，技术难度大，必须通过专业学习才能掌握维修技术。在学习电动汽车充电技术之前，应先了解电动汽车的电气系统。

1.1 电动汽车的电气系统组成

本书只介绍纯电动汽车的电气系统。纯电动汽车的电气系统由动力电池、电机、电机控制器、车载充电机、DC/DC变换器、空调压缩机和高压控制盒等组成，如图1-1所示。

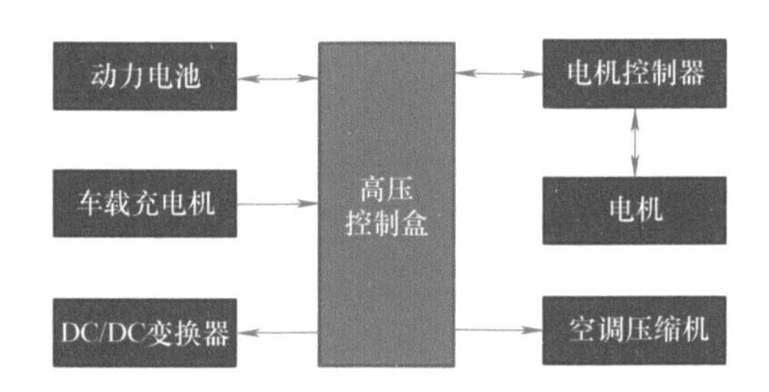

图1-1 纯电动汽车的电气系统组成框图

1.1.1 动力电池

1. 动力电池的作用

动力电池的作用主要是储存电能，提供电动汽车的驱动能量以及车上其他用电设备的电能。动力电池主要由电芯串并联组成，为了安全可靠地工作，动力电池有专用的管理系统，就是电池管理系统（BMS）。动力电池的热管理非常重要，并且对动力电池的温控系统要求很高。

2. 动力电池的电压

目前，动力电池电压分400V和800V两大系列。动力电池电压越高，对车上相关器件的品质要求就越高，车价也随之增高。因此，800V系统目前只在高档车上使用，低档车上基本都是400V系统。800V动力电池的优点是充电速度快，能耗低。

由于功率＝电压 × 电流，所以为了提高充电速度，就要增大单位时间的充电功率，因此必须从提高电压或提高电流两方面入手。每台车的充电电压和充电电流的大小是由该车动力电池的性能所决定的。随着动力电池技术的不断进步，充电速度也会不断提高。

3. 锂离子电池的工作原理

锂离子电池工作原理示意图如图1-2所示。

充电时：正极的Li^+和电解液中的Li^+得到电子向负极聚集，Li^+被还原成Li镶嵌在负极的碳素材料中。

放电时：镶嵌在负极碳素材料中的Li失去电子，进入电解液，电解液内的Li^+向正极移动。

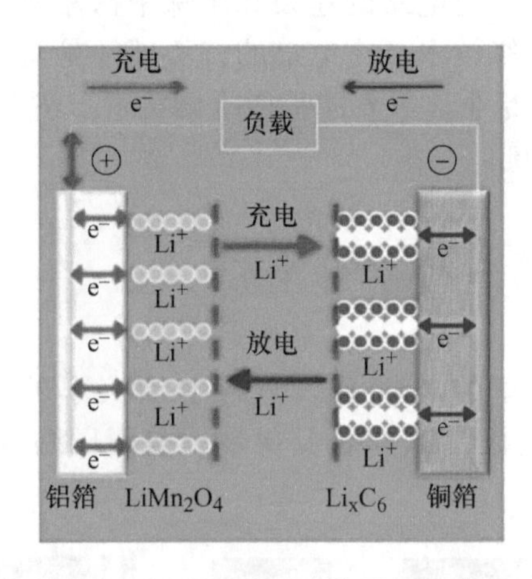

图1-2 锂离子电池工作原理示意图

充电过程：电源给动力电池充电，此时正极上的电子e^-通过外部电路“跑”到负极上，锂离子Li^+从正极“跳进”电解液里，“爬过”隔膜上弯弯曲曲的小洞，“游泳”到达负极与早就“跑”过来的电子结合在一起。

4. 动力电池的基本知识

（1）单体电池　单体电池实物图如图1-3所示。单体电池是构成动力电池模块的最小单元，一般由正极、负极、电解质、隔膜、外壳及端子（极端）等组成，可实现电能与化学能之间的直接转换。

（2）动力电池模块　动力电池模块实物图如图1-4所示。单体电池通过在物理结构和电路上连接起来，从而构成动力电池包的最小分组，可作为一个单元替换。

图 1-3　单体电池实物图

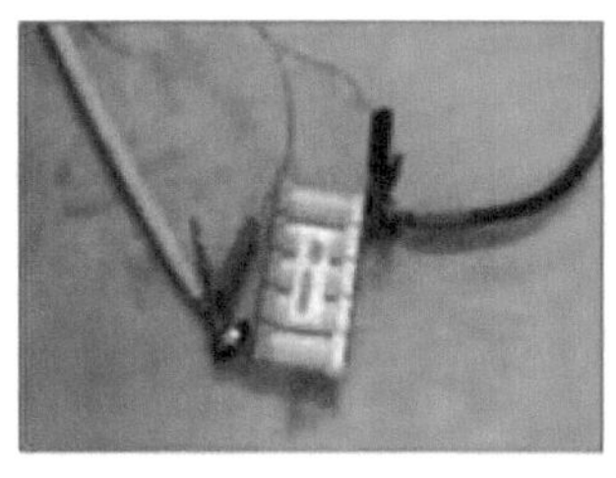

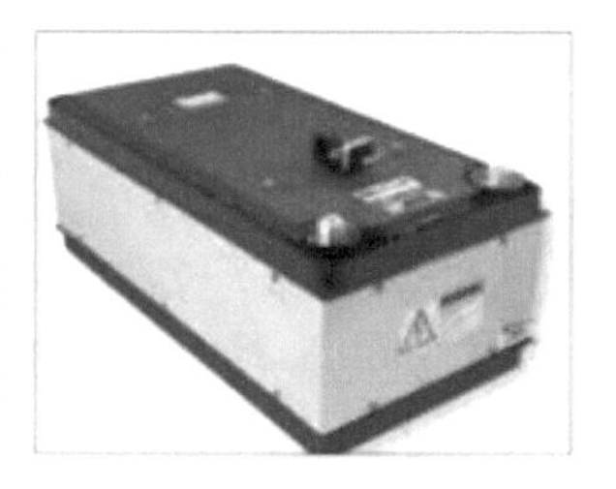

图 1-4　动力电池模块实物图

（3）动力电池包　动力电池包实物图如图 1-5 所示。动力电池包是能量储存装置，通常包括单体或模块，还包括电池电子部件、高压电路、过流保护装置、电池箱以及与其他外部系统（如冷却、高压、辅助低压和通信等）的接口。

（4）动力电池的串并联　动力电池包是由单体电池或模块通过串并联组成的。

电池串联增加电压，容量不变；并联增加容量，电压不变。

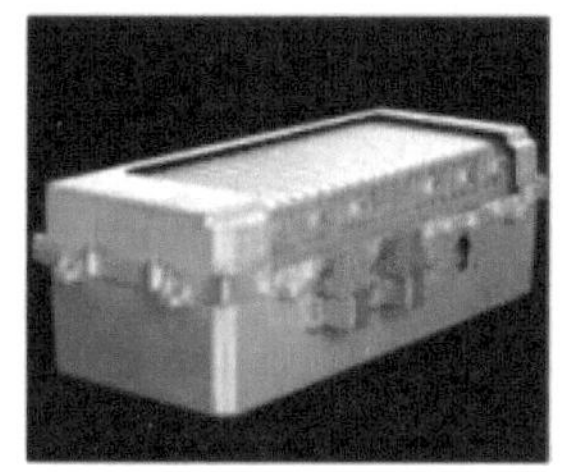

图 1-5　动力电池包实物图

复联是指通过同时增加动力电池的电压和容量来组成动力电池包。

注意事项：组合电池数越多，电池组的一致性越差。在组合电池时，一般应该使用同一系列、同一规格尺寸、性能相同的电池。这就是我们常说的电池的均匀性问题。通常表现在电压、容量和内阻等性能参数方面。

（5）电池的命名方法　不同的厂家有不同的命名规则，但针对通用电池业内都遵循统一的标准，根据电池的名称可以知道电池的尺寸等信息。IEC 61960《含碱性或其他非酸性电解液的二次电池单体或电池：便携式锂二次电池单体或电池》规定，圆柱形和方形电池的规则如下。

圆柱形电池：3 个字母后跟 5 个数字。3 个字母中，第一个字母表示负极材料，1 表示有内置的锂离子，L 表示锂金属或锂合金电极；第二个字母表示正极材料，C 表示钴，M 表示锰，V 表示钒；第三个字母 R 表示圆柱形。5 个数字中，前 2 个数字表示直径，后 3 个数字表示高度，单位都为 mm。

方形电池：3 个字母后跟 6 个数字。3 个字母中，前两个字母的意义和圆柱形一样，后一个字母 P 表示方形。6 个数字中，前 2 个数字表示厚度，中间 2 个表示宽度，后面 2 个表示高度（长度)，单位为 mm。

如：ICR 18650 是直径为 18mm，高度为 65mm 的通用的 18650 圆柱形电池；ICP 053353 是厚度为 5mm，宽度为 33mm，高度（长度）为 53mm 的方形电池。

1.1.2 车载充电机

1. 什么叫车载充电机

车载充电机是将电网的交流电转换为高压直流电给动力电池包充电的装置，大部分车载充电机的功率都为 7kW 左右，输入电压为交流 220V，也有少数车载充电机的输入电压为 380V 交流电，功率为 11kW 或 22kW。车载充电机在交流充电状态下使用，充电功率相对较小，充电速度较慢。

部分车型的车载充电机可以双向逆变，就是既可以把交流电变为直流电给动力电池包充电，也可以把动力电池包的直流电逆变为交流电外放给其他用电设备使用。

2. 车载充电机的结构和电路

一般来说，车载充电机可分为单向车载充电机、双向车载充电机和集成式车载充电机。

（1）单向车载充电机　单向车载充电机：功率单向流动。一般采用高频开关电源技术，拓扑结构分为单级式结构和两级式结构，只有充电功能。

（2）双向车载充电机　双向车载充电机：功率双向流动。多采用两级变换结构，由双向 AC/DC 转换器和双向 DC/DC 变换器组成。既有充电功能，也有逆变功能。

1）充电功能。从电网取电，经由地面交流充电桩、交流充电口，连接至车载充电机，给车载动力电池进行充电。

2）逆变功能。从车载动力电池取电，经由双向车载充电机、交流充电口、专用的 V2L 交流电插座板，给地面电气设备提供 220V 交流电。

（3）集成式车载充电机　集成式车载充电机实物图如图 1-6 所示。

1）OBC、DC/DC 变换器、PDU 等车载电源的集成：OBC+DC/DC 变换器二合一集成、OBC+DC/DC 变换器 +PDU 三合一集成。

2）电机、电控、减速器、OBC、DC/DC、BMS 等电驱 + 车载电源的集成：多合一集成。

（4）车载充电机电路　车载充电机电路主要由高压主电路和低压控制电路组成。

高压主电路可分为两个部分，第一部分是功率因数校正（Power Factor Correction，PFC）电路，该电路能实现电网交流电压变为直流电压，并保证输入交流电流与输入交流电压同相位。根据实际设计功率需求的不同，可采用多级 Boost 电路并联进行扩容。第二部分是 DC/DC 变换器电路，该变换器从 PFC 部分获得直流输出，并将其转换为电池充电所需的电平，变换器的输出电压和电流能基于电池的整体健康状态和充电状态随时间变化。根据实际设计功率需求的不同，可采用多级 DC/DC 变换器电路并联进行扩容，比较常见的 DC/DC 变换器电路拓扑有移相全桥拓扑和逻辑链路控制（Logic Link Control，LLC）拓扑两种。

图 1-6　集成式车载充电机实物图

低压控制电路负责控制 PFC 和 DC/DC 变换器电路中 MOS 管的开关，通过控制 MOS 管的开关来改变输出电压和输出电流。

1.1.3　DC/DC 变换器

DC/DC 变换器即直流 / 直流变换器，它可以将动力电池包的高压直流电变换为低压直流电提供给低压电器使用。车身电器大部分都是使用低压供电，所以必须将高压直流电变换为低压直流电。车身电器使用低压直流供电的原因有两点：①为了安全，所以使用低压直流供电；②为了节省成本，由于传统燃油车的车身电器都是采用低压直流供电，电动汽车的车身电器可以用传统燃油车的车身电器，这样成本会降低，也方便采购。

由于电动汽车上有了 DC/DC 变换器，使得大量的用电器可以在车上使用，这是传统燃油车无法实现的功能。

1.1.4　电机

电机是电动汽车的动力源，它将电能转换为机械能来驱动汽车，由于在电动汽车上的电机还具有能量回收的功能，所以电机既可以驱动，也可以发电，即电机在驱动状态下是电动机，在能量回收状态下是发电机。

目前，电动汽车主要使用的是三相异步电机和永磁同步电机，永磁同步电机由于效率较高，已被多数电动汽车采用。

永磁同步电机对温度的要求很高，温度过高会使磁铁失磁，所以电动汽车的电机必须装温控系统。

由于电机的控制比较简单，使得电动汽车的调速和制动简单可靠，这是电动汽车相比传统燃油车的优势。

1.1.5　电机控制器

电机控制器通过将动力电池包提供的高压直流电转换为三相交流电来驱动电机。同时，在能量回收状态下，又要将电机发的三相交流电转换为直流电给动力电池包充电。电机控制器主要由六个绝缘栅双极晶体管（IGBT）组成的高压转换电路和控制 IGBT 开关管的低压控制电路组成。

随着电动汽车动力电池电压的提高，电动汽车对电机控制器的要求也在不断提高。800V 系统的电机控制器上的开关器件需要使用具有高耐压值的碳化硅（SiC）器件，因此电机控制器的成本也会增加。

1.1.6　空调压缩机

空调压缩机在电动汽车中的作用除了调节车内温度以外，还要调节车内高压电气部件的温度，在一些高档电动汽车中对空调压缩机的要求非常高。空调压缩机主要由三相交流电机驱动涡旋压缩机来产生制冷效果，空调压缩机内的电机控制器将高压直流电转换为三相交流电来驱动电机。

由于动力电池和电机的温控都由空调压缩机来完成，因此空调压缩机的性能非常重要。

1.1.7　高压控制盒

高压控制盒的作用是将上述高压部件联系在一起。高压控制盒主要由高压开关、熔断器、储能电容等组成。电动汽车由于有高压电，所以对安全性要求很高。所有的高压部件都由低压控制电路控制，高压部件采用了高压互锁电路，当低压控制电路检测到高压互锁电路正常时才会提供控制信号让高压部件工作。

1.2　电动汽车的充电方式和原理

1.1 节介绍了电动汽车的电气系统，在电气系统中与充电有关的零部件主要是动力电池和车载充电机。动力电池的能源需要不断被补充，补充能源的设备就是充电桩。使用充电桩给电动汽车充电的方式有交流充电和直流充电两种方式，其示意图如图 1-7 所示。这

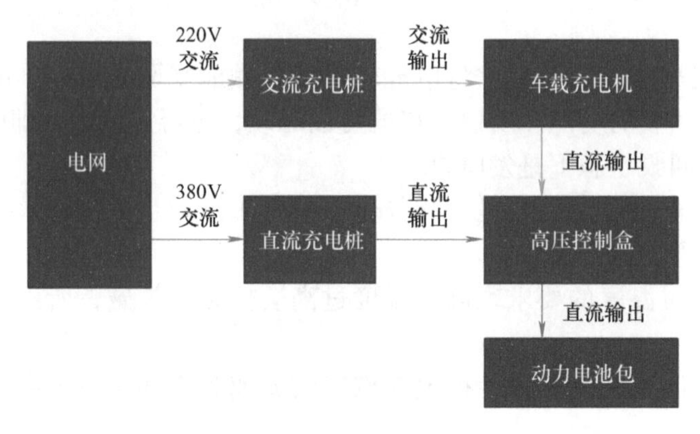

图 1-7　交流充电方式和直流充电方式示意图

两种充电方式的充电速度差别很大，由于交流充电方式很慢，所以被称为慢充；直流充电方式充电速度很快，所以被称为快充。两种方式各有特点，适合不同的使用场景。

1.2.1　直流充电方式

由于直流充电的充电速度较快，故俗称为快充，即快速充电，也称为应急充电。直流充电方式主要通过充电站的直流充电桩，将高压直流电直接输送到电动汽车的动力电池中。直流充电座和直流充电枪实物图如图 1-8 所示。

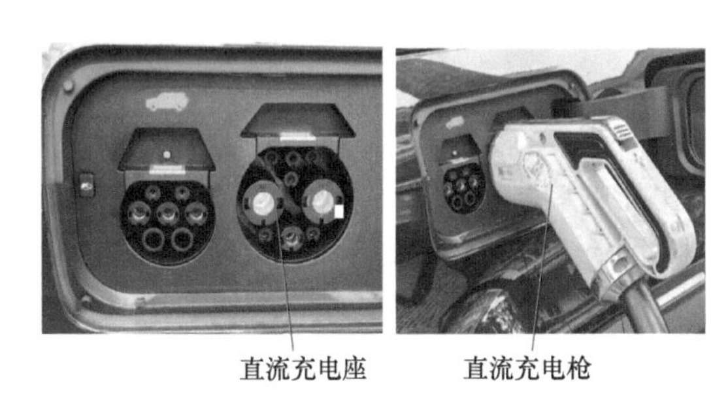

图 1-8　直流充电座和直流充电枪实物图

1. 工作原理

直流充电桩的工作原理简图如图 1-9 所示，可分为四个部分。

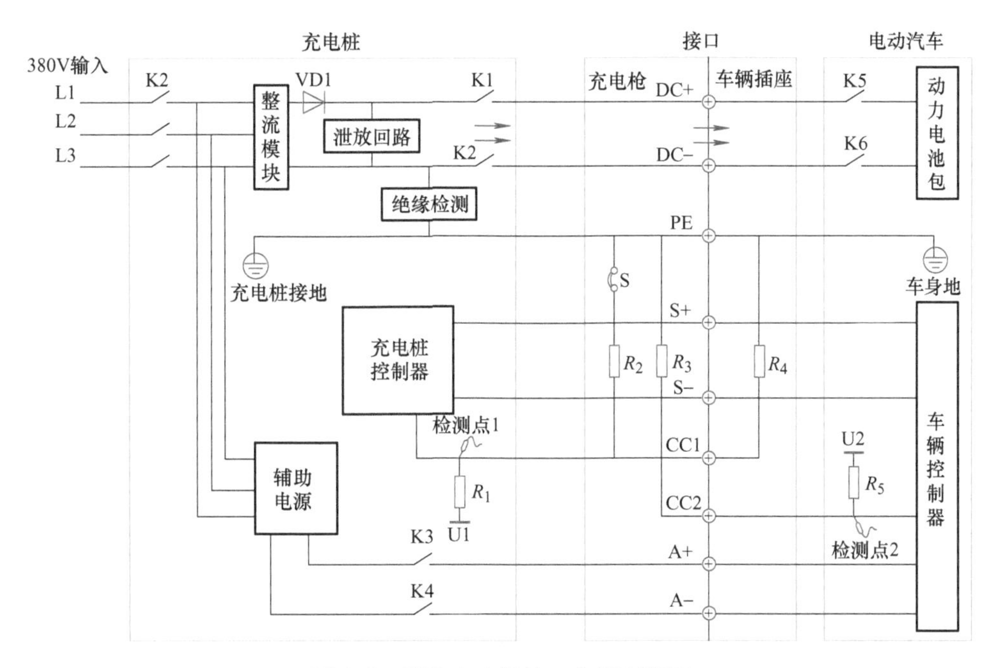

图 1-9　直流充电桩的工作原理简图

第一部分为交直流转换部分，即充电模块，其作用是将 380V 的三相交流电转换为直流电输出。充电模块在充电桩中起主要作用，充电桩功率的大小取决于充电模块的功率和充电模块数量的多少，比如 4 个 30kW 的充电模块的充电桩功率就是 120kW。

第二部分为充电桩控制器，其作用是控制充电桩的工作，动力电池包与充电模块之间的信息交换都要经过充电桩控制器。另外，充电桩控制器还有计费等功能。

第三部分为辅助电源部分，其作用是提供充电唤醒信号。辅助电源一般为单独的模块，有输入 380V 的电源模块，也有输入 220V 的电源模块，大多数电动汽车都使用 220V 的电源模块。输出电压有 12V 和 24V 两种，大多数电动汽车使用 220V 输入 12V 输出的电源模块。如果充电桩交流输入没有接零线，可以采用接入 380V 转 220V 的变压器。

第四部分为保护电路，保护电路由绝缘检测电路和泄放电路组成。

2. 优点与缺点

直流充电桩的优点是输入电压较高，因此可以提供较大的功率，使得输出电压和电流调整范围大，能够满足快充的要求。

直流充电桩的缺点是由于充电电流较大，对动力电池的寿命可能有一定影响。

3. 工作设备

直流充电桩的核心部件是充电模块。充电模块由 PFC 板和 DC/DC 板组成，其中 PFC 板将交流电转换为直流电，再通过 DC/DC 变换器调整电压和电流，以满足动力电池的充电需求。

1.2.2 交流充电方式

由于交流充电的充电速度较慢，故俗称为慢充，即慢速充电，主要用于家用充电桩。

交流充电方式是将电网的 220V 交流电通过交流充电桩接入车辆的交流充电口，再通过车载充电机将 220V 交流电转换为高压直流电给动力电池充电。直流输出的电压应根据车辆动力电池包的电压而定。交流充电座和交流充电枪实物图如图 1-10 所示。

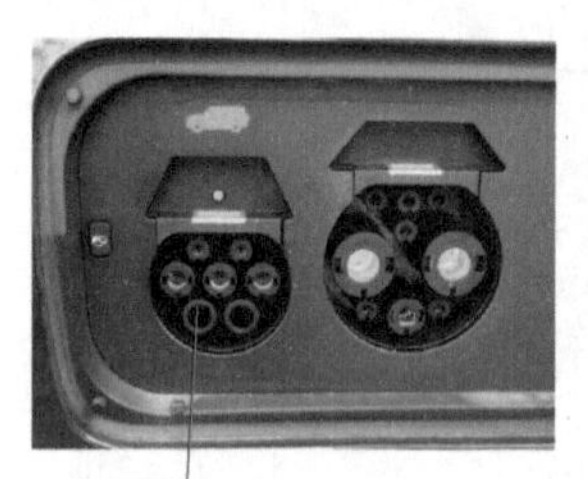

图 1-10 交流充电座和交流充电枪实物图

交流充电桩除了家用以外，公共充电站也有使用，主要用于目的地充电站，如小区和写字楼地下停车场。

1. 工作原理

交流充电桩的工作原理简图如图 1-11 所示。交流充电桩的工作原理很简单，没有交直流的转换模块，交直流的转换由车载充电机来完成。电压值根据车辆动力电池包的电压来确定，从而为电动汽车的动力电池充电。

慢充一般采用小电流的恒压或恒流充电方式，通常充电时间为 5 ～ 8h，甚至长达 10 ～ 20h。

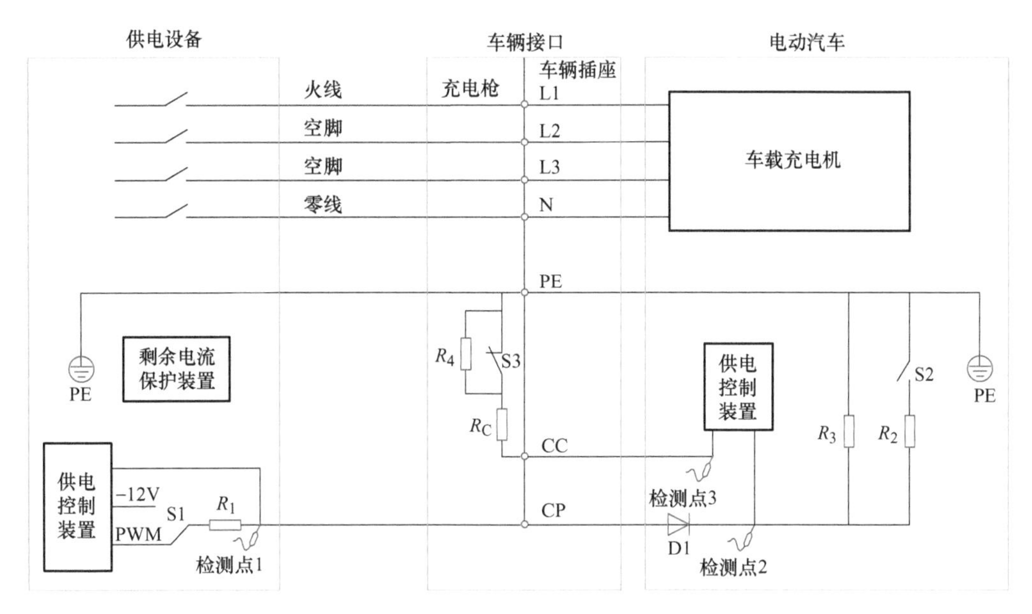

图 1-11　交流充电桩的工作原理简图

2. 优点与缺点

交流充电桩的优点是由于电流较小，慢充对动力电池的寿命影响较小。同时，由于主要利用家用电源，因此安装和使用相对便捷。

交流充电桩的缺点是充电时间较长，不太适合需要快速充电的场景。

3. 工作设备

交流充电桩固定安装在电动汽车外，与交流电网连接。交流充电桩只提供电力输出，没有交直流转换功能，需连接车载充电机为电动汽车充电。车载充电机将交流电转换为直流电，为动力电池充电。交流充电桩在这个过程中起控制开关的作用。

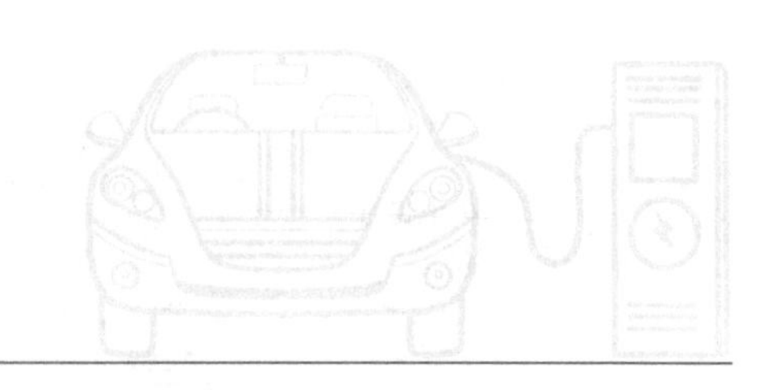

第2章 电动汽车充电站的建设流程

为适应电动汽车的飞速发展，必须建全充电网络，“先有桩再买车，有了车再养桩”，也就是充电站的建设应该走在前面。本章将详细介绍怎样高效建设好充电站。

2.1 建设充电站的必要条件

充电站的种类很多，无论建设怎样的充电站，建站都必须满足三个必要条件：一是场地，二是电力负荷，三是充电设备，如图 2-1 所示。

图 2-1 建充电站的必要条件示意图

2.1.1 建充电站的场地

1）建设充电站必须要有产权证明的建设用地。农业用地、林业用地等非建设用地都不允许建充电站。能否建充电站必须经当地发展改革委（或工信局）审批。

2）场地可以是大型停车场、酒店或饭店的停车场、小区或工业园区的停车场、居民自建房、村委会广场等。

3）场地必须有电力负荷。

2.1.2 建充电站需要的电力负荷

1）充电站是将三相交流电转换为直流电给动力电池包充电，因此要建充电站首先电网要有相应的电力负荷提供。

2）根据变压器的不同分为公共变压器、商用变压器、工业变压器和专业变压器 4 大类。

3）在场地所在地电力负荷不够的情况下可以考虑增容。

2.1.3 建充电站需要的充电设备

1）充电桩：充电桩是建设充电站的主要设备，充电桩的型号很多，应根据充电站的需求和电力负荷的情况综合考虑选择什么样的充电设备。

2）其他供电设备：变压器、开关柜、电缆等。

2.2 充电站的分类

根据场地条件和电力负荷的大小，把充电站分为四大类：微型充电站、中小型充电站、大型充电站和超级充电站。

2.2.1 微型充电站

微型充电站实物图如图 2-2 所示。

1. 微型充电站的条件

微型充电站应具有 1 个车位、单桩单枪，并且电力负荷应在几十千瓦左右。

2. 微型充电站的应用场景

微型充电站可应用于居民自建房、小酒店、小饭店、农庄等地点。

3. 微型充电站的优点

微型充电站的优点是投资少、容易建、收益高，适合私人投建。

4. 微型充电站的缺点

微型充电站比较分散，管理麻烦，不适合大公司投建。

图 2-2 微型充电站实物图

2.2.2 中小型充电站

中小型充电站实物图如图 2-3 所示。

1. 中小型充电站的条件

中小型充电站应具有 2 ～ 8 个车位、单桩双枪、单桩多枪，并且电力负荷应在 200kW 以下。

2. 中小型充电站的应用场景

中小型充电站可应用于专业停车场、中小型商场停车场、中小型酒店或饭店停车场、中小型工业园区停车场等地点。

3. 中小型充电站的优点

由于中小型充电站的电力负荷在200kW以下，因此中小型充电站不需要加装专用变压器。投资相对较小，收益高，风险小。

4. 中小型充电站的缺点

中小型充电站比较分散，管理麻烦，适合中小企业投资建站，不适合大公司投资建站。

图2-3　中小型充电站实物图

2.2.3　大型充电站

大型充电站实物图如图2-4所示。

图2-4　大型充电站实物图

1. 大型充电站的条件

大型充电站的电力负荷应在200kW以上，应具有单桩双枪、充电堆、交流充电桩，对场地要求高，停车位数量应较多，投资相对较大。

2. 大型充电站的应用场景

大型充电站可应用于大型专业停车场、大型商场停车场、大型酒店或饭店停车场、大型工业园区停车场、大型物流园停车场等地点。

3. 大型充电站的缺点

由于大型充电站的电力负荷在200kW以上，因此大型充电站必须加装专用变压器。

投资相对较大，风险高。

4. 大型充电站的优点

大型充电站的充电设备比较集中，便于管理，还有很多增值服务，适合中大型企业投资建站。

2.2.4　超级充电站

超级充电站实物图如图 2-5 所示。

图 2-5　超级充电站实物图

1. 充电设备的组成

由于电动汽车的充电功率相差很大，只有部分电动汽车能够使用液冷超充充电，所以充电设备必须由液冷充电桩和风冷充电桩共同组成。

2. 超级充电站的优点

超级充电站有以下优点：

1）由于超级充电站的充电速度比较高，使得充电的翻牌率大大提高，从而高效利用了场地。

2）超级充电站投资成本高，但由于采用液冷充电设备，维护成本大大降低。

3. 超级充电站的缺点

超级充电站对电力负荷的要求很高，投资相对较大，目前风险较大。

4. 超级充电站的发展趋势

为了满足电动汽车大功率充电，要解决充电桩数量少的问题，必须建设超级充电站。

2.3　充电站的选址

2.3.1　根据充电站的类型来选址

1. 微型充电站的选址

微型充电站选址一般在居民自建房、小型酒店（饭店）等。

2. 中小型充电站的选址

中小型充电站选址一般在中小型商场、酒店（饭店）、小区、办公楼、村委会等停车场。

3. 大型充电站的选址

大型充电站选址一般在大型停车场、大型酒店（饭店）、政府建充电站的专用地。

2.3.2 根据电力负荷来选址

1. 不需要加装变压器

如果公共变压器、商用变压器、工业变压器的电力负荷在满足正常用电设备使用后仍有余量，就可以用于安装充电桩，地址应该尽量选在变压器附近。

2. 需要加装变压器

如果有合适的场地，但当地没有所需要的电力负荷，可以到电力公司申请加装变压器。

2.3.3 根据车流量来选址

公共充电站的主要客户是网约车和货运电动汽车，所以在选址时可以选这些车辆经常停留的地方。

1. 城市内充电站的选址

城市内运营车辆多的地方主要是物流园、大型商场、大型小区，所以选址在物流园、大型商场、大型小区停车场比较好。

2. 城市外的选址

城市外运营车辆多的地方主要是高速公路出入口、村委会、大型景区等，所以选址在高速公路出入口、村委会、大型景区停车场比较好。

2.4 建设充电站的手续申报

建设充电站必须到相关部门申报有关手续，目前主要是两个部门，一是当地发展改革委（或工信局）、二是电力公司。

2.4.1 到当地发展改革委（或工信局）申报手续

1. 审批场地

场地能否建充电站需要审批，只有满足审批条件的场地才能建充电站。所以在找到场地后首先应该去当地发展改革委（或工信局）审批，等审批通过后再去其他部门办理相关手续。

2. 备案

当充电站建好后要去当地发展改革委（或工信局）备案，也就是办理合法手续。手续办完以后可以领取建站补贴，或者在将来需要拆迁时领取补偿等。

以广州市经营性电动汽车充（换）电设施项目为例，介绍电动汽车充（换）电站登记流程，如图 2-6 所示。

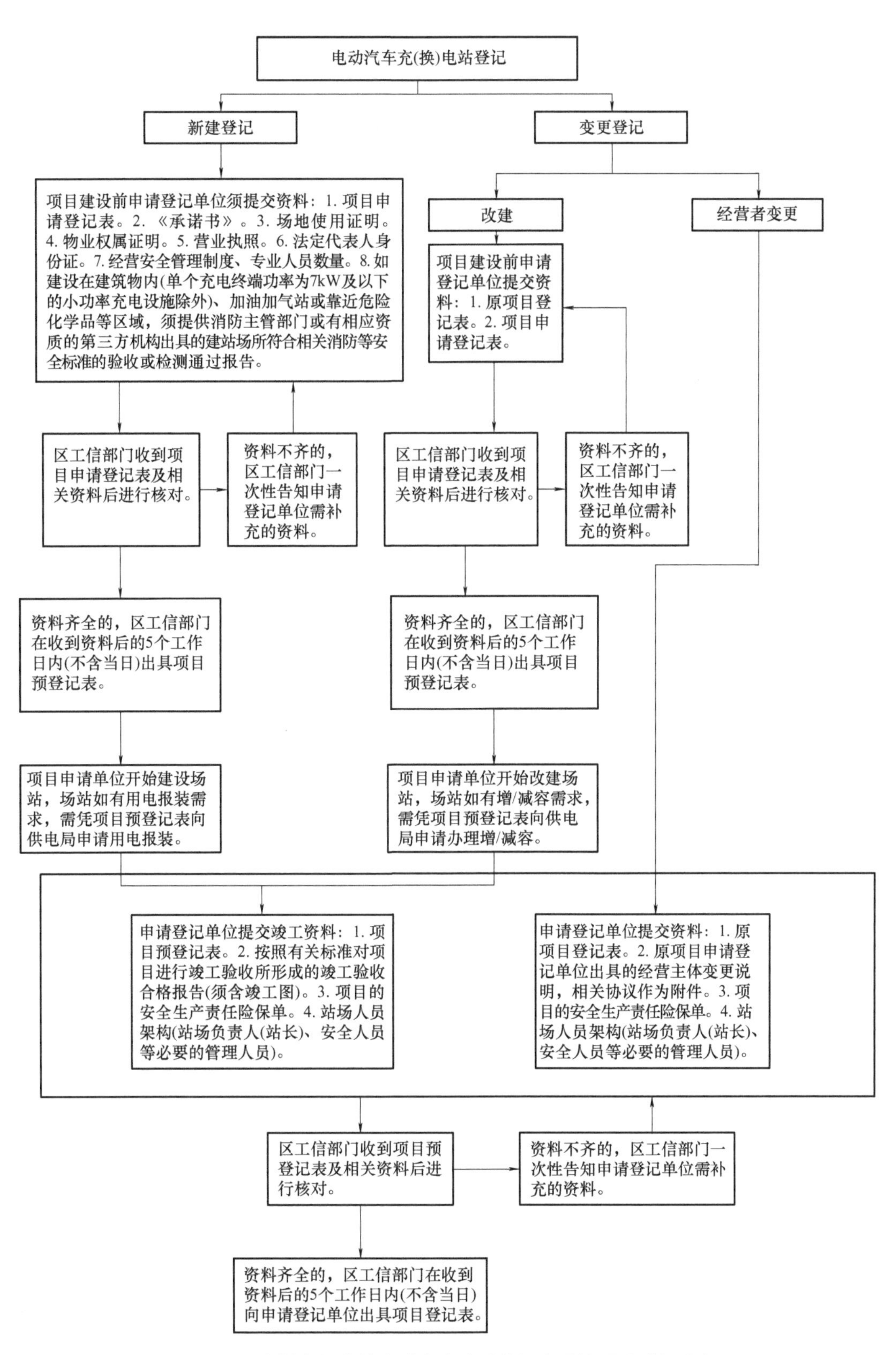

图 2-6　广州市经营性电动汽车充（换）电设施项目登记流程

2.4.2 到电力公司申报手续

1. 需要办理以下手续

1）拿到场地资料去电力公司申请电力负荷。

2）电力公司根据申请派人到场地现场做电力负荷的勘测，当负荷满足要求时，免费安装新能源电表。

3）办理电费缴纳手续。

4）当电力公司到现场勘测出场地电力负荷不满足要求的情况时，就要申请电力负荷的增容。

5）需要增容时，也要到电力公司办理增容手续。

2. 办理流程

电力公司分为国家电网和南方电网两类，南方六省的电力资源由南方电网负责，其他省份的电力资源都是由国家电网负责。由国家电网管辖的省份到国网办理，由南方电网管辖的省份到南网办理。无论是哪个电网公司都可以在网上办理相关手续，国网是网上国网，南网是南网在线。以广东地区低压充电桩报装流程为例，如图 2-7 所示。

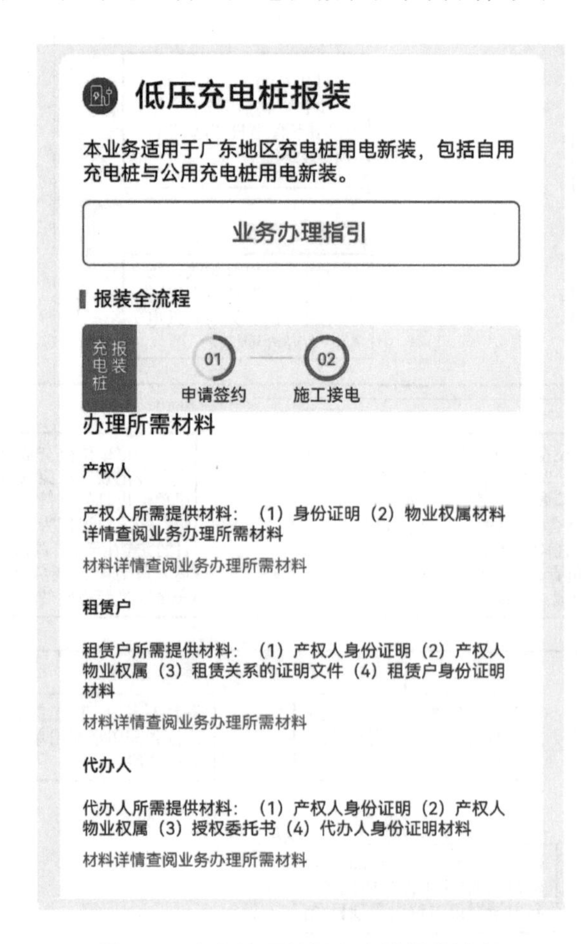

图 2-7 广东地区低压充电桩报装流程

2.5　充电站的设备采购

2.5.1　充电设备的采购

充电桩是充电站的主要设备，生产充电桩的厂家有很多，应该根据场地和电力负荷综合评估后决定购买哪款充电桩，以免造成浪费。充电桩的功率 = 充电模块功率 × 充电模块数量，充电站的总功率为所有充电桩功率的总和，电力负荷应该大于等于充电桩的总功率。

目前多数充电桩厂家采用和场地方合作分成的方式，这种方式可以强强联手，有利于快速发展。

2.5.2　供电设备的采购

充电站的供电设备主要是电缆线、变压器、开关柜等。

1. 电缆线

如果电力负荷能满足需要，则不需要加装变压器，只需要从新能源电表引出三相电源，需要采购的就是电缆线。如果变压器离充电桩的位置太远，线路损耗就会很大，进而会使充电模块输入电压过低，造成充电模块不工作。因此，在选用电缆线时要考虑线损的影响，不能太节省成本。

电缆线有铜线和铝线两种。铜线的性能好，但是价格贵；铝线的价格低，但是性能比铜线差。所以应该根据实际情况来选择用铜线还是用铝线。

2. 变压器

如果电力负荷不够，则需要加装变压器，那么就需要采购变压器。变压器的种类很多，应根据实际情况和资金的多少进行选择。变压器的加装过程中同样要考虑线损的问题。

3. 开关柜

为了方便检修，一般在变压器与充电桩之间加装开关柜。

2.6　充电站的施工

2.6.1　充电站的土建施工

1. 整理场地

充电站的场地应该符合充电站的场地要求，如果不满足要求，应该对场地进行整理，还要配备安全防护设备、行车指引标志等。

2. 做好设备固定底座

为了固定充电桩，必须建好固定基座，基座一般用混凝土建成，还要打好地线。

3. 做好电缆线的铺设管道

充电站的电缆比较多，为了安全和便于检修，电缆一般铺设在管道内。管道的种类很多，可以根据实际情况进行选择。

2.6.2 充电站的设备安装和调试

1. 安装充电设备

充电设备主要是充电桩。由于充电桩的厂家很多，充电桩的种类也很多，各厂家的要求也不相同。但充电桩都要固定在基座上，并且一定要做好接地，从而保证充电桩的安全运营。

2. 安装供电设备

供电设备主要是变压器、开关柜和电缆线。

如果电力负荷满足要求，就不需安装变压器，只需安装开关柜和电缆线。

如果电力负荷不满足要求，就必须安装变压器。变压器的安装要求很高，应满足安装要求，电力公司才能验收，验收合格以后才能送电。

3. 调试充电设备

充电设备和供电设备安装完成后要对充电桩进行调试。调试过程中要用到专用设备，并且要加负载进行测试。当测试正常后，才能对外运营。

由于充电桩是大功率设备，对其安全性要求很高，特别是对绝缘性能的要求较高，一定要保证接地正常。

2.6.3 充电站的上线

公共充电站的充电设备必须采用物联网上传到平台上才能正常运营。早期的充电站大多数为内部使用，不需要线上运营。但现在的公共充电站基本都是线上运营的，驾驶人只需在手机导航地图上搜索就能找到充电站的位置。通过平台收费的方式付款，非常方便。

2.7 充电站的运营

在充电站建好以后对充电站的运营非常重要，会直接影响充电站的收益和充电顾客的充电感受。对充电站的运营分后台管理和日常维护两部分。

2.7.1 充电站的后台管理

充电站都要有运营平台，可能有的充电站有自己的运营平台，有的充电站挂靠专业的运营平台，如图 2-8 所示，云快充平台就是专业的运营平台，很多中小型的充电站都挂靠在这个平台上运营。

1. 平台可以查询各充电枪的运行情况

每个充电枪都通过物联网上传数据到充电站管理平台，平台可以显示每个充电枪的运行情况以及收取的费用等。

图 2-8　云快充运营管理平台

2. 调整充电收费价格

充电站的充电收费价格 = 充电站当地当时的电网电价 + 服务费的价格。由于电价在不同的地方和不同的时段也有不同，服务费的价格也会变化，所以在平台上要根据情况进行价格调整。

3. 可以初步查询充电设备的好坏

根据平台对充电设备的检测，可以看到哪个设备工作不正常，以及时通知相应的维保人员去现场处理。

2.7.2　充电站的日常维护

1. 充电站的巡检

在充电站的实际应用中，有很多小故障发生的频率很高，需要及时处理。如外部因素引起的跳闸等，只要外部原因消除，重新把开关闭合充电桩就能正常工作。

2. 充电站环境卫生的打扫

充电站是公共场所，在驾驶人充电过程中，会产生各种垃圾，因此一定要定时打扫充电站。

充电站还应设有公共卫生间，也要对其定时打扫。

3. 充电桩防尘网的清洗

目前，大多数的充电桩都采用风冷的冷却方式，风冷的充电桩安装有防尘网，防尘网在长期使用后会积累大量的灰尘，因此必须及时对防尘网进行清洗，如图 2-9 所示。

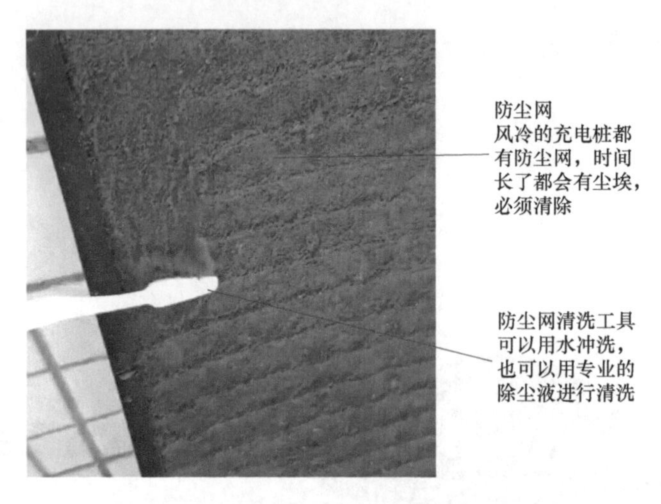

图 2-9　防尘网清洗实物图

2.8　充电站的维护和保养

2.8.1　充电站的日常巡检

1. 小故障的排除

充电桩是大功率设备，而且多数充电桩工作在户外，所以充电桩的故障率相对较高。有些小故障可以很容易排除，只要对工作人员稍加培训就能处理好。

2. 防尘网的清洗

前文已经介绍过，风冷充电桩必须定时清洗防尘网。

3. 液冷充电桩冷却液的更换

液冷充电桩中要使用冷却液，长期使用后也要进行更换。

2.8.2　充电桩的设备维修

1. 充电枪的更换

充电枪的使用非常频繁，长期使用后也可能发生损坏，必须及时更换。

2. 充电桩熔断器的更换

充电桩是大功率设备，在其输出端装有熔断器，当输出电流过大时熔断器会烧毁，必须及时更换。

3. 辅源模块的更换

辅源模块在使用过程中也有可能损坏，损坏后必须及时更换。

4. 母线输出继电器的更换

充电桩的输出端一般都有输出控制继电器，该继电器也有可能损坏，损坏后必须及时更换。

5. 充电桩控制主板的更换

充电桩控制主板的故障率相对较低，但也有可能损坏。当主板损坏后，一般充电桩厂家会更换新的主板，旧的主板发回厂家进行维修。

6. 信号板的更换

充电桩上一般有信号板和功率控制板，信号板的故障率也很低，如果损坏，也要更换新的信号板。

7. 充电模块的更换

充电模块是充电桩的核心部件，其故障率很高。当充电模块损坏后必须更换，并发到专业的维修公司进行维修。

2.8.3 充电桩充电模块的维修

1. 充电模块是充电桩的主要部件

直流充电桩是将三相交流电转换为直流电给车辆充电的装置，其中实现交流转换直流的部件就是充电模块。

2. 充电模块的故障率较高

由于充电模块的工作电压高、工作电流大，并且充电模块的工作环境恶劣，因此充电模块的故障率比较高。

3. 充电模块的维修难度大

由于充电模块的电路比较复杂，既有高压主电路，也有低压控制电路，工作人员必须经过严格培训才能维修。

4. 充电模块的维修必须专业化

充电模块必须要用专用设备进行测试，所以必须由专业公司维修。

2.9 充电站的收益

充电站的收益可分为两部分，一部分是直接收益，另一部分是间接收益。

2.9.1 充电站的直接收益

充电站的直接收益是收充电服务费。

充电付费 = 充电价格 × 充电度数

充电价格 = 电网电价 + 服务费单价

由于电网的电费要缴纳给电网，所以充电站的直接收益就是服务费。服务费的价格由充电站自己设定，电网的电价是变的，每天在不同时间段不同，有峰谷平电价之分，一般车主都尽量选择在电价低的时段给车辆充电。

2.9.2 充电站的间接收益

充电站的间接收益是增值服务，一般有以下增值服务。

1. 酒店、饭店、商场等的引流

充电站如果建在商场、酒店、饭店的附近，是很好的引流方式。一般电动汽车驾驶人都会选择有充电站的地方进行消费，比如晚上住在有充电站的酒店，就能在酒店充电站充电。

2. 汽车保养客户的引流

电动汽车也需要洗车、保养，在充电站充完电后可以直接洗车、保养对车主来说比较方便。

3. 新能源汽车小镇

（1）高速公路服务区充电站的现状　目前高速公路服务区充电站的充电桩较少，而且增容比较困难。

目前，驾驶人在高速公路上充电难的问题很严重，很多人问："为什么不在高速公路服务区建更多的充电设施？"其原因主要是受到场地和电力负荷的共同影响，很难在高速公路服务区建设大型充电站。

（2）在高速公路出口到城镇的路边建设大型充电站　在高速公路出口到城镇的路边建设大型充电站，可以解决高速公路服务区充电难的问题，同时又能以充电站为入口，将顾客引进来消费，建设旅游休闲小镇。

新农村建设也应该把充电站的建设考虑进去，既能解决驾驶人充电难的问题，又能以充电站作为引流入口，建设美丽农村。

第 3 章

电动汽车充电桩的工作原理与维修

充电桩是充电站的主要设备，按照冷却方式的不同分为风冷充电桩和液冷充电桩，目前大多数充电站安装的都是风冷充电桩，所以本书只介绍风冷充电桩。

充电桩按照充电方式的不同，可以分为交流充电桩和直流充电桩两大类。

直流充电桩按照枪线的多少，可以分为单桩单枪、单桩双枪和单桩多枪（充电堆）。

由于充电桩一般安装在室外，工作环境恶劣，所以故障率较高。

早期的充电桩比较简单，大多数是单桩双枪的充电桩，而且功率都不大，以 60kW 和 120kW 为主，充电模块的功率也多为 15kW 或 20kW。随着电动汽车充电功率的不断加大，对充电桩充电速度的要求也越来越高。为了满足高速充电的要求，充电桩的功率也越来越大，对充电桩智能控制技术和降温冷却技术的要求也越来越高，所以现在对充电桩的维修必须由专业技术人员来完成。

充电桩包含充电模块，由于在下一章要专门介绍充电模块的工作原理与维修，所以本章只介绍充电桩内除充电模块以外部分的工作原理与维修。

在介绍充电桩的工作原理之前，先简单介绍一些电工基础。

3.1 电工基础知识

1. 电流

图 3-1 生动地描述了电路中三大要素（电压、电流、电阻）的相互关系，电压是电子流过导体（电路）形成电流的动力，而电阻就是电子移动过程中遇到的阻力，不过只有在封闭的电气回路中才能形成电流。

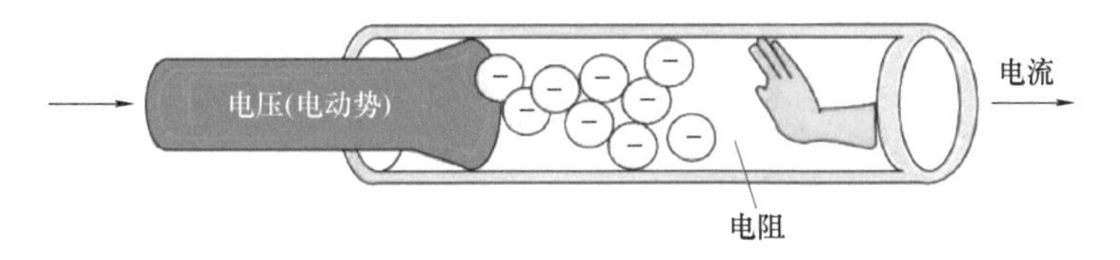

图 3-1 电压、电流、电阻的相互关系

电流的定义：物体（物质）内电子（电荷）的有规律（定向）移动形成了电流，电流是通过导体的电子运动，如图 3-2 所示。

河里滔滔不绝的水在流动可以成为水流，公路上川流不息的汽车可以成为车流等。河里流动的水越多，说明水流量越大；公路上行驶汽车数量越多，说明车流量越大。那么在单位时间内流过的电子数量，称之为电流强度。电流的单位是安培（A），电流用字母 I 表示。

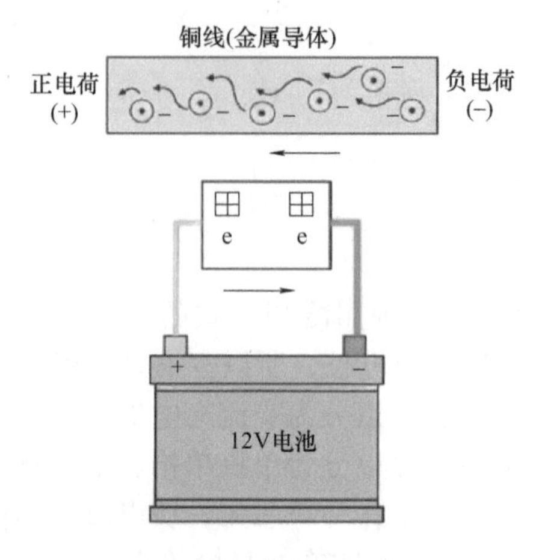

图 3-2　电流的形成

电流的单位有 A、mA、μA、1A=1000mA；1mA=1000μA。

安培是世界上通用的单位，如图 3-3 所示，6.28 兆个电子（即 1C）在 1s 内通过导体横截面时表示电流强度为 1A。

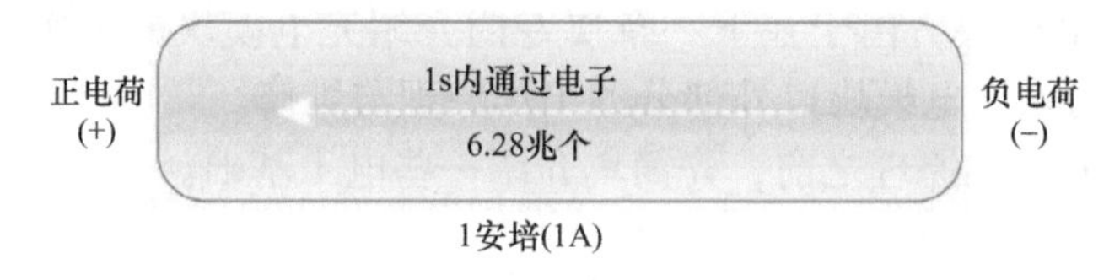

图 3-3　电流的单位概念

关于电流方向有两种说法。科学研究发现：电子（负电荷）从负极流向正极，所以说电流方向是从负到正的，这属于现代电子学说。实际上，为了便于对电的研究利用，习惯（传统理论）上认为电流的方向是正电荷从正极流向负极，如图 3-4 所示，所以人们仍然说电流从正流向负。

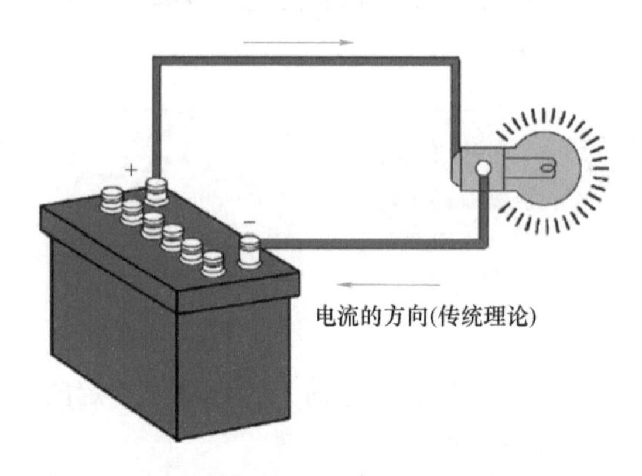

图 3-4　电路中电流的方向

电流分为直流电、交流电、脉冲电流。

2. 电压

电压是指电路中两点之间的电位差。水往低处流，电压就如同水一样，水的流动是因为有水压（水位差）。如图 3-5 所示，水由高水位向低水位流动。在电路中，由于有电压（电位差）的存在，电流就会从高电位点流向低电位点，两点之间就好像有一种力量存在，这种力叫作电压。电压是产生电流不可缺少的条件。

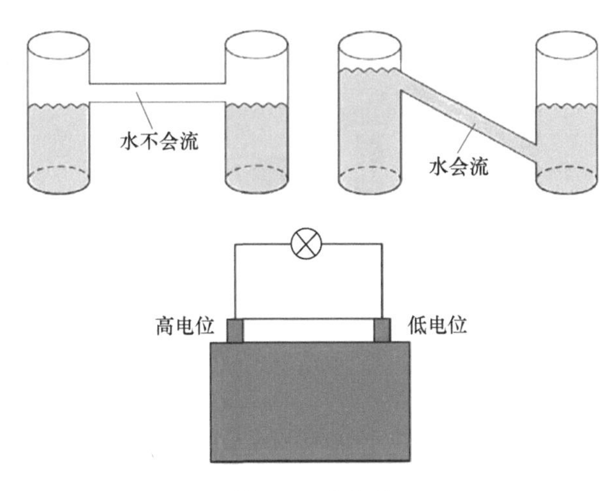

图 3-5　电位差

电压分为直流电压与交流电压。如果电压的大小及方向都不随时间变化，则称为稳恒电压或恒定电压，简称直流电压，用大写字母 U 表示。如果电压的大小及方向随时间周期性地变化，则称为交流电压。

电压的方向规定为从高电位指向低电位的方向。电压的国际单位制为伏特（V），常用的单位还有千伏（kV）、毫伏（mV）、微伏（μV）等。

它们之间的关系是：1kV=1000V；1V=1000mV；1mV=1000μV

3. 电阻

物质对电流的阻碍作用叫电阻。电阻小的物质称为电导体，简称导体。电阻大的物质称为电绝缘体，简称绝缘体。

在物理学中，用电阻来表示导体对电流阻碍作用的大小。导体的电阻越大，表示导体对电流的阻碍作用越大。不同的导体，电阻一般不同，电阻是导体本身的一种性质。电阻元件是对电流呈现阻碍作用的耗能元件。

导体的电阻通常用字母 R 表示，电阻的单位是欧姆，简称欧，符号是 Ω，1Ω=1V/A。电阻比较大的单位有千欧（kΩ）、兆欧（MΩ）。

它们之间的关系是：1MΩ=1000kΩ；1kΩ=1000Ω

电阻的大小跟下面这些因素有关。

1）材料：银的导电性能最好，其次是铜、铝、铁。

2）温度：金属导体在常温下，温度越高，电阻越大，反之，电阻越小。

3）长度：导体越长，电阻越大，反之，电阻越小。

4）导体的横截面积：导体越粗，电阻越小，反之，电阻越大。

4. 欧姆定律

前面讲了电流、电压、电阻，即电的三要素，它们之间的关系就是欧姆定律。在同一电路中，导体中的电流跟导体两端的电压成正比，跟导体的电阻成反比，这就是欧姆定律。

电压、电流和电阻之间的关系可以用图 3-6 中的流水来举例说明。

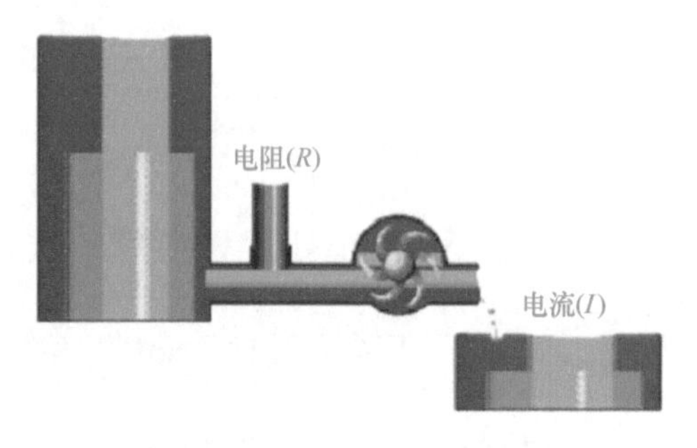

图 3-6　电的三要素与流水原理

电压一定时，电阻越高，电流越小。

如图 3-7 所示，水流的压力随着位于水箱和水轮之间阀门打开的高度变化而变化，因此水轮的转速也随之变化。此闸门相当于电路中的电阻。

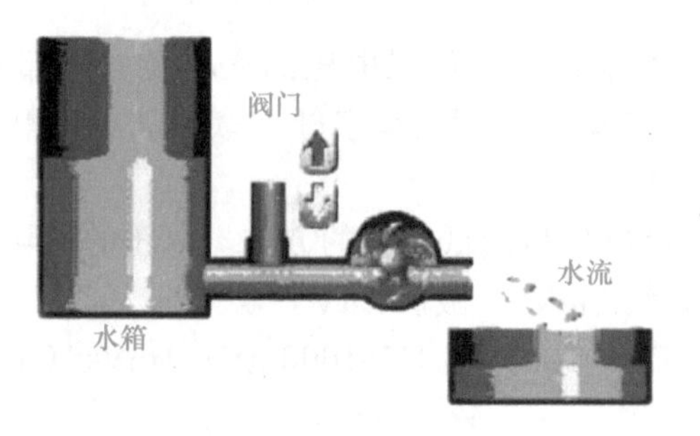

图 3-7　阀门与电阻

如图 3-8 所示，增加水箱中水的容量可增加水轮的转速。另一方面，降低阀门的开度阻止水流，便可减慢水轮的转速。

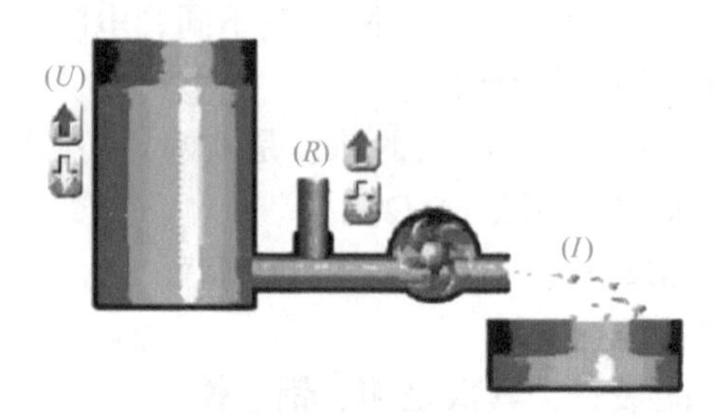

图 3-8　水流量的调节

因此，调节水压及阀门高度便可以将水轮控制在设定的转速运行。同样，在电路中改变电阻及电压，可以对电路中各设备分配不同的做功量。

在欧姆定律中电流、电压和电阻存在以下关系：

1）增加电压可以增大电流。

2）减少电阻可以增大电流。

这种关系可归纳为：电流与电压成正比，电流与电阻成反比。

电压、电流及电阻间的这种关系由欧姆定律定义，公式为

$$U=R\times I$$

式中 U——电压，单位为 V；

R——电阻，单位为 Ω；

I——电流，单位为 A。

5. 电路

电路的概念可通过图 3-9 来理解。如图 3-9a 所示，把蓄电池的正极、负极与灯泡用导线连接起来形成电通路称为电路或回路。如果用符号表示图中的电器，就会得到图 3-9b 所示的电路图，图中 R 表示灯泡的电阻，箭头表示电流的方向。如果在图 3-9b 所示电路中，增设了开关就形成了图 3-9c 所示电路，该电路可通过开关控制通与断。当开关断开时，电路中没有电流通过，灯不亮，这种状态称为开路或断路。当开关闭合时，电路中有电流通过，灯亮，这种状态称为通路。

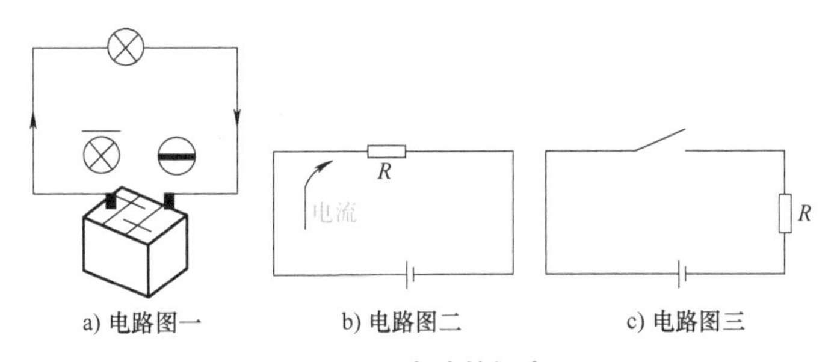

图 3-9 电路的概念

图 3-10 所示为一个简单的电路，一个完整的电路由电源、负载、控制和保护装置及连接导线 4 个部分组成。电路中的负载是将电能转换成其他形式能量的装置。负载性质可分为电阻、电感和电容 3 种组件。图 3-10 中的蓄电池就是电源，熔丝是保护装置，开关用于控制电路通断，属于控制部件，而灯泡就是负载，导线和接地连接都属于电路连接。

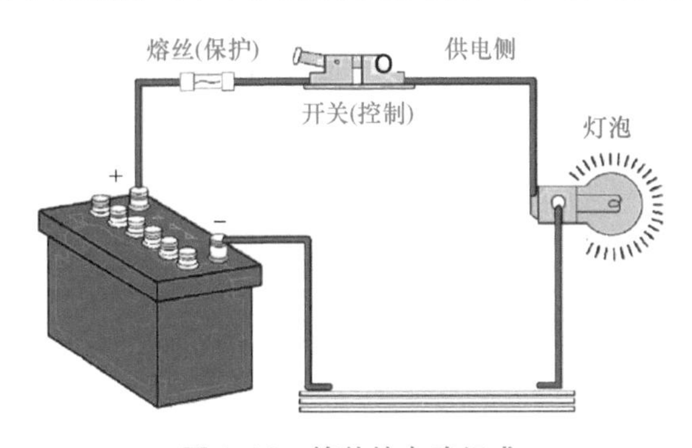

图 3-10 简单的电路组成

图 3-10 中的简单电路如果用电路符号来表示则如图 3-11 所示。

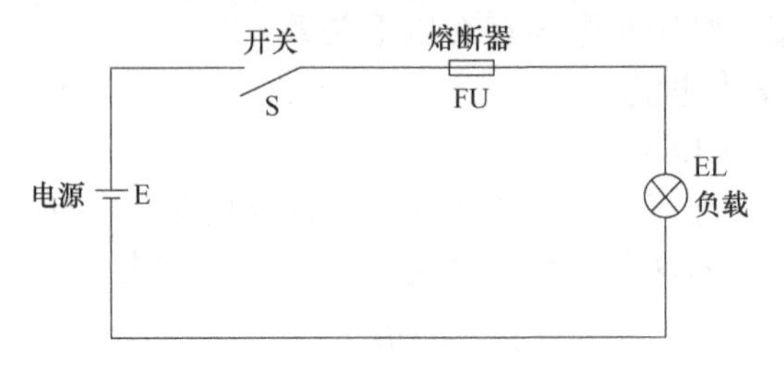

图 3-11　简单电路的表示

6. 电流效应

电流有三种效应，即热效应、磁效应和化学效应。

（1）热效应　当电流通过电阻时，电流做功而消耗电能，产生了热量，这种现象叫作电流的热效应。实践证明，电流通过导体所产生的热量和电流的二次方、导体本身的电阻以及电流通过的时间成正比，用公式表示为

$$Q=I^2Rt$$

式中　I——通过导体的电流，单位为 A；

R——导体的电阻，单位为 W；

t——电流通过导体的时间，单位为 s；

Q——电流在电阻上产生的热量，单位为 J。

（2）磁效应　如图 3-12 所示，把通有电流的导线置于指南针（磁针）上方，当导线与指南针近于平行时，指南针就会运动。这是因为任何通过电流的导体其周边都有一个磁场，通电导线周围产生的磁场对指南针产生了作用。把这种作用称为电流的磁效应。如汽车用的喇叭、继电器以及点火线圈等就是利用电流的磁效应。

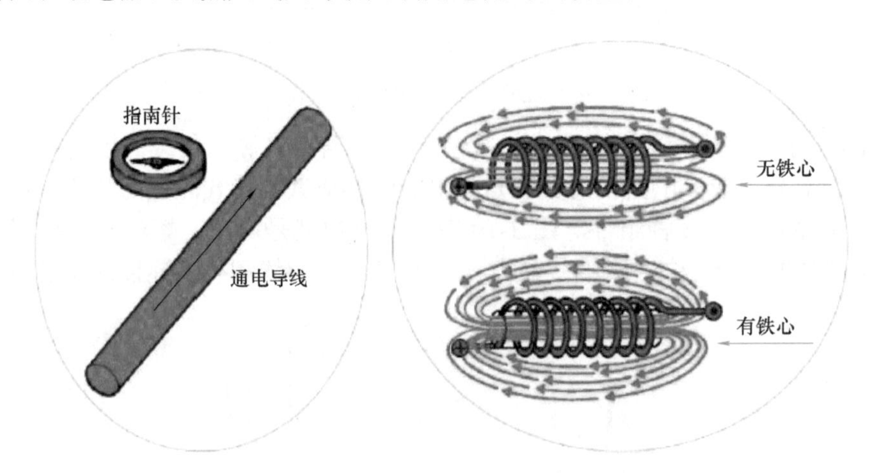

图 3-12　电流的磁效应

电磁开关是电流磁效应的典型应用。图 3-13 所示为电磁开关示意图，一个较小的电流流过绕在铁心上的电磁线圈，产生电磁吸力使电路触点闭合。然后，接触点便可接通大电流到用电单元（负载），即以小电流控制大电流。

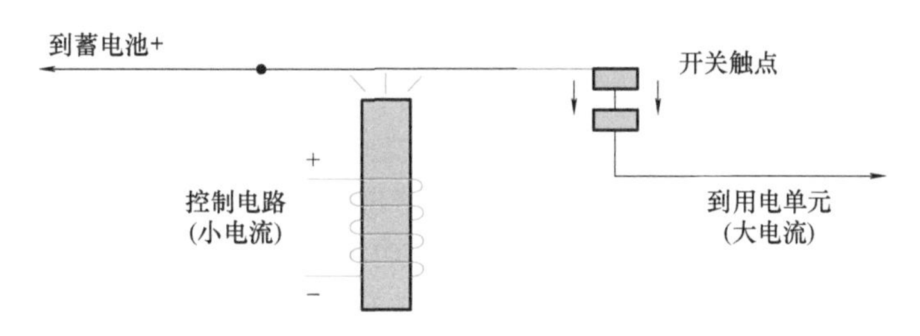

图 3-13　电磁开关示意图

（3）化学效应　在食盐水或稀硫酸溶液中，置入两块极板并通电，极板表面会有气泡产生，液体中会有电流通过，这种现象被称为电流的化学效应。

电解水、蓄电池等就应用了这种化学效应。

电解是将电流通过电解质溶液（又称电解液）或熔融态物质，在阴极和阳极上引起氧化还原反应的过程。电化学电池在外加电压时可发生电解反应，如图 3-14 所示。

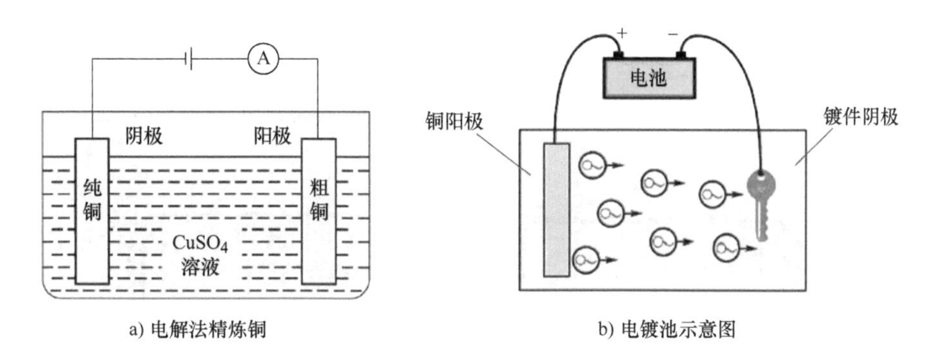

图 3-14　电的化学效应

7. 电功率

在实现各种电效应时电流都要做功。在单位时间里供给或者消耗的电功叫电功率，即电功率是表示消耗电能快慢的物理量，其符号为 P，单位为瓦特（W）。电压就是电位之差，电流从高电位流向低电位，所以电压越高，电流越大，电功率就越大，电功率的大小可用电压和电流的乘积表示。电功率有两种表达方式：$P=W/t$ 或 $P=IU$。

汽车上的电器工作时都会消耗蓄电池的电能或者发电机产生的电能。车用电器有大功率的用电器（如空调鼓风机、刮水器、电热装置），也有小功率的用电器（如照明指示灯、小灯泡、收音机）。大功率用电器的电功率可达到数百瓦，而小功率用电器的电功率一般小于 1W 或是几瓦。大功率用电器在关闭发动机后不宜长时间开启，以免消耗过多蓄电池的电能。同时，在起动汽车时大功率用电器将会被暂时关闭，使发动机起动有充足的电能。

视在功率：在交流电路中，电流和电压有效值的乘积叫作视在功率，即 $P_s=IU$。它可以用来表示用电器本身所容许的最大功率（即容量）。

有功功率：又叫平均功率。交流电的瞬时功率不是一个恒定值，功率在一个周期内的平均值叫作有功功率，它是指在电路中电阻部分所消耗的功率，以字母 P 表示，单位为瓦特（W）。

无功功率：在具有电感和电容的电路里，这些储能元件在半个周期的时间里把电源能量变成磁场（或电场）的能量储存起来，在另一半周期的时间里将已存的磁场（或电场）能量送还给电源。它们只是与电源进行能量交换，并没有真正消耗能量。我们把与电源交换能量的速率的振幅值叫作无功功率，用字母 Q 表示。在交流电路中，电流、电压的有效值与它们的相位差 φ 的正弦的乘积叫作无功功率，即 $Q=IU\sin\varphi$

功率因数：在直流电路里，电压乘电流就是有功功率。但在交流电路里，电压乘电流是视在功率。而能起到作功的一部分功率（即有功功率）将小于视在功率。有功功率与视在功率之比叫作功率因数，以 $\cos\varphi$ 表示。是反映电能利用率大小的物理量。

三相电功率：三相交流电的功率等于各相功率之和。

8. 电动势

电路中因其他形式的能量转换为电能所引起的电位差，叫作电动势或者简称为电势。用字母 E 表示，单位为伏特（V）。

9. 电磁感应

（1）右手螺旋定则　如图 3-15 所示，在一个指着南北方向的小磁针的上方，拉一根与磁针平行的导线，当导线中有电流通过时，磁针就会偏转到东西方向。这说明通过电流的导线产生了磁场。

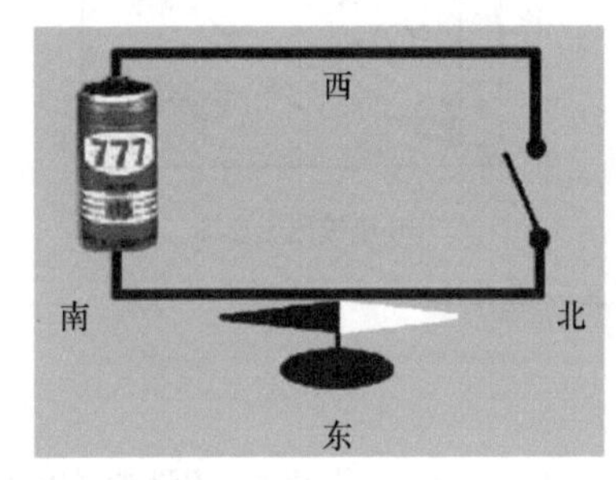

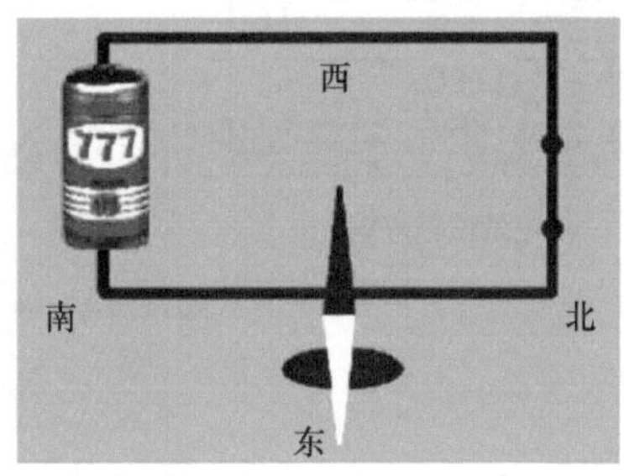

图 3-15　通电导线产生磁场

磁铁指示南北方向，电流产生的磁场也应有方向性，励磁电流与磁场方向符合右手螺旋定则。通电导线产生磁场方向的判别方法如图 3-16 所示。在图 3-16a 中，右手大拇指表示电流方向，弯曲的四指表示导线周围的磁场方向。在图 3-16b 中，右手四指表示电流方向，大拇指所指的那一端是磁场方向的 N 极。

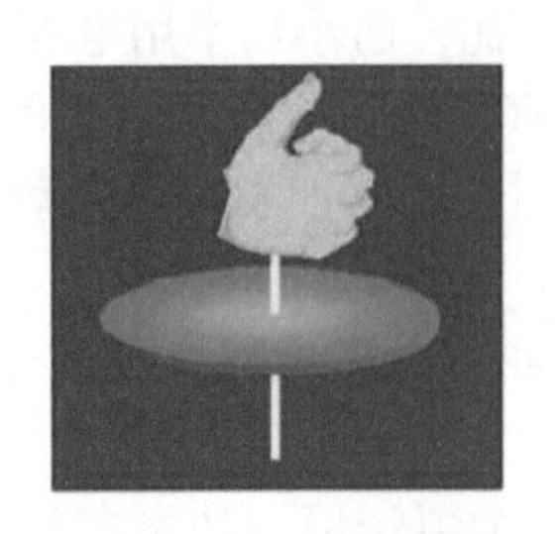

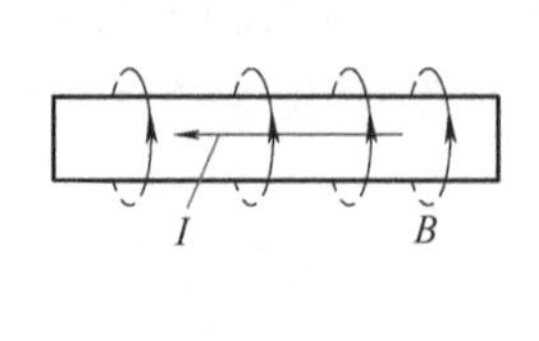

a) 通电导线产生的磁场方向

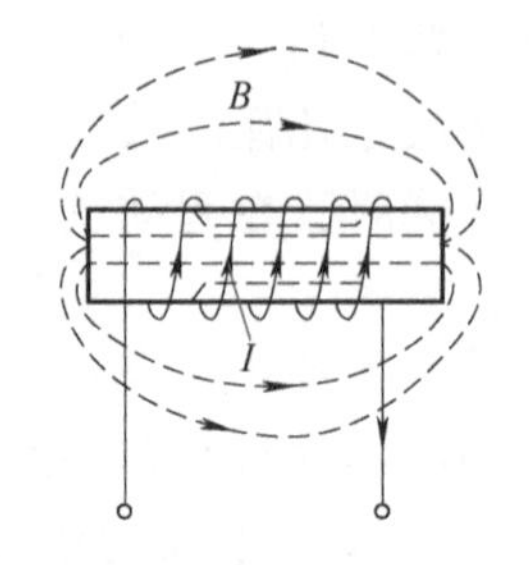

b) 通电螺线管中产生的磁场方向

图 3-16　右手螺旋定则

（2）左手定则　在图 3-17 所示的磁场中，磁力线从 N 极到 S 极，如果在磁铁的中心部位，放置一根和磁场垂直的导线，并通以电流，则导体将受到同时垂直于磁力线和电流方向的力，这个力叫电磁力。

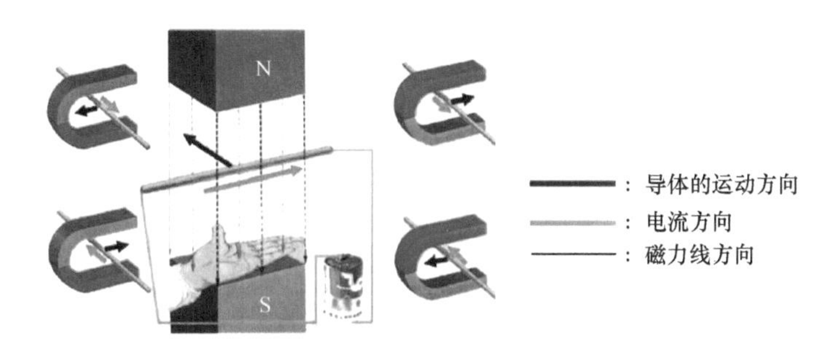

图 3-17　左手定则

导体所受电磁力的方向遵循左手定则：将左手平展，使大拇指与其余四指垂直，并且都跟手掌在一个平面内。把左手放入磁场中，让磁感线垂直穿入手心（手心对准 N 极，手背对准 S 极），四指指向电流方向（即正电荷运动的方向），则大拇指所指的方向就是导体所受电磁力的方向。

（3）电磁感应　如图 3-18 所示，当磁铁在绕组中上下运动时，电流表的指针会发生摆动，说明绕组中有电流通过，这种现象叫作电磁感应现象，产生的电流称为感应电流。当磁铁移动的速度越快、绕组的匝数越多，绕组上所产生的电动势就越大。

闭合电路的一部分导体在磁场中作切割磁感线的运动，导体中就会产生电流，这种现象叫作电磁感应现象。

这种切割磁感线的运动可以是磁体相对导体运动，也可以是导体相对磁体运动。图 3-19 所示为导体在磁场中作切割磁感线运动产生感应电流。

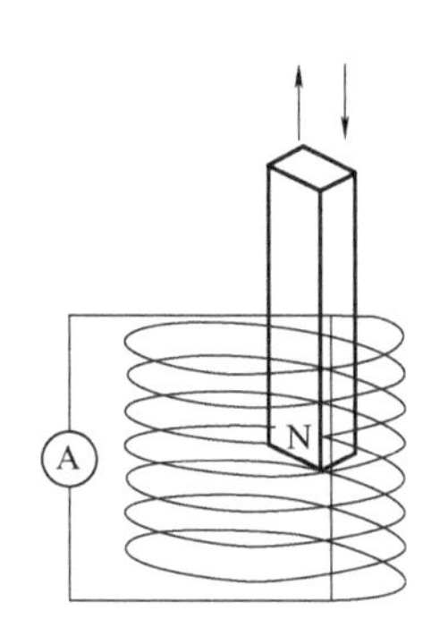

图 3-18　电磁感应现象

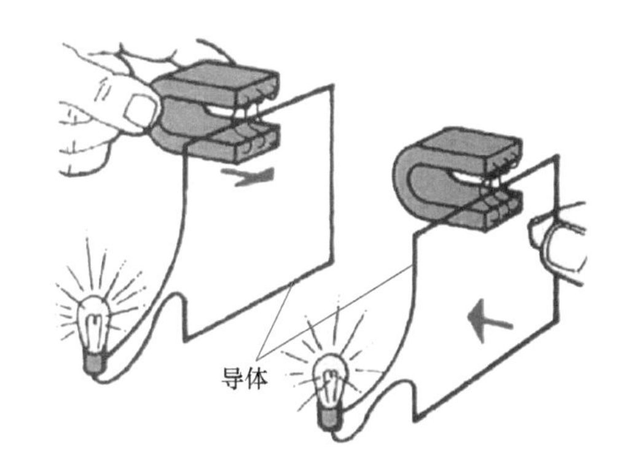

图 3-19　导体在磁场中切割磁感线

10. 自感与互感

（1）自感　一个绕组因本身电流变化而引起的电磁感应现象称为自感。当一个绕组中的电流发生变化时，由于磁场的变化，通过绕组自身的磁通量也随之发生变化，于是绕组自身便产生感应电动势，称之为自感电动势。

（2）互感　当一个绕组中的电流发生变化，将导致另一个绕组出现感应电动势，这种现象被称为互感。如图 3-20 所示，在铁心上绕有 *A*、*B* 两个绕组。当其中一个绕组 *A* 有断续的电流通过时，铁心中的磁力线就会随着电流的通、断而产生或消失。但变化的磁力线同样穿过绕组 *B*，于是穿过绕组 *B* 的磁通量不断变化。根据电磁感应原理，绕组 *B* 上也会产生感应电压。

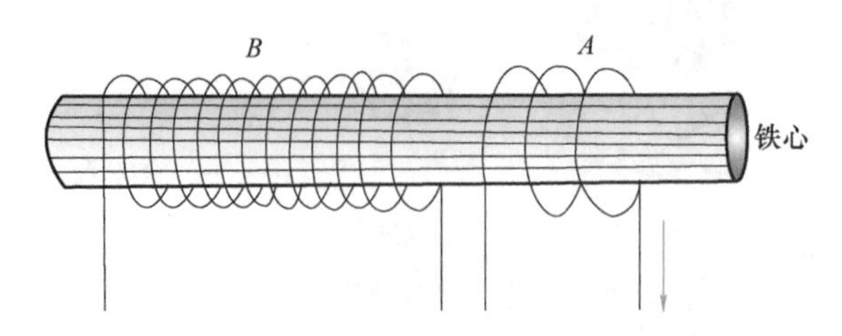

图 3-20　互感与自感作用

在这个发生自感与互感现象的过程中，把通有电流的绕组 *A* 叫作一次绕组，因互感作用产生感应电压的绕组 *B* 叫作二次绕组。当一次绕组通过电流时，二次绕组与一次绕组匝数之比越大，当一次绕组通过电流时，二次绕组上的感应电压就越高。

11. 交流与直流

交流电：可以用“AC”或“～”表示。交流电也称“交变电流”，简称“交流”。一般指大小和方向随时间作周期性变化的电压或电流。交流电最基本的形式是正弦电流。

直流电：可以用“DC”或“—”表示。直流电是指方向和时间不作周期性变化的电流，但电流大小可能不固定，而产生波形。电荷从高电势（+）处流向低电势处（–），所通过的电路称为直流电路，直流电路是由直流电源和电阻组成的闭合导电回路。直流电源有化学电池、燃料电池、温差电池、太阳能电池、直流发电机等。

三相交流电：由三个频率相同、电势振幅相等、相位差互差 120° 角的交流电路组成的电力系统，叫作三相交流电。在市电电网中，通常是四根线（称为三相四线，其中有一条线为中性线）。这三根相线电压变化的曲线为相同频率的正弦波，相位互相错开三分之一个周期。三线中每两相线之间的电压叫作“线电压”，其电压值为 380V，大小为相电压的 1.73 倍。这三根（火线）相线分别对接地线（中性线）的电压叫作“相电压”，其电压值为 220V。

母线相序排列：（观察者从设备正面所见）母线相序排列的原则为：从左到右排列时，左侧为 A 相，中间为 B 相，右侧为 C 相。从上到下排列时，上侧为 A 相，中间为 B 相，下侧为 C 相。从远至近排列时，远为 A 相，中间为 B 相，近为 C 相。涂色：A——黄色，B——绿色，C——红色，中性线不接地——紫色，正极——褚色，负极——蓝色，接地线——黑色。

12. 频率与周期

频率：通常用符号 *f* 表示。频率是指随时间周期变化的量所经历的完整周期数与完成这些周期数所需时间的比值。频率是可以表示交流电随时间变化快慢的物理量。即交流电每秒钟变化的次数叫作频率。它的单位为周 /s，也称为赫兹，常用“Hz”表示，简称周或赫。例如市电是 50 周的交流电，其频率即为 *f*=50 周 /s。对较高的频率还可用兆赫

（MHz）、千赫（kHz）作为频率的单位。

1MHz=1000kHz；1kHz=1000Hz

周期：通常用符号 T 表示。周期是指时变量的值随时间变化等同地重复时，对应的两个时间值之差的最小值。周期可以表示交流电变化一次所需要的时间。周期的单位是秒（s）；周期和频率互为倒数，即：$T=1/f$

13. 负载

负载：在电工学中负载是指在电路中接收电能的设备，是各类用电器的总称。如在电路中使用电能的各种设备就是负载。

负载有电阻负载、感性负载和容性负载等多种类型。

14. 击穿

击穿：击穿是指在固体介质中发生的破坏性放电。例如绝缘物质在电场的作用下发生剧烈放电或导电的现象就叫作击穿。

15. 导体与绝缘体

导体：导体是指用以载荷电流的元件。导体能够导电。导体内部有很多可以自由移动的电子。例如银、铜、铝、石墨、铁等金属都是导体。

绝缘体：不容易导电的物体叫作绝缘体。内部电子被原子核束缚无法自由移动。例如橡胶、玻璃、陶瓷、塑料、干木头等都是绝缘体。

半导体：电阻率界于金属与绝缘材料之间，导电性能处于导体与绝缘体之间的物体叫作半导体。例如锗、硅、硒、氧化铜、砷化镓、磷化镓、硫化镉、硫化锌、氧化锰、镓铝砷、镓砷磷等都是半导体。

电路：电路是指由器件、媒质或二者的布置构成一条或多条导电路径，且这些器件和媒质可以有电容性或电感性耦合。最简单的电路是由电源、负载、导线、开关等元器件组成的。由电气设备和元器件（用电器），按一定方式连接起来，为电荷流通提供了路径。如电阻、电容、电感、二极管、晶体管和开关等组成的电路。

开路：开路也叫作断路，即电路中某一处中断，没有导体连接，电流无法通过，导致电路中电流消失。开路一般对电路无损害。

短路：短路是指电源不经过任何负载而直接由导线接通成闭合回路。短路易造成电路损坏、电源瞬间损坏等故障，如温度过高会烧坏导线、电源，从而导致发生火灾等事故。

通路：能构成电流的流通，能形成闭合回路的电路（即电流能从电源正极流出，再从负极流进）称之为通路。通路是在电路中处处连通的电路。

16. 感抗与容抗

感抗：感抗是指正值电抗。如交流电流过具有电感的电路时，电感有阻碍交流电流过的作用，这种作用就叫作感抗，用符号 L 表示。

容抗：容抗是指负值电抗。如交流电流过具有电容的电路时，电容有阻碍交流电流过的作用，这种作用就叫作容抗，用符号 C 表示。

3.2 交流充电桩的构造及工作原理

电动汽车的充电方式有交流充电和直流充电两种方式，采用交流充电方式的充电桩叫作交流充电桩，采用直流充电方式的充电桩叫作直流充电桩。本节介绍交流充电桩。

交流充电桩因为充电功率小，使得充电速度较慢，所以又称为慢充。交流充电桩具有成本低、安装方便等诸多优点，是有效解决目的地充电的设备。由于交流充电桩没有充电模块，只是相当于开关，因此交流充电桩的故障率较低。一般家用交流充电桩的功率为7kW，早期的交流充电桩也有 11kW 的。交流充电桩通常是在驾驶人买车时由车企免费赠送。另外还有一种功率更小的交流充电桩，叫作随车充，功率一般为 3.5kW。这种充电桩可以在市场上买到，对于在没有充电桩充电的情况下，随车充可以解决临时充电问题。但随车充的充电插座必须是三个脚的，并且一定要有地线。

3.2.1 交流充电桩的构造

交流充电桩实物图如图 3-21 所示。

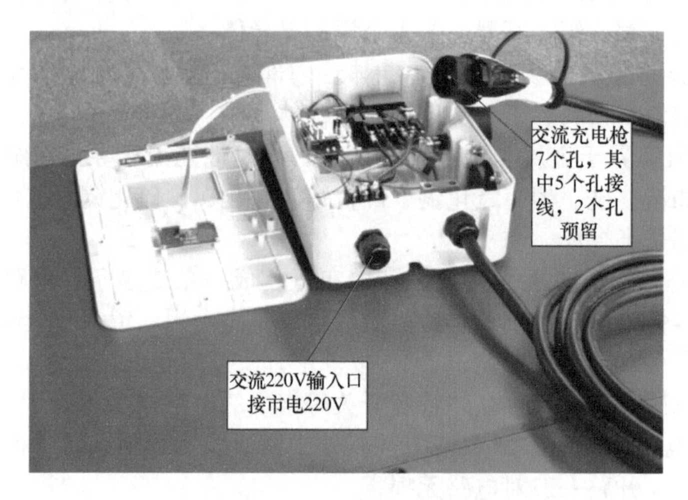

图 3-21 交流充电桩实物图

1. 交流充电桩的分类

（1）家用交流充电桩 家用交流充电桩由充电枪、交流充电控制器组成。交流充电控制器可以看作一个开关，当满足充电条件的情况下，打开控制开关，车载充电器会与电网电源接通。为了定时充电，家用交流充电桩还加装了蓝牙定时控制，如图 3-22 所示。

图 3-22 家用交流充电桩结构示意图

（2）共享交流充电桩 共享交流充电桩由充电枪、交流充电控制器、计费系统等组成。主要是在家用充电桩的基础上加入了计费系统，如图 3-23 所示。

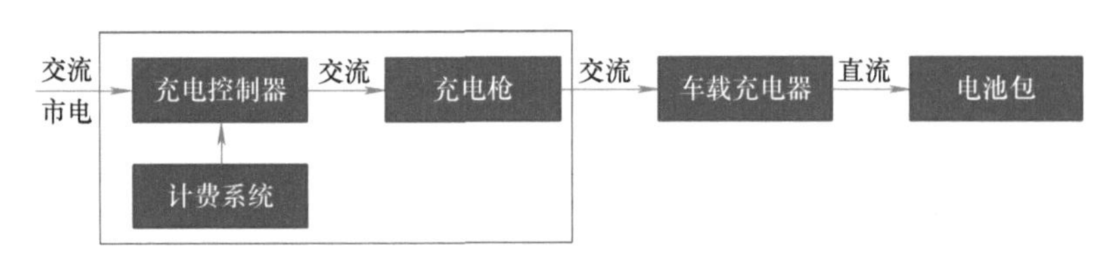

图 3-23　共享交流充电桩结构示意图

2. 交流充电桩的安装方式

由于交流充电桩的体积小，质量小，因此大多采用壁挂式。在找不到地方挂充电桩的情况下，也可以采用立柱式。立柱式和壁挂式交流充电桩的安装方式如图 3-24 所示。

图 3-24　交流充电桩的安装方式实物图

3.2.2　交流充电的流程

交流充电的流程如图 3-25 所示。充电枪与车辆充电口连接后，市电 220V 交流电通过充电口经由车载充电器转化为动力电池所需的高压直流电，输出的高压直流电通过高压熔断器后给动力电池充电，同时充电系统唤醒 DC/DC 变换器给 12V 蓄电池充电。交流电与直流电的转换在车上进行，充电桩上没有交流与直流的转换模块，只是相当于一个开关，所以电路简单、成本低、故障率也很低。

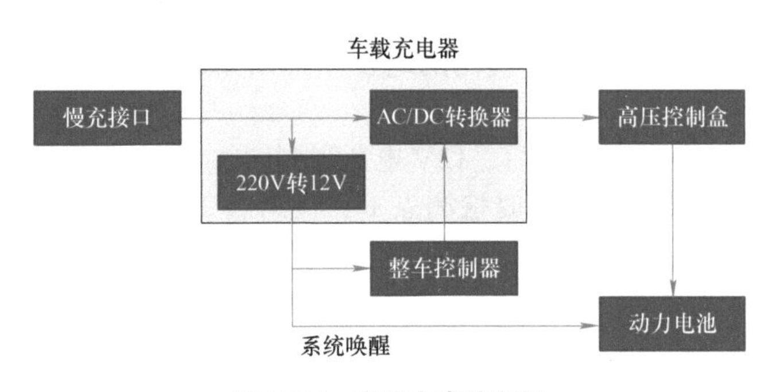

图 3-25　交流充电流程图

如果交流充电桩作为共享充电桩使用，就要有收费系统和计量系统。有的厂家在送家用充电桩时也会送一个带有计费系统的充电桩，并配送一个专用的卡，这样只有有卡的人才能充电，就不需要再装一个盒子锁起来。但是其缺点是万一卡丢失了，车主自己也充不了电，必须联系厂家进行软件处理。

3.2.3 交流充电桩的工作原理

交流充电桩工作原理图如图 3-26 所示。

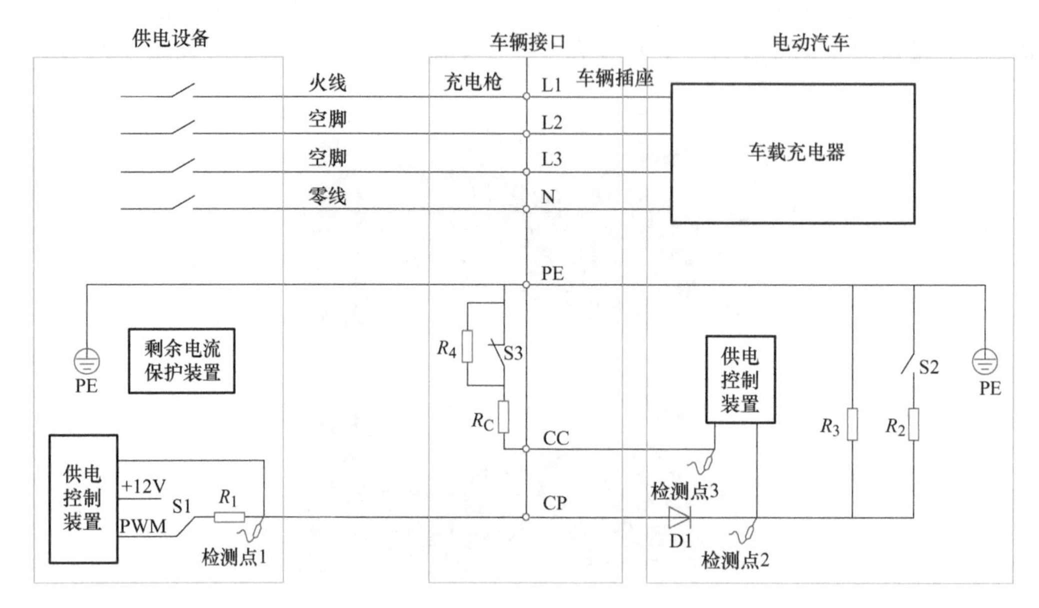

图 3-26 交流充电桩工作原理图

下面概述说明交流充电桩的工作原理：

1）在充电枪没有插入车辆时，此时慢充口 CC 处的电压为 12V 或 5V，此时 CP 口处没有电压。

2）当充电枪开始被供电，S1 开关接通 12V 电压，此时充电枪的 CP 口接通 12V 电压。

3）将充电枪插入车辆充电口后，检测点 3 就能够检测到 12V 电压经过 R_C 和 S3 开关接地，这时检测点 3 的电压便不再是 12V，此时车辆可以通过检测点 3 检测到充电枪已经插入到插口上。R_4 电阻的作用是检测充电枪有没有插到位，如果没有插到位，则 S3 开关（位于充电枪上）断开，R_4 电阻串联进回路，通过检测点 3 便可以让充电机检测到该状态。另外，通过检测点 3 检测的电压便可以知道 R_C 阻值的大小，进而知道充电枪的型号。

4）充电枪插入车辆充电口以后，12V 电压通过 S1、R_1 依次到达检测点 1 和检测点 2，然后通过 R_3 接地构成回路，此时检测点 1 和检测点 2 处的电压便不再是 12V，由于 R_1=1000Ω，R_3=3000Ω 的分压，检测点电压为 9V。

5）当检测到电压为 9V 以后，S1 开关从 12V 变到 PWM 信号。此时检测点 1 和检测点 2 会出现一个从 9V 变化到 -12V 的占空比信号，确认充电枪连接好，然后 S2 开关闭合，反馈给充电设备。当 S2 闭合以后，回路接入了 R_1（串联）、R_2 和 R_3（电阻并联，

R_2=1500Ω，并联电阻阻值为 1000Ω)，回路电压从 9V 变成 6V，此时充电机就可以认可充电。

6）CP 信号稳定在 6V 以后，供电设备的 K1 和 K2 继电器闭合，交流电通过车辆充电口输入到充电机给车辆进行充电。

3.2.4　交流充电枪充电口定义

交流充电枪充电口实物图如图 3-27 所示。

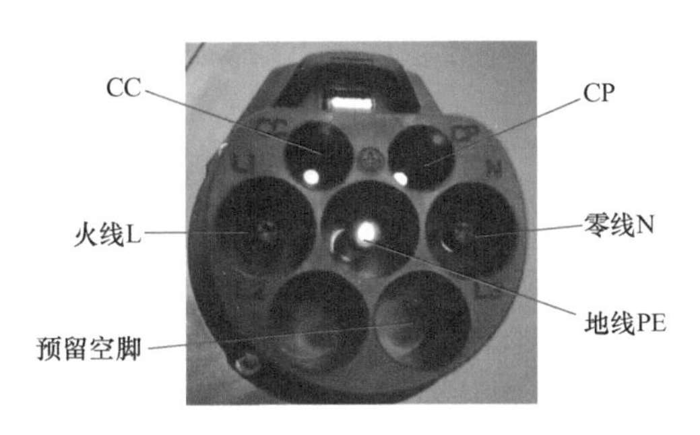

图 3-27　交流充电枪充电口实物图

交流充电枪充电口定义如下：

1）CC：充电连接确认信号。当连接正常时，才允许充电枪给车辆充电。

2）CP：控制导引信号。如图 3-27 所示，充电桩检测点 1 从 9V PWM 信号变为 6V PWM 信号，充电桩检测到该信号确认车辆准备就绪，请求充电。

3）火线 L：220V 交流电的火线。

4）零线 N：220V 交流电的零线。

5）地线 PE：必须有接地线。如果用 220V 交流插座充电，必须是用三个脚的插座，即必须有接地线。

6）其他管脚为空脚。

3.2.5　交流充电桩内部电路

交流充电桩内部电路实物图如图 3-28 所示。

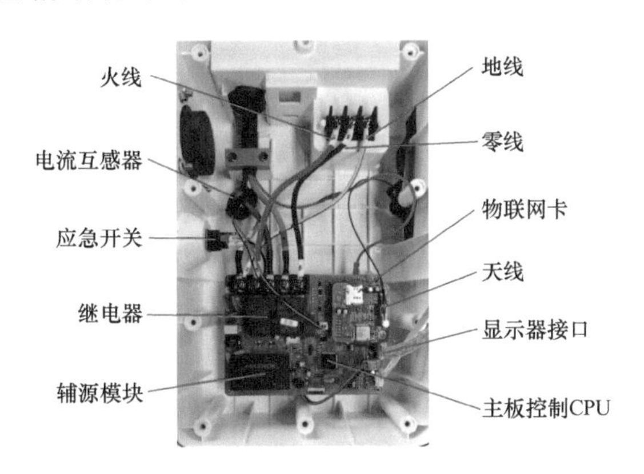

图 3-28　交流充电桩内部电路实物图

交流充电桩内部电路各模块功能介绍如下：

1. 微处理器模块

微处理器是交流充电桩主板的核心组件之一，可以处理来自用户的命令并相应地控制交流充电桩的运行。这个模块包括中央处理器（CPU）、存储器、时钟以及其他必要的集成电路。

2. 通信模块

通信模块需要和后台服务器以及移动端进行通信。通信模块可以提供种接口，例如以太网、RS-485、小区网络等。通信模块内置近距离无线通信（NFC）芯片、低功耗蓝牙（BLE）、无线通信（WIFI）模块。通信模块主要负责将交流充电桩的数据传输到后台服务器或移动端，以实现远程监控和管理。电动汽车可以通过 CAN 通信，或通过 CP/PP 信号来实现与交流充电桩的互动。

3. 充电控制模块

充电控制模块与交流充电桩主板上的其他电子元器件连接，以控制整个充电过程。充电控制模块负责识别车辆型号、确认充电需求，以确定合适的充电方式和充电功率，并监控充电过程中的各种参数，如充电电流、电压等

4. 电源模块

电源模块的主要作用是可以为交流充电桩提供相应的交流电源供应。

5. 电量计量模块

电能表也是交流充电桩重要的组成部位，电能表的作用是可以对电路中实际消耗的电量进行测量。电能表的性能参数要完全符合 GB/T 17215.321—2021 中的规定。由于电能表采用了高精度测量芯片和高速数据处理单元，因此在实际使用期间可准确测量功率、电压、电流等电参数。电能表具有稳定性高的优势，并具有停电数据自动保存功能。此外，由于电能表采用 RS-485 通信方式，而主板采用 TTL 通信方式，因此需要将两种不兼容的模块进行配合，从而能够实现主板与电能表的正常通信。

6. 传感器模块

传感器模块可以收集交流充电桩主板所在环境的各种数据，例如气温、湿度、可燃气体浓度等。这些数据可以用于优化交流充电桩的使用效率，从而确保整个充电过程的安全性、可靠性和高效性。

7. 控制引导模块

驱动电路和车载电池管理系统（BMS）也是交流充电桩设计的关键内容。交流充电桩可以通过 CC 和 CP 信号完成相应的连接需求，并在连接期间有效确认充电的相关参数，以满足实际充电需求。当前国标中规定 PWM 信号一般都是由功率半导体器件提供。控制引导模块在实际运行期间可以输出双极性 PWM，也可以输出 +12V 电压。

8. 安全保护模块

安全保护模块在交流充电桩主板中，负责确保充电过程中的安全性和可靠性。安全保护模块能够检测电池电量、充电过程中的电压和温度等数据，并可以通过系统控制保证

充电过程中车辆和用户的安全。安全保护模块具备对过流、短路、过电压、欠电压、漏电、防雷击、充电和联机中断保护的功能，还具有板载隔离器件、熔丝、漏电保护器，可以保障器件的安全性及系统的稳定性。

3.3 交流充电桩的维修

3.3.1 家用交流充电桩的常见故障

家用交流充电桩的常见故障主要有以下几种：

1）黑屏。表现为绿色指示灯不亮。可能原因包括交流进线开关未合闸、急停按钮被按下、交流进线开关跳闸、开关电源关闭或损坏、交流进线开关下端无电。

2）死屏。表现为点击显示屏无反应。可能原因是系统故障、系统延时或死机。

3）充电插口松动。可能导致断充现象。

4）充电桩负荷过大。可能会触发内部的安全保护系统自动断电进入保护程序。

5）充电枪和插口连接不紧。可能导致充电不稳定。

3.3.2 共享交流充电桩的常见故障

1. 收费系统通信故障

共享交流充电桩的收费系统是通过物联网卡上网的，当物联网卡工作异常或欠费时，都会使收费系统发生通信故障，使得共享交流充电桩无法充电。

2. 其他故障

共享交流充电桩的其他故障与家用交流充电桩相同。

3.4 直流充电桩的构造及工作原理

由于直流充电桩的功率较大，因此直流充电桩主要用于公共共享充电站。

生产直流充电桩的厂家有很多，大多数为组装厂。组装厂通过采购各种元器件来组装成直流充电桩，其内部构造基本类似，但其中的充电模块由专业模块厂家生产。当选用不同厂家的充电模块时，使用的通信协议也会不同。所以更换不同厂家的充电模块，要使用不同的软件。

充电控制板也由专业生产控制板的厂家生产，每个厂家的设计也有不同，因此在维修时要注意充电控制板与充电模块的软件配套。

3.4.1 直流充电桩的特点

直流充电桩的特点如下：

1）直流充电桩的功率比较大，一般都在共享充电站使用。

早期的直流充电桩大多数是单桩双枪，功率为 60kW 或 120kW，随着车辆充电速度的提高，现在的直流充电桩都在向超大功率发展。

2）直流充电桩由于功率较大，容易发热，因此对散热要求比较高，一般采用风冷散热的方式，也有采用液冷散热的方式。而在液冷散热方式中又有全液冷和半液冷之分，所谓半液冷是指只在充电枪上用到液冷，充电模块还是使用风冷；全液冷是指充电枪和充电模块都使用液冷。另外，还有一种冷却方式是独立风道的风冷，只有少部分厂家使用。

3）直流充电桩按照充电枪的多少来分，可分为单桩单枪、单桩双枪和单桩多枪的充电桩，单桩多枪的充电桩又称为充电堆或群充。

4）直流充电桩大多工作在室外，如在温度高、湿度大、电压不稳等恶劣的工作环境中工作。直流充电桩使用的大功率器件很多，长期使用难免会发生损坏，所以故障率比较高。当直流充电桩损坏后要及时抢修，否则会影响充电站的收益和驾驶人的充电体验。

5）直流充电桩的主要故障包括充电模块故障、充电枪故障、充电熔断器故障、高压继电器故障、辅助电源模块故障等。

6）充电模块是直流充电桩的核心部件，充电模块容易损坏，维修难度较高。

3.4.2 直流充电桩的组成

直流充电桩的组成示意图如图 3-29 所示。

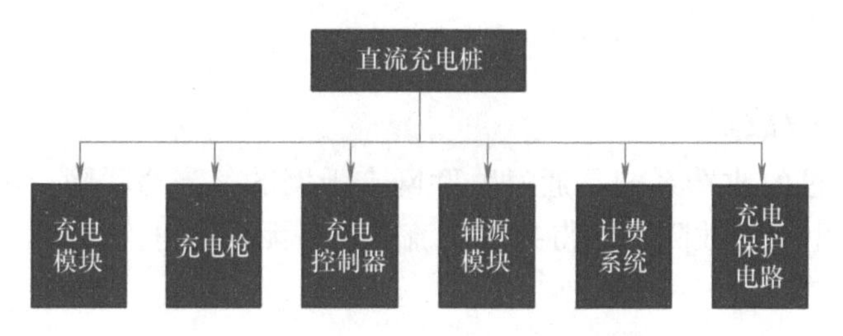

图 3-29 直流充电桩的组成示意图

1. 充电模块

充电模块：充电模块是直流充电桩的主要部件，可以将交流电转换为直流电。充电模块的厂家和型号很多，有 15kW、20kW、30kW 和 40kW 等多种规格。

2. 充电枪

充电枪：充电枪可以将直流充电桩输出的直流电输送到电动汽车的直流输入口。电动汽车上有两个充电输入口，其中一个是 7 孔的交流充电口，另一个是 9 孔的直流充电口。不同的电动汽车充电口的位置不一样，有的车两个充电口在一起，有的车两个充电口分开。一般，前驱的车充电口在前面，后驱和四驱的车充电口在后面。

直流充电口和直流充电枪实物图如图 3-30 所示。

3. 充电控制器

充电控制器根据动力电池的要求控制充电模块的输出，以满足电动汽车充电的需求。早期的直流充电桩比较简单，大多都是单桩双枪，而且两条枪相互独立，充电控制器比较简单。随着充电功率的不断提高，对充电桩的要求也越来越高。现在多采用充电堆的方式，因此对充电控制器的智能性要求也越来越高。

图 3-30　直流充电口和直流充电枪实物图

4. 辅源模块

辅源模块负责输出低压直流电（一般为 12V）给车上动力电池的 BMS 供电，又称为唤醒信号。

5. 计费系统

共享充电桩的收费由计费系统完成，根据检测到的电量乘以单价就是收费价格。计费系统由两部分构成：一部分为计费仪表，也就是电流表；还有一部分为电流表输出的信号经过软件算出电量，在软件中乘以价格就是收费数据。

6. 充电保护电路

由于充电桩是大功率设备，因此对其绝缘检测非常重要。电动汽车对安全性的要求非常高，其中对绝缘的要求极高。充电桩只有当检测到绝缘正常时，才能输出高压直流电到车辆充电口。为了防止功率过大损坏车辆，在充电桩的输出端都装有熔断器。

3.4.3　直流充电桩主机部分的组成

直流充电桩的组成如图 3-29 所示，可以分为三大部分：①主机；②充电模块；③充电枪。下面介绍主机部分。

1. 充电桩控制器

充电桩控制器是充电桩的大脑，负责控制充电桩的工作，不同充电桩控制器的厂家采用的方式可能不同，但功能基本相同。直流充电桩是将输入的三相交流电转变为直流电后给电池包充电，负责转换的部件为充电模块，充电模块是一个独立的部件，每个模块插入充电桩中，相互之间采用并联的方式连接。由于车辆的请求功率是变化的，所以必须由充电桩控制器来控制充电桩输出功率的大小。

充电桩控制器还负责管理计费系统和散热系统。

2. 辅助电源

辅助电源的作用是发送唤醒信号给车辆控制器，从而请求充电。辅助电源还负责在充电过程中给车辆电池包的 BMS 供电，保证在充电过程中不会因为 BMS 电源异常导致不能充电。

3. 计量电表

由于直流充电桩多应用于公共共享充电站，来共享充电站充电的电动汽车驾驶人需要缴费，而费用的多少即电量乘以单价，因此必须对充电桩的电量输出进行计量。充电桩中电子电流表能够显示充电的电量。而计费系统需要通过充电控制器内的 CPU 计算处理，所以还要把电子电流表的输出经 485 总线输入给充电桩控制器。

4. 绝缘检测模块

直流充电桩对安全性要求很高。由于充电枪头的输出直流高压可以达到 1000V，所以对充电枪的绝缘性能要求非常高。在充电桩内都有绝缘检测电路，有的充电桩厂家采用的是独立的绝缘检测模块，有的厂家是把绝缘检测电路设计在充电控制器板上。

5. 高压直流输出控制电路

由于直流充电桩的输出直流电压可以高达 1000V，所以输出端必须要有专门的控制电路。控制电路主要是大功率继电器，这些继电器的开关受到充电控制器的控制，继电器的状态要反馈给充电控制器，以防止继电器高压触点粘连后使控制失效。

直流充电桩主机电路实物图如图 3-31 所示。

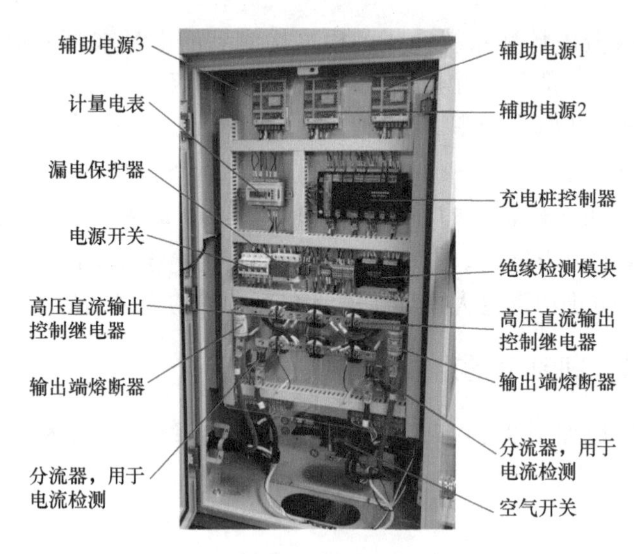

图 3-31　直流充电桩主机电路实物图

3.4.4　充电模块简介

充电模块的作用及特点如下：

1）充电模块是充电桩的核心部件。

2）充电模块的故障率比较高。

3）充电模块在通信、电力、储能等多个领域广泛应用，学好了充电模块的维修技术，将来很多设备都能维修。

4）充电模块的电路比较复杂，既有高压电路，又有低压电路。而且充电模块的工作电压高不便于在线测试。因此必须搞懂工作原理，积累维修经验，还要有熟练的焊接技术，才能当好一名合格的维修人员。

充电模块在充电桩内的实物图如图 3-32 所示。

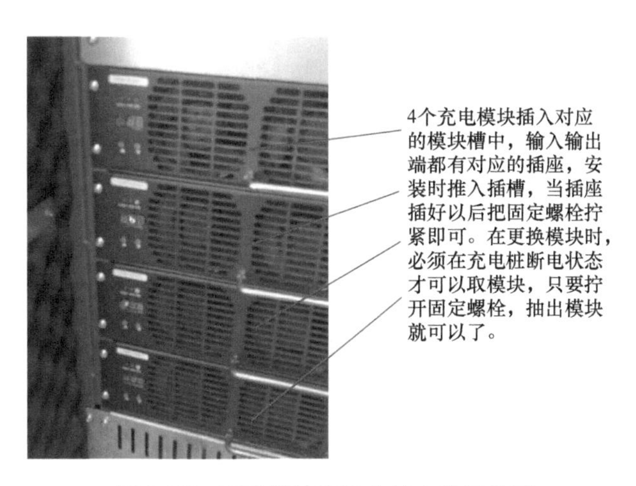

图 3-32　充电模块在充电桩内的实物图

3.4.5　直流充电枪的组成

1. 充电枪枪线

直流充电桩的充电枪与交流充电桩的充电枪不同，如图 3-33 所示，直流充电枪共有 16 根枪线。

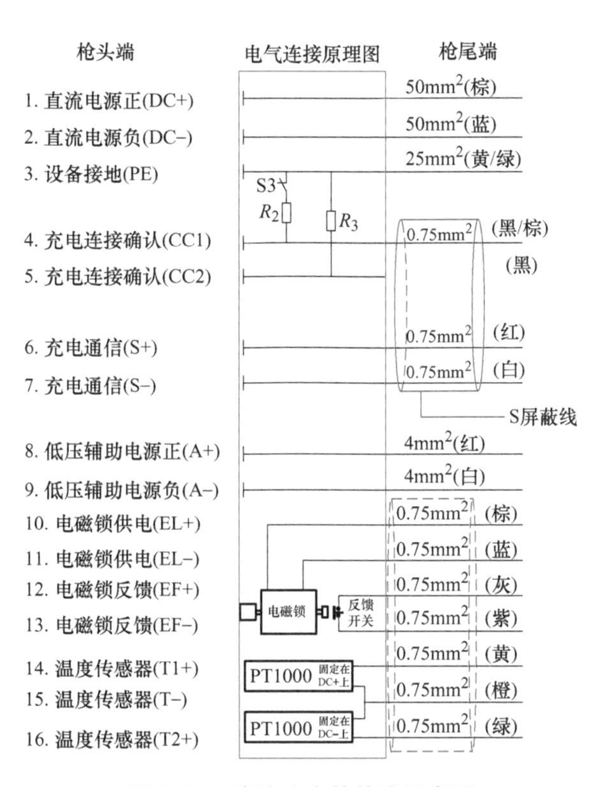

图 3-33　直流充电枪枪线示意图

从图 3-33 中可以看见 16 根线，但充电枪头只有 9 根线，也就是前面的 9 根线。后面的 7 根线只在充电枪与充电桩之间有连接，主要用于控制充电枪头的温度和电子锁。在拆装充电枪时要特别注意，不要装错。

2. 充电枪头

直流充电桩的充电枪头比交流充电桩的充电枪头要复杂很多，质量也大很多，如图 3-34 所示。

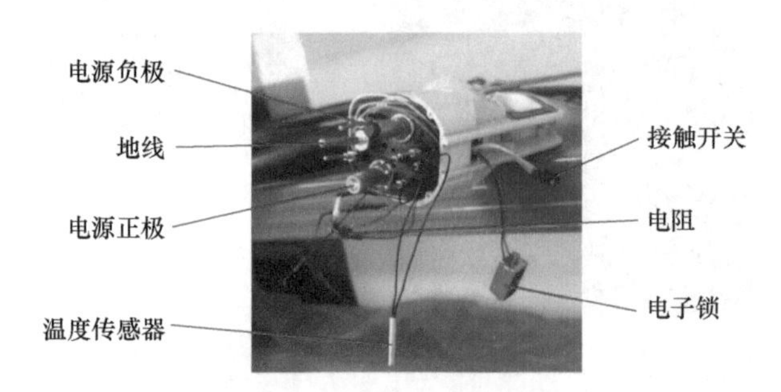

图 3-34　直流充电桩枪头

从图 3-34 可以看到充电枪头里面主要是接触开关、电子锁和温度传感器。其中接触开关是易损件，充电枪长时间使用会使接触开关损坏，损坏后需要更换。电子锁的作用是为了使充电桩在充电过程中不能随便把充电枪头拔出，如果电子锁发生损坏，会出现充电完成后拔不出充电枪的情况，此时可以采用手动解锁的办法解决。温度传感器的作用是检测充电枪头内的温度，充电桩在充电过程中对温度的控制非常重要。

3.4.6　直流充电枪充电口定义

直流充电枪充电口实物图如图 3-35 所示。

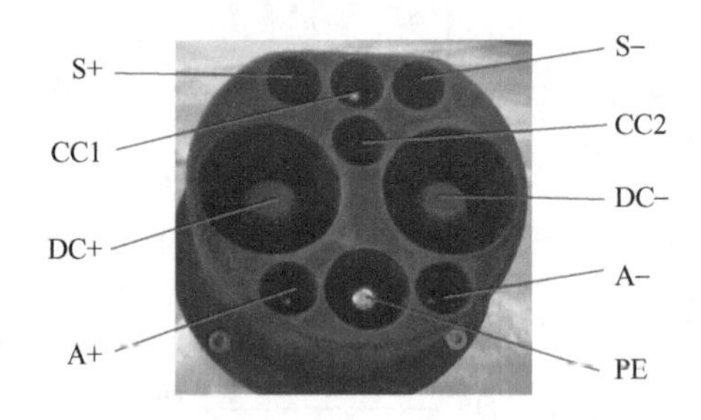

图 3-35　直流充电枪充电口实物图

直流充电枪充电口定义如下：

1）DC+：高压直流正极。

2）DC−：高压直流负极。

3）S+：CAN−L。

4）S−：CAN−H。

5）A+：12V 正充电唤醒信号。

6）A−：12V 负充电唤醒信号。

7）CC1：充电桩端检测信号。

8）CC2：车辆端检测信号。

9）PE：地线。

3.4.7　直流充电桩工作原理

直流充电桩的工作原理如图 3-36 所示。直流充电桩主要由充电模块、充电桩控制器、辅助电源、绝缘保护电路、泄放电路、输出功率控制电路、充电枪等组成。

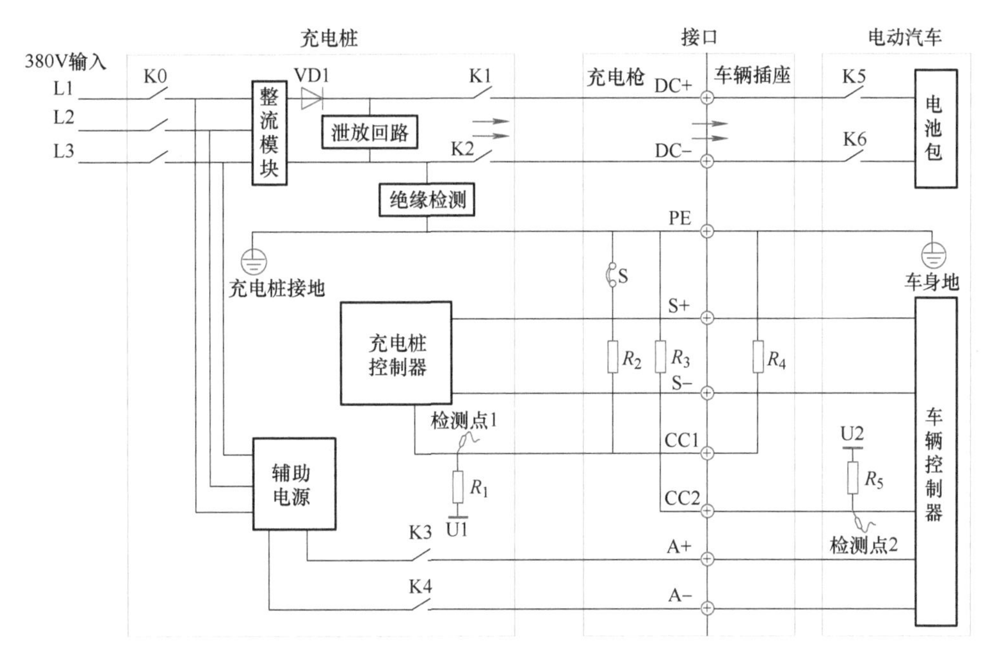

图 3-36　直流充电桩工作原理图

下面概述说明直流充电桩的工作原理：

1）当充电枪插入车辆充电口时，应注意车辆的充电口一般有两个，一个是交流充电口（7 个孔），另一个是直流充电口（9 个孔）。用直流充电桩要插入 9 孔插座内。当开关 S 闭合，此时 CC1、CC2 电压为 6V，车辆和充电桩都确定充电枪已插好。

2）当充电枪插好以后，辅源开关 K3、K4 闭合，充电唤醒信号发送到车辆控制器，同时车辆控制器发信息给电池包。电池包的 BMS 开始工作，发送充电请求信号给充电桩控制器。

3）充电桩控制器根据 BMS 的请求信号，决定充电电压和充电电流的大小，然后给充电模块发送控制信号，控制充电模块的输出电压和电流。

4）充电模块的输入为三相 380V 交流电，当开关 K0 闭合时，充电模块有交流输入，输出电压和电流由充电桩控制器控制。

5）绝缘检测在直流充电桩中非常重要，当充电控制器发信号给充电模块时，充电模块首先输出一个高电压（一般为 750V）进行绝缘检测，只有在绝缘检测正常时才能闭合 K1、K2、K5、K6，从而进行正常充电。

6）泄放电路的作用是泄放掉充电模块中大滤波电容存储的能量，部分早期的充电模块没有泄放电路，需要在充电桩上加泄放电路，现在的充电模块一般内部都有泄放电路，所以在现在的充电桩中都不再有泄放电路。

7）由于现在的充电桩大多数为公共充电站，因此要求充电桩有计费系统和支付系统。并且为了能够使用手机支付，还用到了物联网通信电路。

总之，直流充电桩的工作原理比较简单。随着充电桩智能控制技术和液冷技术的发展，充电控制器的功能会越来越强大。

3.4.8 直流充电桩工作流程

直流充电桩的工作流程分为 4 个阶段：低压辅助上电及充电握手阶段、充电参数配置阶段、充电阶段、充电结束阶段。

1. 低压辅助上电及充电握手阶段

（1）物理连接完成（插上充电枪） 驾驶人从充电桩上取出充电枪插入车辆，检测插枪信号正常。

（2）低压辅助上电（为车载 BMS 供电） 充电桩内的辅源模块输出 +12V 电压到车上，车辆控制器发送充电请求信号给 BMS，同时还提供 BMS 系统的电源，保证 BMS 的正常供电。

（3）绝缘检测 /IMD（充电桩输出端高压输出对设备地绝缘） 绝缘检测要求在充电桩输出端高压输出对设备地绝缘，检测方法是绝缘检测模块输出 750V 以上的电压，然后测试输出端对设备地的电阻。有的充电桩内有专用的绝缘检测模块，有的充电桩在充电控制板上直接加装了绝缘检测电路。

（4）充电机发送辨识信息（充电机编号、充电机 / 充电站所在区域编码等） 由于充电收费系统需要知道充电桩所在的位置，所以每个充电桩都要有对应地址的编号，同时每个充电枪也要有对应的编号。

（5）BMS 发送辨识信息（电池类型、电池总容量与总电压、电池厂商、充电次数、车辆识别码等附加信息） 由于在充电过程中，电压和电流都会发生变化，比如当电池的容量在低于 20% 和高于 80% 时都要小功率充电，所以 BMS 也要发送辨识信息。

2. 充电参数配置阶段

（1）BMS 发送单体电池信息

1）最高允许充电电压、电流。

2）电池组标称总能量。

3）最高允许充电总电压。

4）最高允许温度。

5）电池组总荷电状态。

6）电池组当前电压。

（2）充电机发送最大输出能力

1）最高输出电压。

2）最小输出电流。

3）最大输出电流。

3. 充电阶段

1）BMS 实时发送电池充电需求（电压、电流、充电模式、恒压 / 恒流）。

2）充电机根据需求调整电压和电流。

3）BMS 设定充电结束条件。

4）BMS 需求电压和电流为 0 时，充电桩按最小输出能力输出。

5）BMS 发送电池充电过程中的状态，让充电机识别充电过程中电池组的充电电压、充电电流等充电状态：充电电压测量值（V）、充电电流测量值（A）、最高单体电池电压及组号、当前荷电状态 SOC（%）、估算剩余充电时间（min）。

6）充电机发送充电状态，让 BMS 识别充电机当前输出电流、电压值等信息：电压输出值（V）、电流输出值（A）、累计充电时间（min）。

4. 充电结束阶段

1）BMS 发送充电统计数据，如 SOC、电池电压、电池温度等。

2）充电机发送输出电量、充电时间、充电机编号等。

3）停止辅助低压电源的输出。

4）结束充电过程。

3.5　直流充电桩的分类

直流充电桩按照充电枪的多少可以分为单桩单枪充电桩、单桩双枪充电桩和单桩多枪充电桩（充电堆）。

3.5.1　单桩单枪充电桩

1. 单桩单枪充电桩的安装方式

单桩单枪充电桩的安装方式有立柱式和壁挂式两种，如图 3-37 所示

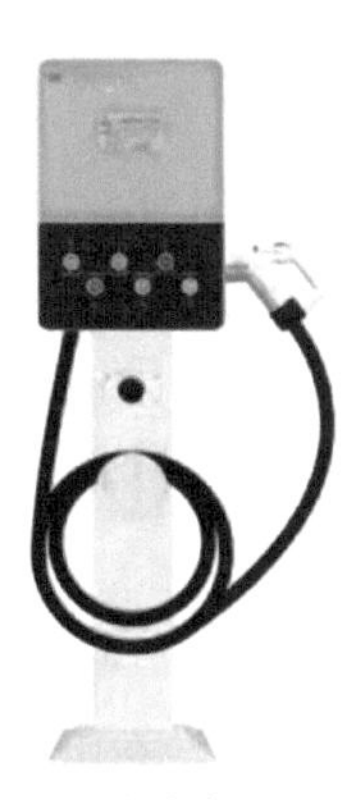

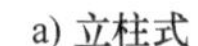

a) 立柱式　　b) 壁挂式

图 3-37　单桩单枪充电桩的两种安装方式

2. 单桩单枪充电桩的特点

1）单桩单枪充电桩只有一个充电枪，充电模块一般只有一个，如果充电模块功率为 30kW，则充电桩的充电功率为 30kW。可以根据场地方提供的电力负荷来订制，充电功

率可以为 15kW、20kW、30kW、40kW 等多种规格。

2）由于单桩单枪充电桩的充电功率比较小，充电枪的输出电流也可以选小一点的电流，一般为 200A，这样可以降低充电桩的成本。

3）单桩单枪充电桩只需一个停车位，因此在很多场地都可以安装。并且只要经过平台上线到地图，就能够成为共享充电站。

4）单桩单枪充电桩适合私家车安装使用，不适合大公司投建。因为单桩单枪充电桩太分散，不便于管理。

3. 单桩单枪充电桩内部实物图

从图 3-38 可以看出，单桩单枪充电桩的构造非常简单，所以成本低，而且安装方便，只要能申请到新能源电表就能安装。

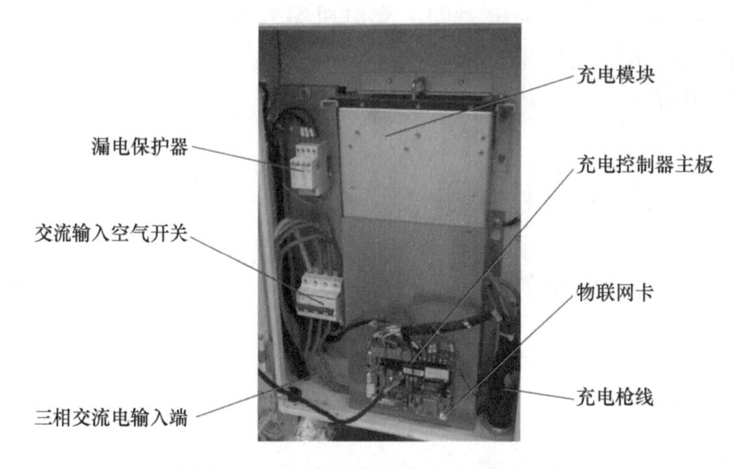

图 3-38　单桩单枪充电桩内部实物图

3.5.2　单桩双枪充电桩

1. 单桩双枪充电桩的分类

（1）普通型充电桩　早期的单桩双枪充电桩每个充电枪的输出功率平均分配，比如 120kW 的单桩双枪充电桩，每个充电枪的输出功率都是 60kW。

（2）智能型充电桩　为了合理使用充电模块的充电功率，现在都采用智能控制输出功率。智能控制输出功率是通过加一路控制继电器，从而可以根据请求功率的大小自动调整充电功率。

2. 单桩双枪充电桩的特点

单桩双枪充电桩主要由一个充电桩和两个充电枪组成。充电模块一般为两个（或四个），数量根据充电模块功率的大小来定。早期的双枪相互独立，现在大多数的双枪也可以智能控制。当一个充电枪的输出功率不够时，可以调用另一个充电枪的输出功率。根据充电模块功率的不同，单桩双枪充电桩的输出功率一般有 60kW、120kW 等多种规格。

3. 单桩双枪充电桩实物图

单桩双枪充电桩外部实物图如图 3-39 所示。

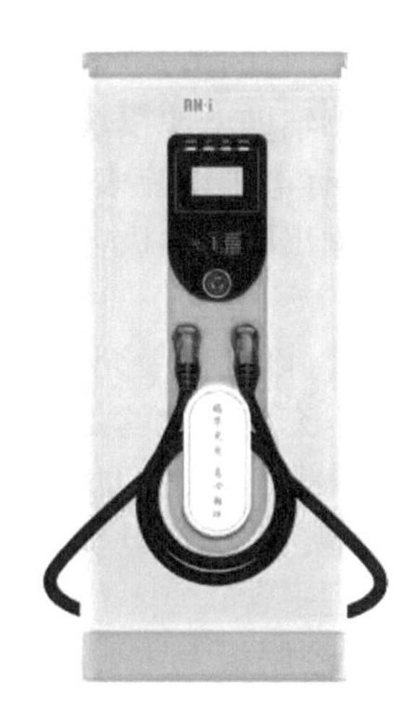

图 3-39　单桩双枪充电桩外部实物图

单桩双枪充电桩内部实物图如图 3-40 所示，主要由以下部件组成。

图 3-40　单桩双枪充电桩内部实物图

（1）380V 转 220V 变压器　如果从变压器拉 4 条线，包括 3 根火线和 1 根零线，在这种情况下，可以不需要 380V 转 220V 变压器。但在很多场景，比如，当取电点离充电桩的位置较远时，为了节省成本，不拉零线，这时就需要 380V 转 220V 的变压器。同时该变压器还有隔离的作用，也是一种安全措施。

（2）辅助电源模块　辅助电源的作用是提供充电唤醒信号，一般为 12V。可以采购专用辅助电源模块。如果只有 380V 的输入电源，可以用 380V 输入 12V 输出的辅助电源模块，但这样成本较高，大多数厂家都采用 220V 输入 12V 输出的辅助电源模块。辅助电源模块在充电桩中十分重要，需要注意它的散热问题。每条充电枪对应一个辅助电源模块。当充电枪不能正常工作时也要检测辅助电源模块的好坏。

（3）电子电流表　充电桩必须带有电子电流表。电子电流表的输入电压取自直流输出端的正极电压，输入电流取自直流输出端的负极电流。电子电流表实际上测的是分流器两端的电压信号。

电子电流表的输出端为 485 接口，该接口与充电桩控制器连接。充电桩控制器根据输入的信号计算出充电电量，然后乘以充电电价就是充电的收费数据。

（4）物联网卡路由器　由于充电桩要上传信息到管理平台，所以要用物联网卡。有的充电桩是每个充电枪用一个物联网卡；有的充电桩只用一个物联网卡，将每个充电枪的信息经过路由器联网的方式上传到管理平台。

（5）充电桩主控制板　充电桩主控制板上主要有 4 个电路：①通信电路。从充电枪线来的总线信号到控制板，控制板再与充电模块的通信总线相连；②绝缘检测电路。③计费系统；④输出继电器控制电路。

（6）输出大功率控制电路　输出大功率控制电路由三组继电器组成，其中两组继电器分别管两个充电枪的输出，另一组继电器为两个充电枪共有，当需要调用对方充电模块的功率时才会导通，由充电桩控制器自动控制。

（7）输出保护电路　在充电桩输出端装有熔断器和分流器。在正极端接熔断器，在负极端接分流器。熔断器的作用是防止输出电流过大，可以避免烧坏车上的电路。分流器的作用是测充电桩输出直流电流的大小。

3.5.3　单桩多枪充电桩（充电堆）

1. 单桩多枪充电桩（充电堆）

单桩多枪充电桩又称为充电堆，也叫群充。由于单桩多枪充电桩的充电模块较多，控制继电器也多，并且控制电路比较复杂，所以在维修单桩多枪充电桩时一定要看懂厂家的技术资料。在没有技术资料的情况下，要认真仔细地把输入输出信号的连接方式看懂，以免出错。充电堆外部实物图如图 3-41 所示，中间是主机，两边是分机。

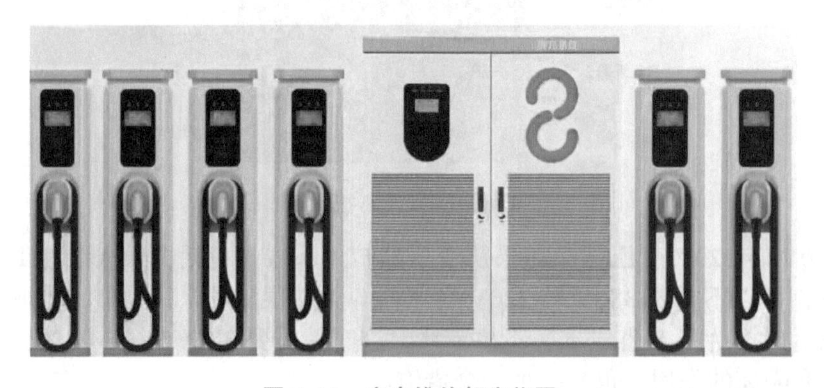

图 3-41　充电堆外部实物图

2. 单桩多枪充电桩（充电堆）的特点

一个充电桩带多个充电枪，一般有一拖四、一拖八、一拖十二等多种类型。每个充电枪对应一组充电模块，当充电枪的请求功率不够时，可以灵活地调取其他充电枪对应的模块输出，当然是在其他充电枪不充电的情况下才行。

图 3-42 是一个一拖四的充电堆的功率控制示意图。有 4 组模块，如果模块功率小，可以用几个拼为一组，所以为 4 组模块，每组模块对应一个充电枪。用 6 个继电器组成一个矩阵电路，当第一条充电枪有车充电时，首先接通的是模块一，如果模块一的输出功率小于请求功率，则自动调用其他模块的功率输出，但一定是在其他充电枪没有车充电的情况下才能调用。当第二条充电枪有车充电时，首先接通的是模块二，如果模块二的输出功率小于请求功率，则自动调用其他模块的功率，也是要在其他充电枪没有车充电的情况下才能调用。以此类推。图 3-42 中的 6 个继电器 K12、K13、K14、K23、K24、K34 受充电桩控制器控制。图 3-43、图 3-44 分别是负极功率控制盒和正极功率控制盒的实物图。

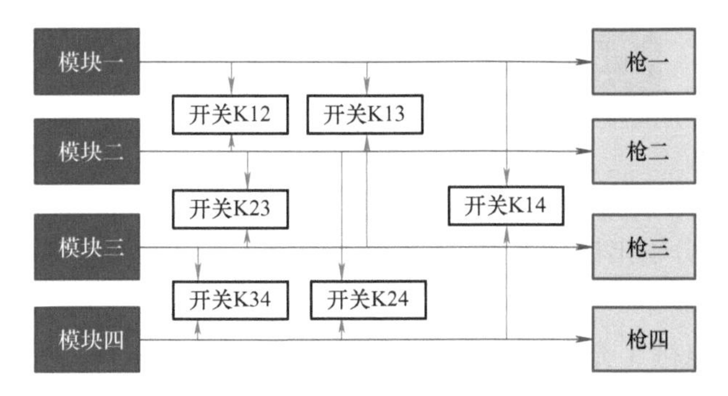

图 3-42　充电堆的功率控制示意图

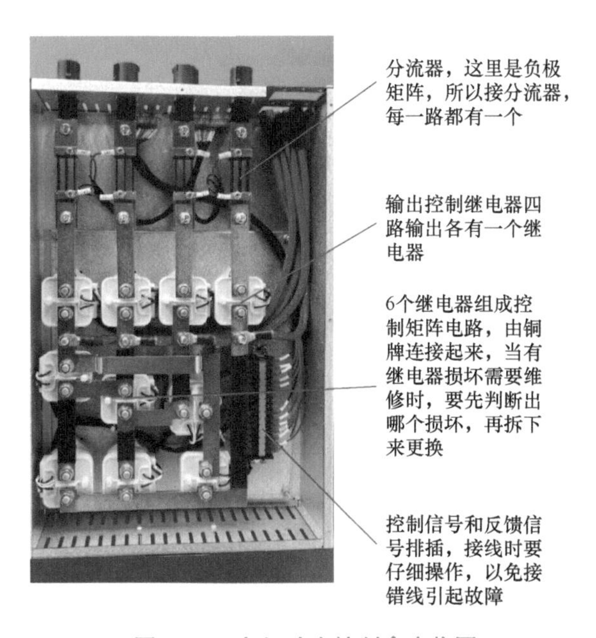

图 3-43　负极功率控制盒实物图

从图 3-43 可以看出，由于充电堆的输出继电器较多，并且正负极对称，所以为了生产和维修方便，通常把正负极的继电器分开装在独立的盒子内，这样不容易出错。负极的输出端接分流器，用于电流检测。正极输出端接熔断器，注意不要搞错。

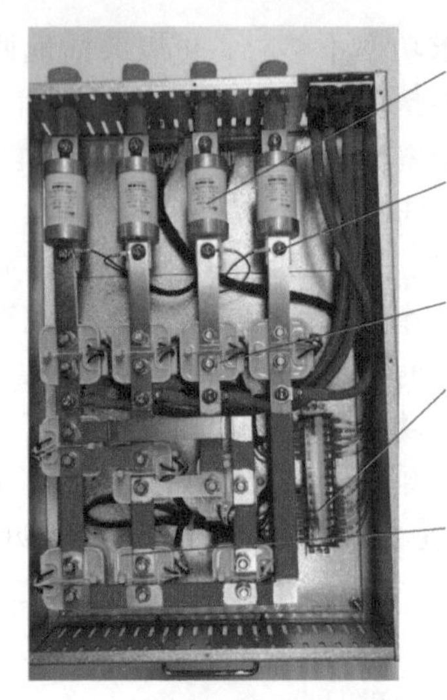

图 3-44　正极功率控制盒实物图

从图 3-43 和图 3-44 可以看出，充电堆输出控制分为正负极两部分控制，正极部分输出接熔断器，负极部分输出接分流器。电子电流表的电压取自正极输出端，电流取自负极输出端。

3. 单桩多枪充电桩（充电堆）内部电路实物图

图 3-45 是一个一拖八的充电堆内部电路实物图，8 个充电枪分为 4 组，每两组共用一块信号板，8 个枪共用一块功率控制板，8 个枪分别有自己对应的辅助电源。

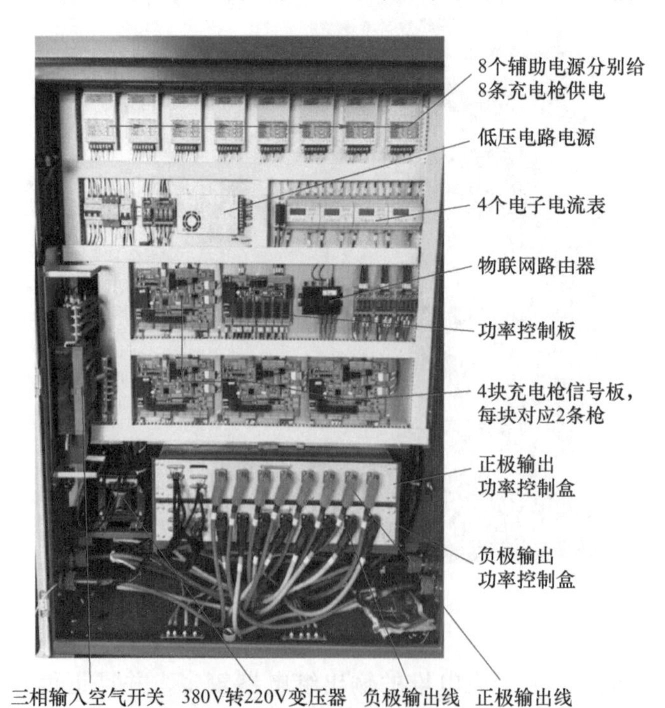

图 3-45 一拖八充电堆内部电路实物图

单桩多枪充电桩主要由以下部件组成：

（1）三相输入空气开关　从电网变压器过来的三相交流电先经过空气开关进入充电桩，之后分两路输出，一路去充电模块的输入端，一路去 380V 转 220V 的变压器的初级端，经变压器输出 220V 的交流电提供给低压辅源电路。空气开关实物图如图 3-46 所示。

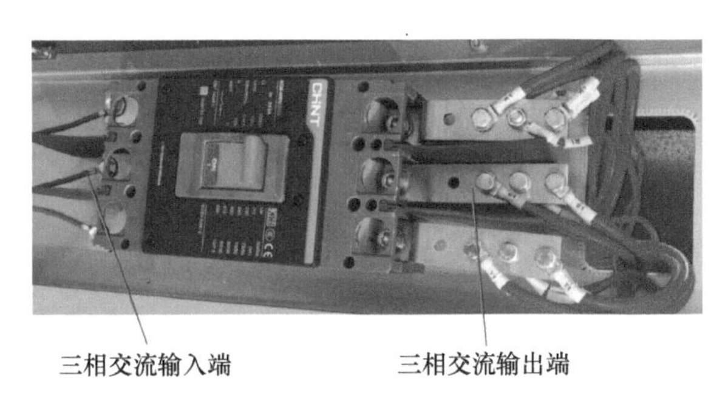

图 3-46　空气开关实物图

（2）380V 转 220V 变压器　将交流电 380V 转变为 220V，可以起到隔离的作用。220V 的辅源比 380V 的辅源更稳定，价格更低，所以建议在直流充电桩中使用这种变压器。380V 转 220V 变压器实物图如图 3-47 所示。

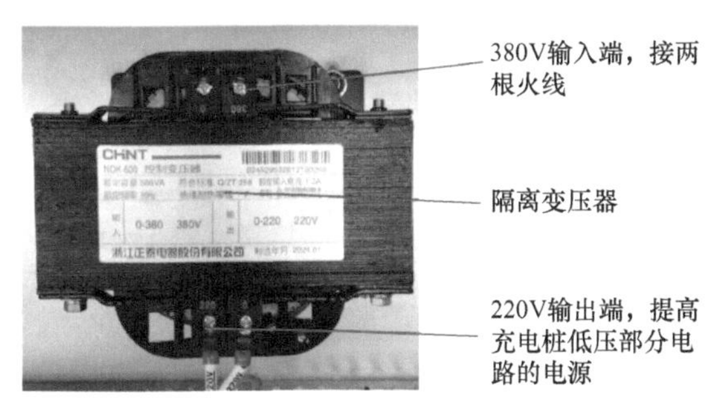

图 3-47　380V 转 220V 变压器实物图

（3）辅助电源模块（辅源模块）　辅助电源模块有两组辅助电源，其中一组 220V 输入、+12V 输出的电源给充电桩内的低压电路供电，如图 3-48 所示；还有一组为 8 个 220V 输入、+12V 输出的电源，分别对应 8 条枪，为充电唤醒信号，相互独立，如图 3-49 所示。

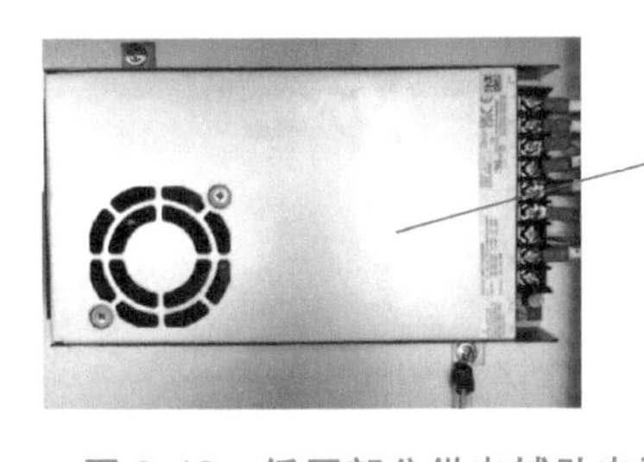

图 3-48　低压部分供电辅助电源模块实物图

图 3-49　唤醒信号辅助电源模块实物图

（4）电子电流表　一拖八充电堆共有 4 个电子电流表，每两条枪共用一个，用于测试充电枪的输出电量。电子电流表实物图如图 3-50 所示。

（5）物联网路由器　8 条枪共用一个物联网路由器，物联网路由器负责将充电桩的信息上传到管理平台。物联网路由器实物图如图 3-51 所示。

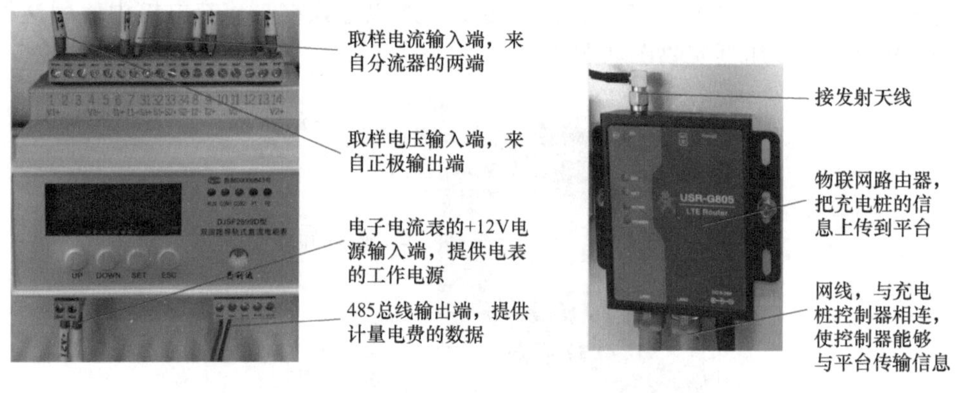

图 3-50　电子电流表实物图　　　　图 3-51　物联网路由器实物图

（6）功率控制板　充电堆的输出由多个继电器组成矩阵电路，这些继电器的开关控制由功率控制板的输出控制，功率控制板根据充电枪的请求信号判断需要哪些继电器吸合，然后输出所要求的功率。功率控制板实物图如图 3-52 所示。

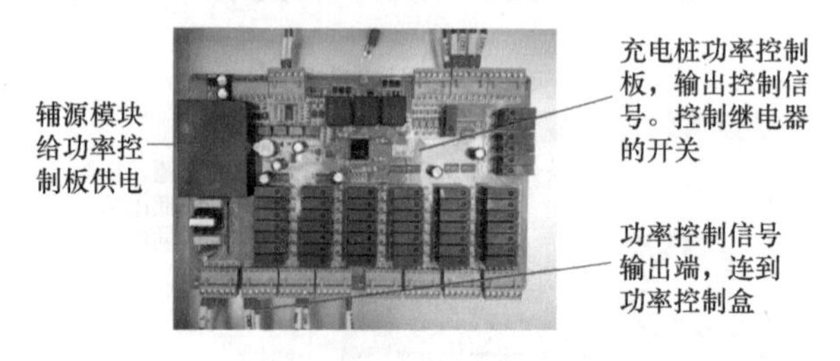

图 3-52　功率控制板实物图

（7）信号板　如图 3-53 所示的信号板为两个充电枪共用一块信号版，信号板上有总线信号的输入和输出、有绝缘检测电路、有电量计量电路等。

图 3-53　信号板实物图

（8）功率控制盒　一拖四的充电堆有两个功率控制盒，分别为正极功率控制盒和负极功率控制盒，每个功率控制盒内有多个继电器组成矩阵电路，通过继电器的开关控制各个充电枪的直流输出功率。

因采用的矩阵方式不同，控制盒内继电器的多少也不相同，所以这里只介绍一拖四的功率控制盒，实物图如图 3-54 和图 3-55 所示。一拖八的功率控制盒比一拖四的要复杂很多。

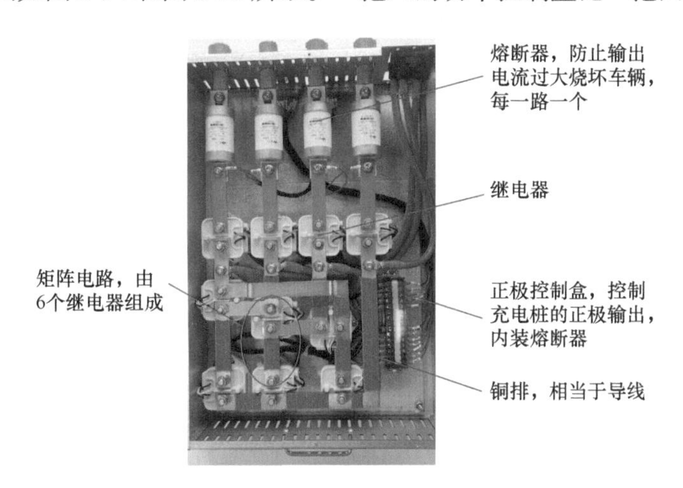

图 3-54　一拖四的充电堆正极功率控制盒实物图

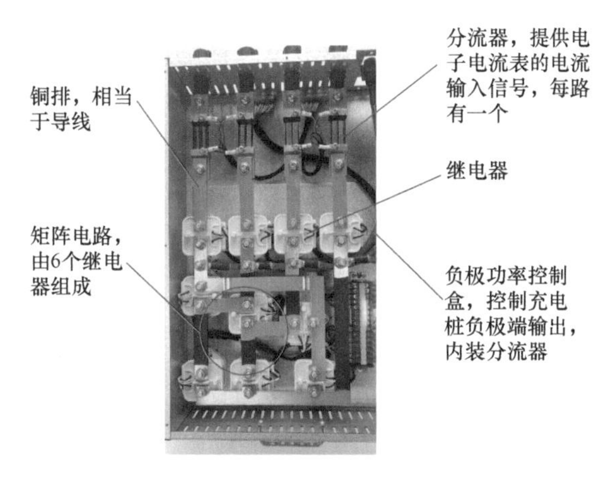

图 3-55　一拖四的充电堆负极功率控制盒实物图

（9）正负极输出电源线　为了安装方便，将正负极输出的电源线做成了一个专用插头，只要对应插入各枪的输出端，就可以接好输出电源线。

生产充电堆的厂家有很多，不同厂家所采用的矩阵方式也有不同，有的用半矩阵，有的用全矩阵。不管用什么方式，在风冷的充电堆中，由于充电枪的最大输出电流为 250A，因此限制了充电枪的输出功率。只有在液冷的充电桩中，才能发挥最大的充电效益。液冷的充电桩都使用了充电堆的方式。

3.6 直流充电桩的常见故障

由于充电桩是大功率用电设备，而且大多数在室外工作，工作环境恶劣，因此充电桩的故障率较高。主要故障包括充电枪离线、充电桩跳闸、充电桩无输出等。

3.6.1 充电枪离线的原因

共享充电桩一般都采用物联网将信息上传到收费平台，当出现以下情况时充电枪会发生离线。

1. 物联网卡接触不良

由于充电桩的收费是通过手机支付实现的，所以充电桩要用到物联网卡。当物联网卡接触不良，或使用时间长了出现发霉等情况时，物联网卡可能无法正常工作。此时需要将物联网卡取下来清理干净，并重新装回卡座内。另外还要注意卡座的好坏，如果卡座损坏，则需要更换。

2. 物联网路由器坏

在充电堆中多个充电枪要共用一个物联网卡，所以要用到路由器。若路由器损坏，或者路由器的电源损坏，都会使物联网卡不能正常工作。

3. 物联网卡无流量

物联网卡要缴纳流量费，如果没有按时缴纳，会因欠费停止使用。

4. 当地无线网络不正常

由于很多充电站建在偏僻的地方，可能由于当地的网络不好使充电桩无法正常工作。

5. 更换充电桩地址

由于充电桩的收费信息与所在地址一一对应，如果充电桩搬了地方，必须重新写入新的地址信息。

3.6.2 充电桩跳闸的原因

由于充电桩是大功率用电设备，所以对其安全性要求非常高，只要有安全隐患就会跳闸。

如果没有器件损坏，只要安全隐患排除，就可以重新合闸工作。产生跳闸的原因有以下几种。

1. 输入三相电压过高或过低（正常值为 260V 到 450V）

由于充电模块的工作电压范围在 260 ～ 450V（个别厂家可能有差别，但基本在这个范围），所以当输入电压低于 260V 或高于 450V 时，都会跳闸。当电源恢复正常时，可以重新合闸工作。

2. 输入三相电压不平衡（或缺相）

充电模块的输入端有三相平衡检测电路，当输入端缺相时也会保护跳闸。在使用公共变压器的充电桩中经常会遇到这种情况，由于输入的三相电压不平衡而发生跳闸现象，当恢复平衡电压时，重新合闸工作。

3. 充电桩温度过高

目前使用的充电桩大多数为风冷充电桩，风扇损坏或者防尘网堵塞等原因会引起充电桩内温度过高，此时为了保护充电桩，也会发生跳闸现象。防尘网必须定时清洗，否则很容易堵塞进风口，导致通风不良，则无法降温，从而会使温度过高发生跳闸现象。

跳闸主要是为了保护充电桩，当外部条件恢复正常时，可以重新把空气开关合上，充电桩就会恢复正常工作。

3.6.3　充电桩无输出的原因

充电桩由高压主电路和低压控制电路组成，低压控制电路和高压主电路损坏都会使充电桩发生无输出的故障，故障原因主要有以下几点。

1. 充电模块无高压直流输出

充电模块无高压直流输出的原因有两种：第一种是由于充电模块损坏；第二种是由于充电模块在外部条件不正常时，为了保护充电模块而停止工作。

当充电模块损坏时，要更换充电模块。当充电模块出于保护而停止工作后，可以先排除外部原因，然后重新启动电源开始工作。

2. 绝缘检测不通过输出无直流高压

充电桩对绝缘要求很高，当绝缘检测不通过时，输出继电器会不吸合，则充电枪无直流电输出。

3. 充电桩输出熔断器损坏

由于直流充电桩输出电压高、输出电流大，所以在直流充电桩的输出端都装有熔断器，当输出电流过大时会烧毁熔断器。

4. 充电桩输出控制继电器损坏

由于充电桩输出控制继电器的工作电流大、开关频率高，所以长期使用会发生损坏，特别是充电堆有很多继电器。而且开关频率越高，继电器出现故障的可能性就越大。为了判断继电器的好坏，可以在控制绕组处加一个 +12V（或 +24V) 电源，或者听继电器通断的声音，也可以用万用表测量继电器的通断。另外，熔断器的好坏也可以用万用表测出。

3.6.4　充电枪坏引起不能充电

充电枪也是充电桩上的一个易损件。由于充电枪的使用频率很高，同时还有部分使用者不爱惜，因此充电枪很容易损坏。

充电枪损坏后可以根据情况对其进行维修或更换。如果是充电枪内部开关损坏，则可以对其进行维修。如果是充电枪头损坏，则一般需要更换。

在更换充电枪时，要注意枪线的拆装，特别要注意把固定座装好，还要注意充电桩机箱的密封。

3.6.5　辅源模块坏引起不能充电

充电桩内有多个辅源模块，每条充电枪对应一个 12V 输出的电源模块。输出的 +12V 电压为充电桩给车充电的唤醒信号，如果辅源模块损坏，充电桩将不能充电。可以用万用表测量辅源模块的输出是否有 +12V 输出，从而可以判断辅源模块的好坏。

3.6.6　充电模块无直流输出引起不能充电

充电模块是充电桩的核心部件，如果充电模块没有直流输出，充电桩将无法充电。充电模块无直流输出的原因主要有两种：一是充电模块损坏，此时应该更换充电模块；二是充电模块亮黄灯，这是由于外部原因使得充电模块自保护。这种情况出现时应该找到外部原因，处理好后重新启动充电桩，就可以正常工作了。

当出现充电模块故障引起充电桩无直流输出时，需要正确判断是充电模块损坏，还是外部原因引起充电模块自保护而不工作。在更换充电模块时，要注意品牌和型号都要对应，还要设置地址信息。

3.6.7　充电桩排风不正常引起不能充电

现在的充电桩大多都是采用风冷方式进行降温。为了防止灰尘进入充电桩内，通常在进风口装有防尘网。当防尘网长期不清洗，就会堵住进风口，使得通风不正常，导致温度过高，就会使充电模块发生自保护，从而无直流输出。风扇损坏或者风扇控制电路故障也会引起风扇工作不正常。风扇更换也要注意型号和驱动方式，因为有的充电桩使用交流风扇，有的充电桩使用直流风扇。

3.6.8　充电桩控制板损坏引起不能充电

充电桩控制板是充电桩工作的大脑，当控制板损坏时，将导致充电桩不能正常工作，也就不能充电，此时需要维修或更换充电桩控制板。充电桩控制板更换时要注意软件对应，也就是控制板的控制程序要与充电模块型号对应。同理，在更换充电模块时也要更换同型号的充电模块。

早期的充电桩都比较简单，控制板功能也简单，很容易判断其好坏，也容易更换。智能控制的充电堆内的控制板要复杂很多，不同厂家在设计时又不相同，有的采用分块的方式，采用这种方式的控制板在换板时，应该先分清是哪个部分损坏，再动手更换。换控制板时一定要先拍照记录，并且注意线的顺序不能装错。

3.6.9　充电桩维修常用的仪器和工具

充电桩的维修分两个部分：一部分是充电桩内除充电模块之外的维修，另一个部分是充电模块的维修。前一个层次的维修比较简单，不需要太多的专用设备，主要是万用表以及电动螺丝刀等电工常用工具。充电模块的维修就需要使用专用设备，在后面充电模块维修部分再进行介绍。

3.7　直流充电桩的新技术

3.7.1　液冷充电桩简介

充电桩输出功率的大小取决于输出电压和输出电流。一般充电模块的输出电压为200 ～ 1000V，也就是充电桩的输出电压都能满足车辆的充电电压需求。但是输出电流受到充电枪电流的限制，一般普通充电枪的电流为200A或250A，也就是最大电流只能到250A。如果车辆采用的是400V的电压平台，那么充电桩的最大输出功率只能达到100kW，不能满足大功率的充电。但如果采用液冷充电枪，最大输出电流可以达到600A，对于同样400V电压平台的车辆使用液冷充电枪可以使最大功率达到240kW。因此为了提高充电速度，必须采用液冷充电枪。

除了充电枪可以采用液冷外，充电模块也可采用液冷。前文提到的风冷模块故障率高的问题，限制了充电模块的大功率输出。如果通过液冷方式降温，不仅可以提高充电模块的输出功率，还能降低充电模块的故障率。

只有把充电枪和充电模块都采用液冷的方式冷却，才能真正提高充电功率，并提高充电速度。由于目前液冷的成本很高，因此还没有大范围使用，但充电桩冷却方式的发展趋势一定是液冷。

现在有很多超充站已经用了液冷充电桩，实现了一秒一公里的充电目标。

1. 液冷超充已示范应用

随着新能源汽车产销量的持续增长，充电需求也将保持快速增长。国家层面已提出充电桩适度超前建设，叠加各省市配套出台的优惠补贴政策，当前充电桩投建热情高涨。同时，液冷超充有望在政策及市场需求的刺激下迎来快速渗透，液冷模块与液冷枪线在充电功率、散热、噪声、轻便性、防护等级、使用寿命、维护成本等方面优势明显，有望迎来高速发展。

多家充电桩设备商与运营商推出了液冷超充桩，更加适配如今各大车企追求的超快充性能，有望实现快速渗透，目前已有多个液冷超充站投入运营。相比当前主流的风冷方式，液冷超充的优势体现在可承受电流更大、充电速度快、发热少、散热快、枪线更轻、充电噪声小、防护等级更高、低TCO等。液冷模块与液冷枪线潜在市场空间广阔。

2. 液冷超充的核心零部件

（1）液冷模块　现有充电桩基本都采用风冷模块，传统的风冷散热器内部填充有大量的导热、绝缘材料。在设备运行过程中产生的热量通过导热材料传导至充电桩内部的散热板上，再依赖散热板背后高速风扇的帮助来散发热量。优点是成本较低，但在散热、噪声、寿命等方面存在明显劣势。液冷超充依赖液体散热。液冷超充桩采用的液冷模块与传统风冷模块的结构有显著区别。

液冷模块的结构主要包括：水冷头、液冷板、管道系统、液冷泵等，液冷模块正面及背面无任何风道，而是在功率模块内部设有专门的液体循环通道，在通道内加入冷却液，通过动力泵推动冷却液循环，从而达到散热的目的。充电桩功率部分可以全封闭设计，将散热器外置。

随着新能源汽车“800V+4C”的推广，既需要保持高充电速度，又需要保障充电安全性、降低设备重量并维护成本，液冷超充已成为较优选择。

（2）液冷枪　更轻巧、更高效的快速充电大功率液冷充电枪的工作原理为：通过一个电子泵来驱动冷却液流动，冷却液在经过液冷线缆时，带走线缆以及充电连接器的热量，而后经过散热器散发热量，如此循环工作，可以达到小截面积线缆通载大电流、低温升的目的。

不同的冷却介质，对应的液冷线缆结构也有较大的差异。目前使用的水＋液冷剂介质的液冷线缆结构，是在DC+/DC−导线旁边单独放置液冷管道，从而将导线的热量带走。而使用绝缘油介质的液冷线缆结构，是将导体置于冷却液内散热。液冷充电枪枪线横截面示意图如图3-56所示。

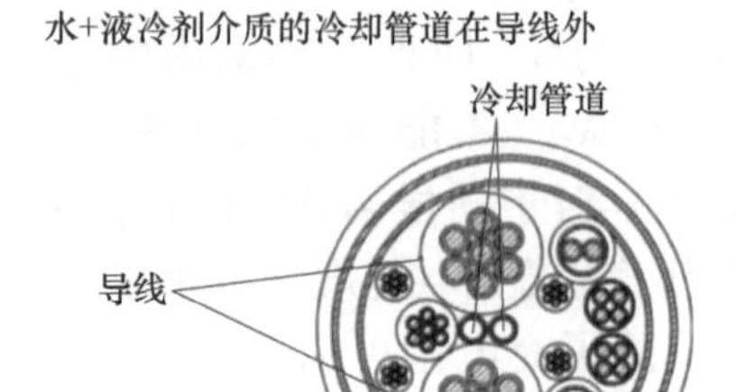

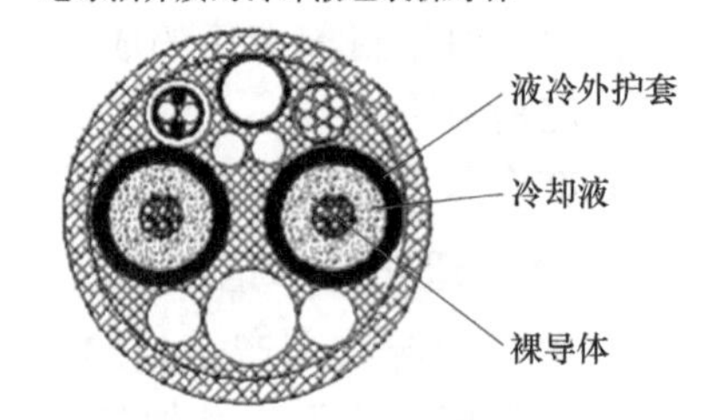

图3-56　液冷充电枪枪线横截面示意图

3. 全液冷超充技术

华为推出的全液冷超充站采用“液冷系统＋直流母线＋超快一体”架构，有效解决了长时间大功率充电过程中温度升高的问题。有别于传统快充采用的风冷模块＋液冷充电枪，华为采用液冷模块＋液冷充电枪组合的方案。超充站单台充电终端最大可输出1000V电压和600A电流，单枪功率最高可达600kW，充电5min续驶里程200km，最快能以“一秒一公里”的速度充电。此外，华为全液冷技术可使设备可靠性提高1倍，同工况市电利用率提升30%，使用寿命可达15年以上，并可在200～1000V以内匹配所有车型，一次充电成功率达99%。华为全液冷超充站实现了充电过程“更安全、更快速、更舒适”，提供“一杯咖啡，满电出发”的极致充电体验，其优异的性能表现，有望加速液冷超充的推广。

3.7.2　充电桩的智能控制

目前，电动汽车有400V和800V两大电压平台，各种汽车的充电电流又不统一，为了满足各种汽车都能充电的需求，现在的充电桩大多采用智能控制系统，可以根据需要调整输出功率。

由于充电模块的输出电压范围在200～1000V，所以400V和800V平台的车都能充电，而充电电流各不相同。为了使不同充电电流的车辆都能充电，必须使输出电流可以调整。现在的超级充电站，既有大功率的超充枪，也有小功率的普通枪。为了满足不同车辆的充电需求，又要高效地使用充电设备的额定输出功率，就需要采用智能控制系统合理分配输出功率的大小。

第 4 章

充电模块的工作原理与维修

本书前文已经介绍了充电桩，并提到了充电模块是充电桩的核心部件。由于充电模块中有高压主电路和低压控制电路，而低压控制电路中有很多电子元器件，为了搞懂充电模块的工作原理，必须学习电子技术基础知识，本单元将简单介绍基本电子元器件。

4.1 基本电子元器件

1. 电阻器

电阻器简称为电阻，是利用金属或非金属材料制成便于安装的电路元件，用字母 R 表示。几乎在所有的电路中都离不开电阻。其功能可归纳为：降低电压、分配电压、限制电流及向各种电子电路元器件提供必要的工作条件（如电压、电流）等。电阻在充电模块中用得非常多，比较典型的有分压电阻、预充电阻、泄放电阻等。

（1）电阻的种类　常见的电阻种类很多，按其结构形式可分为固定电阻、可变电阻和电位器三种；按照制造材料可分为碳膜电阻、金属膜电阻等，如图 4-1 所示；按照功能可分为负载电阻、采样电阻、分压电阻、分流电阻、保护电阻等。

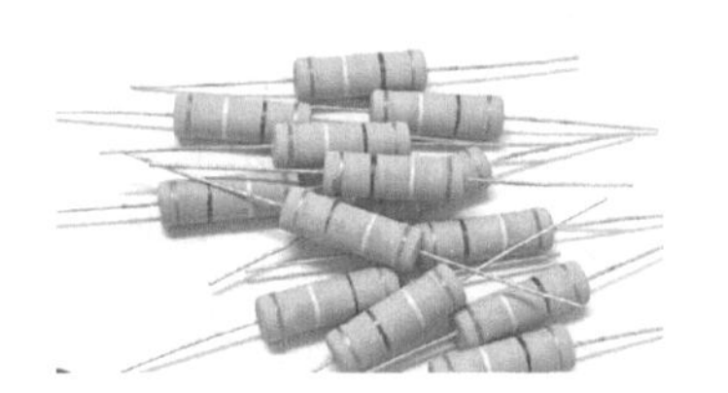

a) 碳膜电阻

b) 金属膜电阻

图 4-1　按照制造材料的电阻分类

（2）电阻的标称值与允许误差　大多数电阻上都标有电阻的数值，也就是电阻的标称阻值，简称标称值。电阻的标称值往往和它的实际阻值不完全相同。电阻的实际阻值与其标称值的偏差，除以标称值所得到的百分比，叫作电阻的误差，电阻器的实际阻值对于标称值的最大允许偏差范围称为允许误差。误差代码有 F、G、J、K 等，常见的误差范围是 ±0.01%、±0.05%、±0.1%、±0.5%、±0.25%、±1%、±2%、±5% 等。

（3）电阻的单位标注　在电路图中，有时为了简化图面，电阻值在兆欧（MΩ）以上的，标注单位为 M；电阻值在 1 ～ 100kΩ 之间的，标注单位为 k；电阻值在 1000Ω 以下的，不标注单位。

（4）电阻的使用　使用电阻时，要根据电路的要求，选用不同种类和误差的电阻。在一般电路中，采用误差为 ±10% 或 ±20% 的碳膜电阻就可以。

电阻的额定功率要选用等于实际承受功率的 1.5 ～ 2 倍，只有这样选用才能保证电阻的耐用和可靠。

在充电模块中的预充电阻和泄放电阻都是大功率电阻，特别容易烧坏，更换时要注意电阻的功率值。

电阻在电路板上装配之前，要用万用表电阻档核实它的阻值。安装时，要让电阻的类别、阻值等符号容易看到，以便检查、核实。

2. 电容器

电容器简称电容，是各种电路的主要元器件之一，它们在电路中分别起着不同的作用，如调谐、耦合、滤波、去耦、通交流隔直流（旁路交流电、隔断直流电）等。图 4-2 给出了 3 种电容器的外形图。

a) 电解电容

b) 陶瓷电容

c) 贴片电容

图 4-2　电容器

（1）电容的定义　顾名思义，电容器就是“储存电荷的容器”。尽管电容器品种繁多，但它们的基本结构和原理是相同的。两片相距很近的金属中间被某物质（固体、气体或液体）所隔开，就构成了电容器。两片金属称为极板，中间的物质叫作介质。电容器也分为固定电容与可变电容，但常见的是固定电容，最多见的是电解电容和瓷片电容。在充电模块中，电解电容很多，要特别注意电解电容的漏电和鼓包。更换时要注意正负极。电容的电气文字符号为 C，图形符号如图 4-3 所示。

a) 普通固定电容　b) 有极性的电容　c) 可变电容　d) 微调电容

图 4-3　电容的电气图形符号（弯曲的一侧表示为负极板）

在直流电子电路中，只有在电容器充电过程中，才有电流流过。充电过程结束后，电容器是不能通过直流电的，在电路中起着“隔直流”的作用。当电容器在充电时，蓄电池电压迫使电流流过充电电路，如图 4-4 所示。

在电子线路中，电容既用于通过交流而阻隔直流，也用于存储和释放电荷以充当滤波器，从而平滑输出脉动信号。小容量的电容，通常在高频电路中使用，如用于收音机、发射机和振荡器；大容量的电容往往用于滤波和存储电荷。

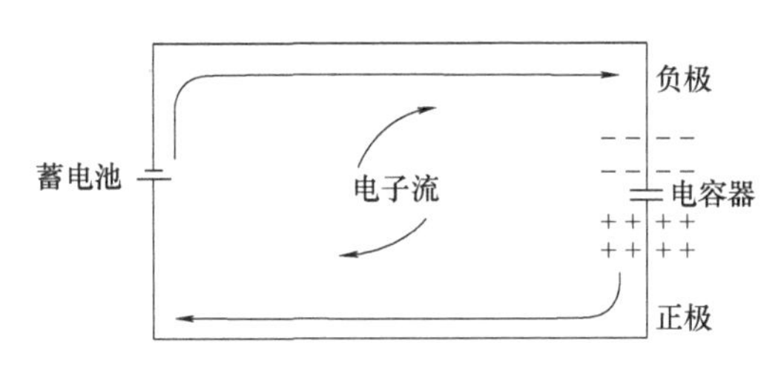

图 4-4 电容器充电电路

（2）电容器的容量 不同的电容器储存电荷的能力也不相同。规定把电容器外加 1V 直流电压时所储存的电荷量称为该电容器的电容量。电容的基本单位为法拉（F），简称法。但实际上，法拉是一个很不常用的单位，因为电容器的容量往往比 1F 小得多，常用微法（μF）、皮法（pF）等，它们的关系是：

$$1\text{法拉（F）}=10^6\ \text{微法（μF）}=10^{12}\ \text{皮法（pF）}$$

（3）电容器的耐电压 电容器在长期可靠的工作中所承受的最大直流电压就是电容器的耐电压，也叫电容器的直流工作电压。电容器的耐电压值一般都直接标注在电容器的外壳上。使用时，当加在一个电容器两端的电压超过它的额定电压时，电容器就会被击穿损坏。在更换电解电容时，要注意容量和耐电压值。

3. 电感器

（1）电感的概念 电感元件是指电感器（电感线圈）和各种变压器。电感器也是电子电路重要的元件之一，它和电阻、电容、晶体管等进行组合，从而构成各种功能的电子电路。电阻、电容、电感，一般称为无源元件；电子管、晶体管、集成电路等通常称为有源元件。

电感线圈的种类很多，按其电感形式可分为固定电感线圈和可变电感线圈。按铁磁体的性质来分，电感线圈又可分为空心线圈、磁心线圈和铜心线圈等。电感元件实物图如图 4-5 所示。

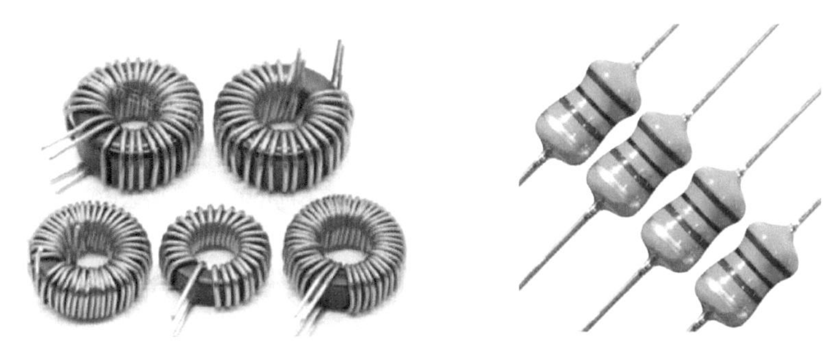

图 4-5 电感元件实物图

（2）电感的特点 电感的特点与电容相反，电感是隔交流通直流。在滤波电路和振荡电路中都要用到电感，尤其在充电模块中使用非常多，故障率较低。

（3）电感的单位 电感的单位是亨利（H），简称亨，也有毫亨（mH）和微亨（μH）。

$$1\text{H}=10^3\text{mH}=10^6\text{μH}$$

4. 变压器

变压器是利用电磁感应原理来改变交流电压的装置，变压器的主要构件是一次绕组、二次绕组和铁心（磁心）。变压器是电子电路中广泛采用的无源器件之一。其作用是对交流电或者交流信号进行电压变换、电流变换或阻抗变换，也可用来传递信号、隔断直流等。在充电模块中也用得很多，故障率不高。

如图 4-6 所示，变压器两组绕组的圈数分别为 N_1 和 N_2，N_1 为一次绕组，N_2 为二次绕组。在一次绕组上加一交流电压，在二次绕组两端就会产生感应电动势。设一次绕组上的电压是 U_1，二次绕组上的电压为 U_2。当 $N_2>N_1$ 时，二次绕组上的感应电动势要比一次绕组所加的电压还要高，这种变压器称为升压变压器，即 $U_2>U_1$；当 $N_2<N_1$ 时，二次绕组上的感应电动势低于一次绕组上的电压，即 $U_2<U_1$，这种变压器称为降压变压器。一次、二次电压和绕组圈数间具有下列关系：

$$\frac{U_1}{U_2}=\frac{N_1}{N_2}$$

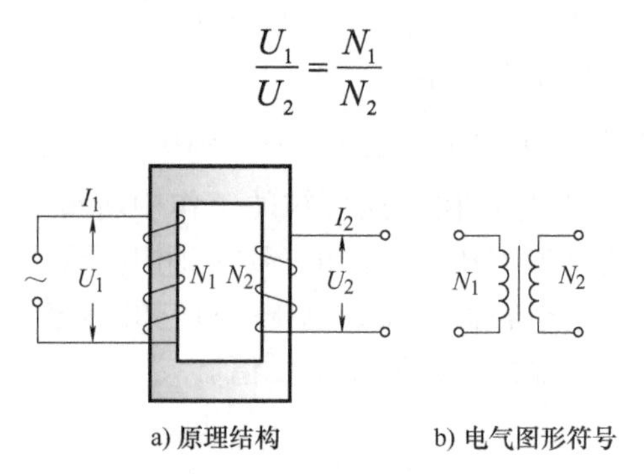

图 4-6　变压器的工作原理结构和电气图形符号

变压器的种类很多，按其工作频率范围来分，可分为低频变压器、中频变压器和高频变压器三类。常见的电源变压器和输入、输出变压器属于低频变压器，例如汽车发动机点火系统中的点火线圈就属于低频变压器。收音机中的线圈属于中频变压器。振荡线圈和磁性天线属于高频变压器。如果按照铁心的材质来分，变压器又可分为铁心变压器、铁氧体心变压器和空心变压器等。铁心变压器用于低频电路中，而铁氧体心或空心变压器则用于中、高频电路中。

5. 二极管

二极管又称晶体二极管，它是只往一个方向传送电流的电子器件。半导体按其导电类型的不同，可分为 P 型半导体和 N 型半导体两类。如果把一小块半导体的一边制成 P 型，另一边制成 N 型，则在 P 型半导体和 N 型半导体的交接面处形成 PN 结。晶体二极管实际上是一个由 P 型半导体和 N 型半导体形成的 PN 结，P 为正极，N 为负极。负电极称为阴极，正电极称为阳极。二极管的结构如图 4-7 所示。

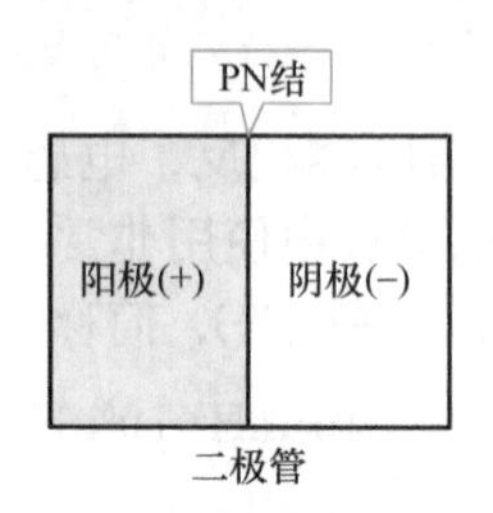

图 4-7　二极管的结构

如图 4-8 所示，由于二极管只允许电流向一个方向流动，所以通常在制造二极管时，会在它的一末端附近印有一条线，用于指示阴极（-）。

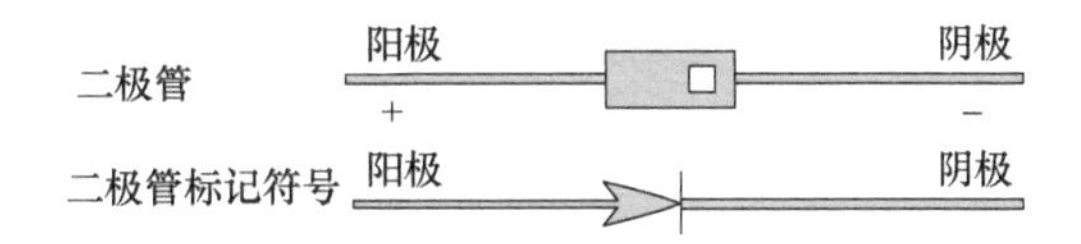

图 4-8 典型的二极管和二极管标记符号示意图

二极管种类有很多，如图 4-9 所示。按照所用的半导体材料不同，可分为锗二极管（Ge 管）和硅二极管（Si 管）。根据其不同用途，可分为检波二极管、整流二极管、稳压二极管、开关二极管、隔离二极管、肖特基二极管、发光二极管、硅功率开关二极管、旋转二极管等。

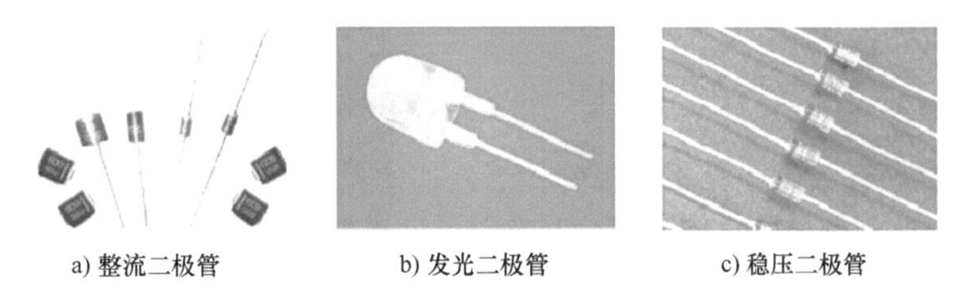

图 4-9 各种各样的二极管实物图

如果二极管在电路中要处于通电状态，则二极管与蓄电池（电源）连接的正确极性是：阳极到 +、阴极到 -。电流能流过二极管的这种情况被称为正向偏置，如图 4-10 所示。当加在二极管两端的正向电压很小时，二极管仍然不能导通，此时流过二极管的正向电流十分微弱。只有当正向电压达到某一数值以后，二极管才能真正导通，导通后，二极管两端的电压基本上保持不变（锗管约为 0.3V，硅管约为 0.7V），这种状态称为二极管的正向压降。

如果二极管的极性接反，电流将不能从 P 型和 N 型半导体交界处通过，这种连接方式称为反向偏置，如图 4-11 所示。当二极管两端的反向电压增大到某一数值时，反向电流会急剧增大，二极管将失去单向导电性，这种状态称为二极管的击穿。

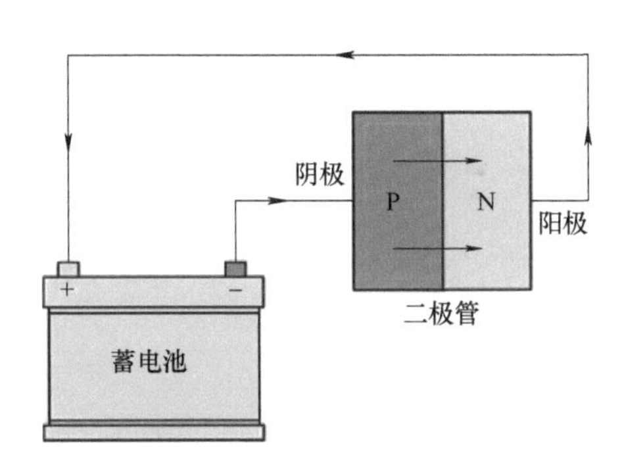

图 4-10 二极管的正向偏置

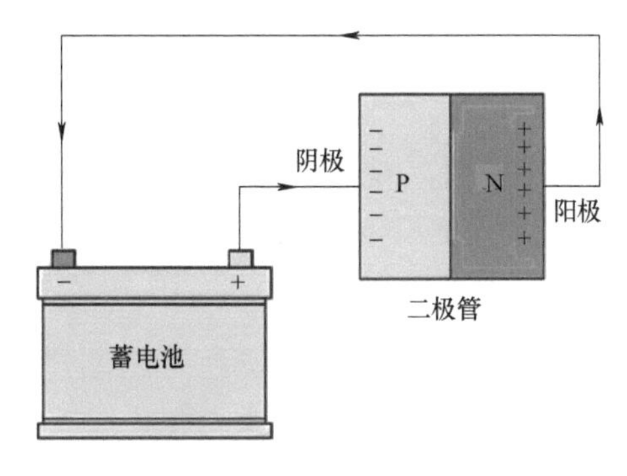

图 4-11 二极管的反向偏置

（1）整流二极管 整流二极管是一种将交流电转变为直流电（即输入的是交流，输出的是直流）的功率半导体器件。例如，汽车发电机上的整流器就是使用整流二极管组成的桥式整流电路，该电路将交流发电机产生的交流电转换成可供汽车电器使用的直流电，如图 4-12 所示。

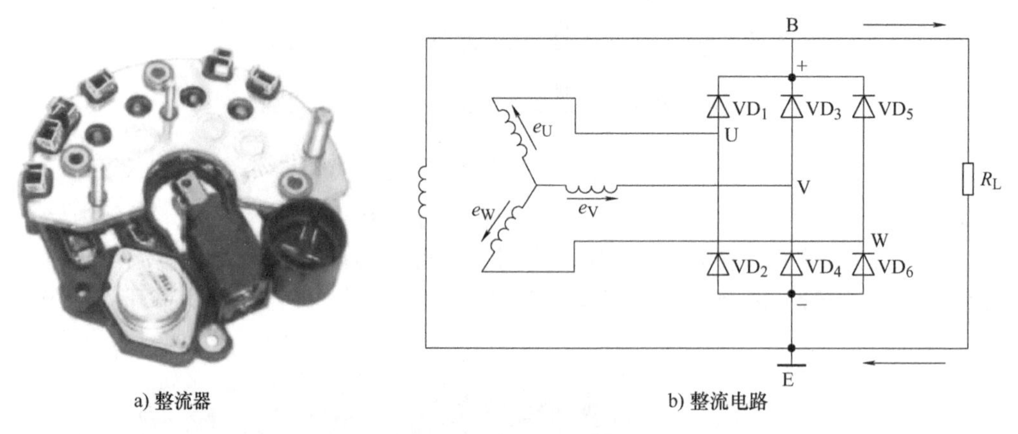

图 4-12　整流器及整流电路

（2）稳压二极管　对于稳压二极管，当外加的反向电压大到一定值时，其反向电流就会突然增大，此现象称为反向击穿。只要对反向电流进行限制，这种击穿就是非破坏性的。稳压二极管被击穿后，尽管通过管子的电流能在很大的范围内变化，但稳压二极管两端的电压变化很小或几乎不变。稳压二极管就是利用这种特性来实现稳压的。稳压二极管及简单稳压电路如图 4-13 所示。

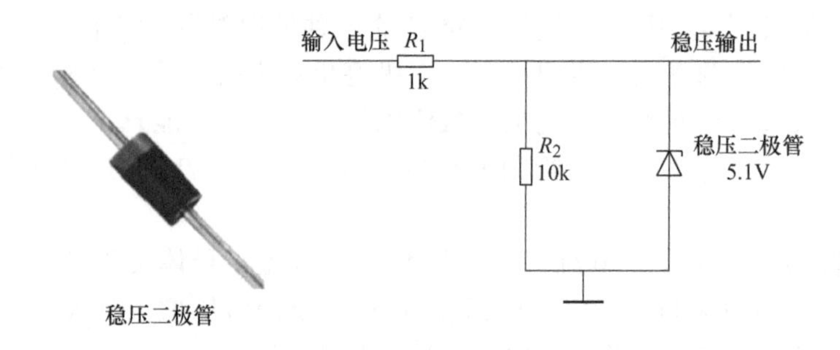

图 4-13　稳压二极管及简单稳压电路

（3）瞬态二极管　瞬态二极管实物图如图 4-14 所示。瞬态二极管是一种二极管形式

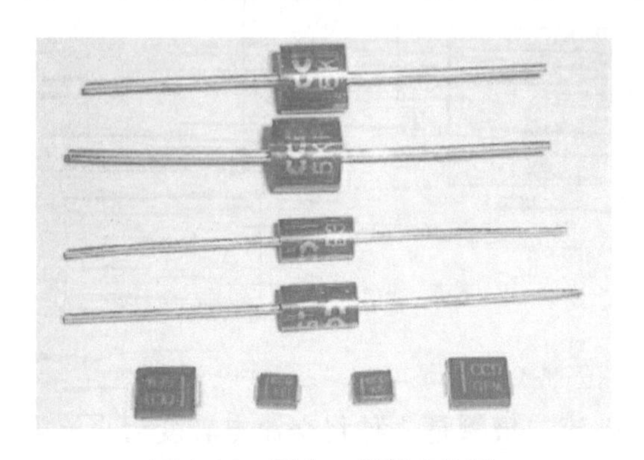

图 4-14　瞬态二极管实物图

的高效能保护器件。当瞬态二极管的两极受到反向瞬态高能量冲击时，它能以 10 ～ 12s 量级的速度，将其两极间的高阻抗变为低阻抗，吸收高达数千瓦的浪涌功率，使两极间的电压钳位于一个预定值，有效地保护电路中的精密元器件，免受各种浪涌脉冲的损坏。

由于瞬态二极管具有响应时间快、瞬态功率大、漏电流低、击穿电压偏差与钳位电压较易控制、无损坏极限、体积小等优点，目前已广泛应用于计算机系统、通信设备、交 / 直流电源、汽车、电子整流中。如图 4-15 所示，瞬态二极管常作为脉冲尖峰保护二极管用在汽车控制电路上，以防止在供电线圈突然断电时，产生破坏性的高压脉冲。

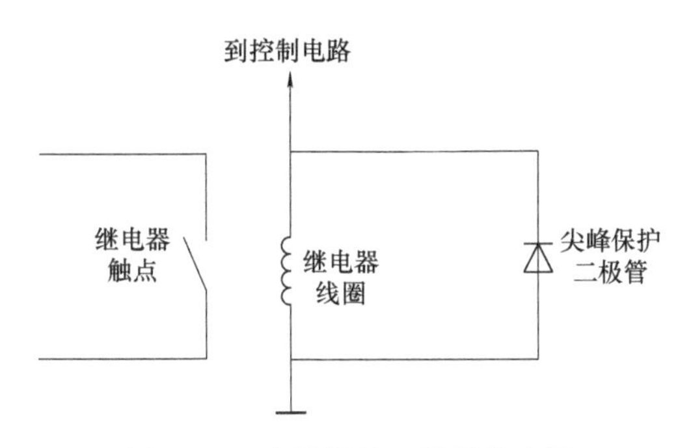

图 4-15　尖峰保护二极管的应用

1）当线圈正在通电时，二极管是反向偏置的，阻止了电流通过二极管，电流以正常方向通过线圈，继电器正常工作，如图 4-16a 所示。

2）当开关断开时，线圈周围建立的磁场瞬间崩溃，产生一个与供给电压方向相反的高电压冲击。这个电压浪涌正向偏置二极管，浪涌通过线圈的绕组无害消退，如图 4-16b 所示。

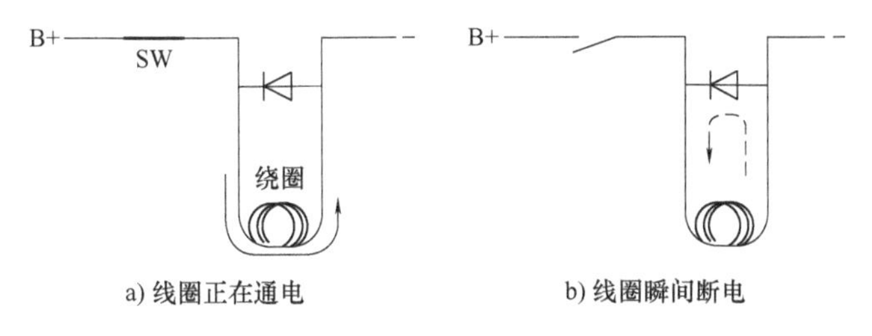

图 4-16　尖峰保护二极管工作电路

（4）发光二极管　发光二极管如图 4-17 所示，发光二极管可以把电能转化成光能，常简称为 LED。发光二极管与普通二极管一样都是由一个 PN 结组成，也具有单向导电性。当给发光二极管加上正向电压并注入一定的电流后，电子与空穴不断流过 PN 结或与之类似的结构面，当电子与空穴复合时，能辐射出可见光。发光二极管用磷化镓、磷砷化镓材料制成。发光二极管的工作电压低、工作电流小、发光均匀、体积小、寿命长、可发红 / 黄 / 绿单色光。

发光二极管在电路中的符号如图 4-18 所示，常用 VL 表示。

如图 4-19 所示，一个七段 LED 可用于显示一个数字或字母。七段 LED 电子显示屏是由 7 个狭长的发光二极管（LED）制成的，通过 7 个 LED 管的各种组合，从 0 ～ 9 的数字和所有的英文字母都能显示出来。LED 显示屏只需要很少的电量，而且它十分耐用，目前已广泛应用在电器产品上。

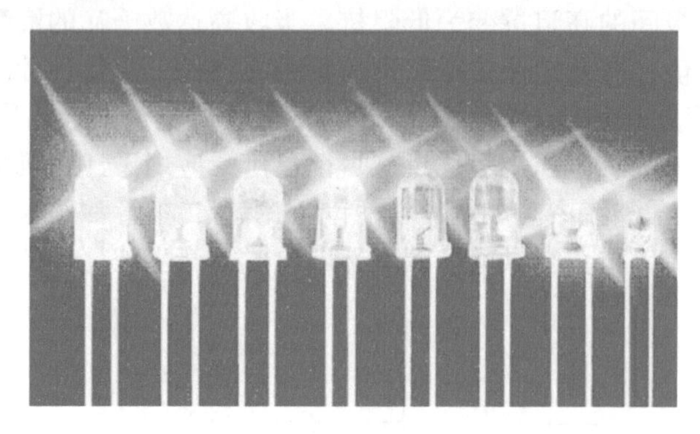

图 4-17　发光二极管（LED）

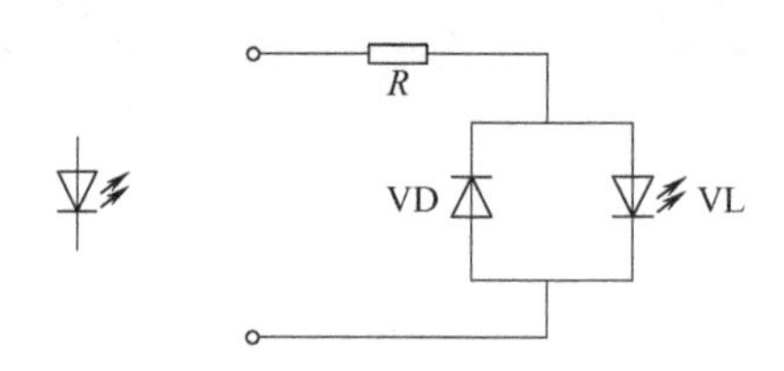

图 4-18　发光二极管在电路中的符号

（5）光电二极管　光电二极管实物图如图 4-20 所示。光电二极管也是由一个 PN 结组成的功率半导体器件，也具有单向导电性。但在电路中，它不是作为整流器件，而是把光信号转换成电信号的光电传感器器件。

图 4-19　七段 LED 显示

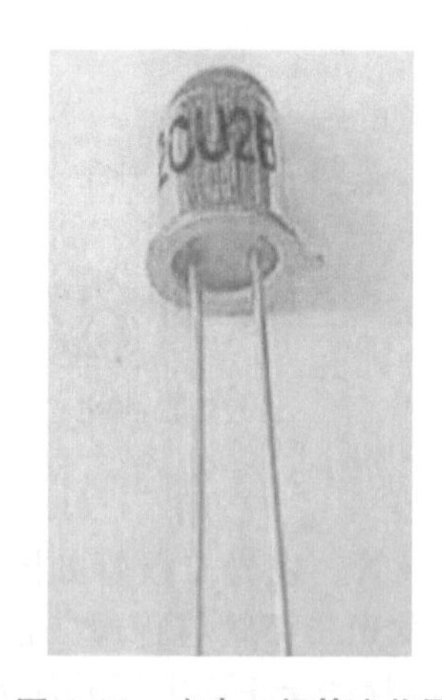

图 4-20　光电二极管实物图

光电二极管的核心部分也是一个 PN 结，但和普通二极管相比，在结构上有所不同，即为了便于接受入射光照，光电二极管的 PN 结面积尽量做得大一些，电极面积尽量小一些，而且 PN 结的结深很浅，一般小于 1mm。

光电二极管的工作原理如图 4-21 所示。光电二极管是在反向电压作用下工作的。在没有光照时，反向电流很小（一般小于 0.1mA），称为暗电流。当有光照时，携带能量的光子进入 PN 结后，把能量传给共价键上的束缚电子，使部分电子挣脱共价键，从而产生电子空穴对，称为光电载流子。它们在反向电压作用下参加漂移运动，使反向电流明显变大，光的强度越大，反向电流也越大，这种特性称为“光电导”。光电二极管在一般照度的光线照射下，所产生的电流叫光电流。如果在外电路上接上负载，负载上就获得了电信号，而且这个电信号随着光的变化而相应变化。

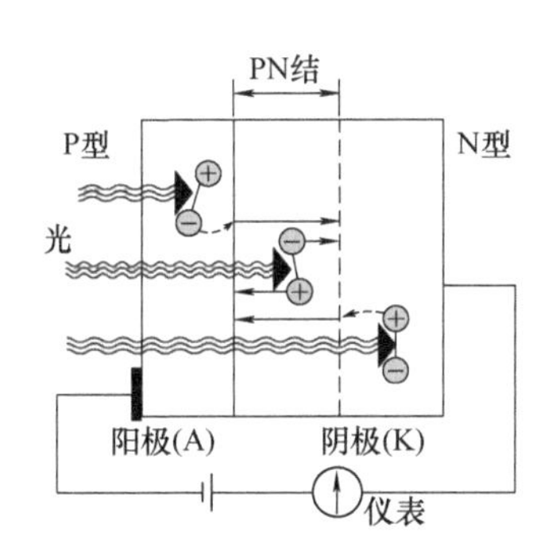

图 4-21　光电二极管的工作原理

6. 晶体管

晶体管实物图如图 4-22 所示。晶体管也是功率半导体器件之一，其具有电流放大的作用，是电子电路的核心器件，用 VT 表示。晶体管是在一块半导体基片上制作两个相距很近的 PN 结，两个 PN 结把整块半导体分成 3 部分，中间部分是基区，两侧部分是发射区和集电区，排列方式有 PNP 和 NPN 两种。

图 4-22　晶体管实物图

（1）晶体管的结构　如果把一小块半导体，中间制成很薄的 N 型区，两边制成 P 型区，就形成了两个 PN 结。将 3 个区都安上引线，即构成 3 个电极，如图 4-23 所示的基极、集电极、发射极（分别用 B、C、E 或 b、c、e 表示），这便成为了 PNP 型晶体管。用同样的方法，如果将半导体的中间制成很薄的 P 型区，两边制成 N 型区，即构成 NPN 型晶体管。

（2）晶体管的工作原理　晶体管按材料可分有两种：锗管和硅管。而每一种又有 NPN 和 PNP 两种结构形式，但使用最多的是硅 NPN 和 PNP 两种晶体管。这两种晶体管除了电源极性不同外，其工作原理都是相同的。下面仅介绍 NPN 硅管的电流放大原理，如图 4-24 所示。

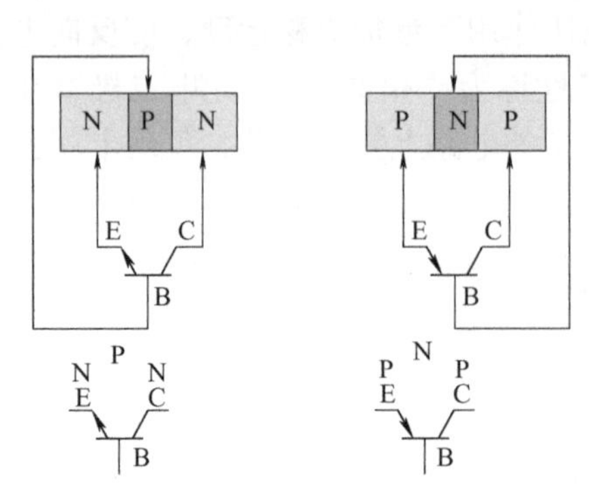

图 4-23　晶体管类型和结构

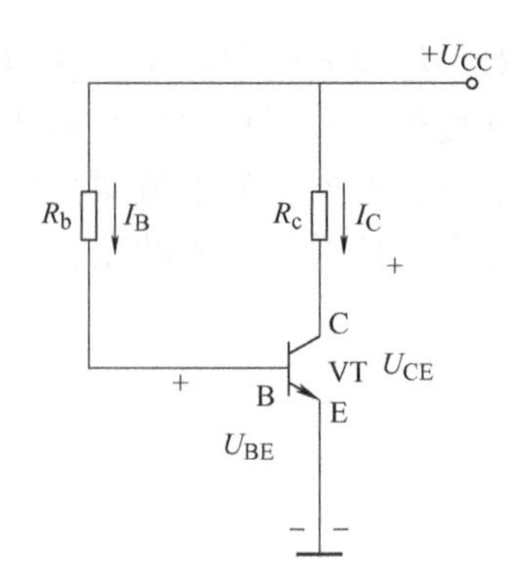

图 4-24　晶体管的工作原理

NPN 管由两块 N 型半导体中间夹着一块 P 型半导体组成，发射区与基区之间形成的 PN 结称为发射结，而集电区与基区形成的 PN 结称为集电结，3 条引线分别称为发射极 E、基极 B 和集电极 C。当基极电压 U_{BE} 有一个微小的变化时，基极电流 I_B 也会随之有一小的变化。受基极电流 I_B 的控制，集电极电流 I_C 会有一个很大的变化。基极电流 I_B 越大，集电极电流 I_C 也越大。反之，基极电流越小，集电极电流也越小，即基极电流控制集电极电流的变化。但是集电极电流的变化比基极电流的变化大得多，这就是晶体管的放大作用。

（3）晶体管的放大及开关功能　晶体管的放大作用是利用基极电流的微小变化控制集电极电流的较大变化。必须注意的是，不能误解为晶体管把基极小电流变成了集电极大电流。同理，晶体管还可以用作电压放大和功率放大。

晶体管还有开关的作用。当晶体管饱和（即导通）时，相当于开关闭合；当晶体管截止时，相当于开关断开。所以将晶体管接入电路后，集电极和发射极之间就等于装设了一个开关或触点。

晶体管无论用于放大还是开关作用，3 个电极之间的电压都有一定的正向、反向条件。当用作放大作用时，对 NPN 型晶体管而言，基极和集电极应接电路的正极，发射极接负极；而对 PNP 型晶体管而言，基极和集电极接电路的负极，发射极接电路的正极。当用作开关时，要使晶体管饱和（即导通闭合电路），对 NPN 型晶体管，应在基极加正电位，集电极和发射极加负电位；对 PNP 型晶体管，则正好相反。若要使晶体管截止（即断开电路），则 NPN 型晶体管基极加负电位，集电极和发射极均加正电位；PNP 型则正好相反。

（4）晶体管基极的判别　晶体管基极判别的示意图如图 4-25 所示，晶体管的基极是晶体管中两个 PN 结的公共极。因此，在判别晶体管的基极时，只要找出两个 PN 结的公共极，即为晶体管的基极。具体方法是将万用表调至电阻档的 R × 1k 档，先用红表笔放在晶体管的一只管脚上，用黑表笔去碰晶体管的另两只管脚，如果两次全通，则红表笔所接的管脚就是晶体管的基极。

如果一次没找到，则红表笔换到晶体管的另一个引脚，再测两次；如还没找到，则红表笔再换一下，再测两次。如果还没找到，则改用黑表笔放在晶体管的一个引脚上，用红表笔去测两次看是否全通，若一次没成功再换。如此重复操作最多测量 12 次，通常就可以找到基极。

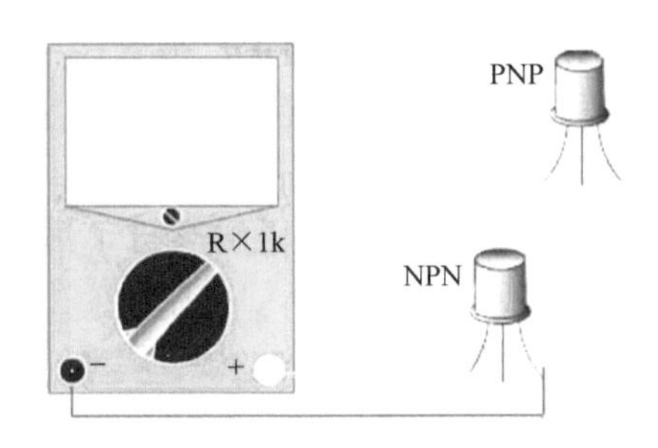

图 4-25　晶体管基极判别的示意图

7. 金属 – 氧化物半导体场效应晶体管（MOS 管）

（1）MOS 管的定义　金属 – 氧化物半导体场效应晶体管（Metal Oxide Semiconductor Field Effect Transistor，MOSFET）。简称 MOS 管，它是一种常用的功率半导体器件，广泛应用于各种电子设备中。MOS 管通过电压控制电流，具有高输入阻抗、低噪声、低功耗等优点，是现代电子技术中的重要组成部分。MOS 管的外形图如图 4-26 所示。

图 4-26　MOS 管的外形图

（2）MOS 管的分类　MOS 管的主要类型有 N 沟道 MOS 管和 P 沟道 MOS 管两种。它们的工作原理和用途有所不同。N 沟道 MOS 管在正电压下导通，而 P 沟道 MOS 管在负电压下导通。这两种类型的 MOS 管在电路中分别起到开关、放大等作用，是构建复杂电子系统的基础器件。

（3）MOS 管的工作原理　MOS 管的工作原理是基于电场效应，通过控制栅极电压来改变半导体表面的导电沟道，从而实现电流的控制。其结构包括栅极、源极和漏极，通过改变栅极电压，可以控制源极和漏极之间的导电性，从而实现电路的开关或放大功能。

（4）MOS 管 3 个引脚的区分　MOS 管是一种常用的功率半导体器件，其 3 个引脚分别为栅极（Gate）、源极（Source）和漏极（Drain）。区分这 3 个引脚的方法有很多种，以下是一些常用的方法。

1）通过数字万用表进行测量。将万用表置于二极管档位，用两支表笔，分别测量任意两个引脚。如果测量到其中两只引脚之间有阻值，那么这两只引脚分别是漏极（Drain，D）和源极（Source，S），剩下的一个引脚就是栅极（Gate，G）。进一步确认 DS 极：用任意一支表笔接在 D 极上不动，用另一支笔去碰触 S 极，然后再测量 D、S 之间的阻值。如果阻值发生变化，说明 DS 极已确认好。

根据阻值判断 MOS 管类型：如果阻值很小，说明是 P 沟道 MOS 管；如果阻值很大，说明是 N 沟道 MOS 管。

2）通过观察封装和标记。对于某些封装形式的 MOS 管，可以通过观察封装上的标记或封装形状来直接确定引脚的位置。例如，ST-223 封装的 MOS 管，左边的是一脚，右边的是二脚，上面的是三脚。对于 T-92 封装的 MOS 管，有字的一面面向自己时，从左到右依次是一脚、二脚和三脚。不同的封装引脚位置可能有所不同，需要具体查看封装上的标记或参考数据手册。

3）通过观察 MOS 管 PN 结的正、反向电阻值来判断电极。如果两次测出的电阻值均很大，说明是 N 沟道 MOS 管；如果两次测出的电阻值均很小，说明是 P 沟道 MOS 管。

8. 稳压器

1）三端稳压器件。如 78××、79×× 系列三端稳压器件是最常用的线性降压型 DC/DC 变换器。单独的元件可用万用表测量各引脚间电阻来粗略判别是否损坏，最好是接入电路中测量；78 系列输出的是正压；79 系列输出的是负压。通过万用表测量其输出电压就可以判断其好坏。

2）用途。三端稳压器用于电路的稳压，以输出固定电压，从而防止电压过高烧毁电路。

3）类别。三端稳压器的通用产品有 78 系列（正电源）和 79 系列（负电源）。输出电压由具体型号中后面的两个数字代表，有 5V、6V、8V、9V、10V、12V、15V、18V、24V 等档位；输出电流以 78（或 79）后面加字母来区分：L 表示 0.1；AM 表示 0.5A；无字母表示 1.5A。如 78L05 表示输出电压 5V、输出电流 0.1A。使用注意事项：输入 / 输出电压之间要有 2～3V 及以上的电压差。例如，7805 三端稳压器的固定输出电压是 5V，而输入电压至少大于 7V。

79 系列 7905，-5V 稳压器，引脚：1—地、2—进、3—出。

78 系列 7805，+5V 稳压器，引脚：1—进、2—地、3—出。

9. 集成电路

集成电路是一种微型电子元器件或部件。集成电路是采用一定的工艺，把一个电路中所需的晶体管、二极管、电阻、电容和电感等元器件布线互连在一起，制作在一小块或几小块半导体晶片或介质基片上，然后封装在一个管壳内，成为具有所需电路功能的微型结构；其中所有元器件在结构上已组成为一个整体。按其功能、结构的不同，集成电路可以分为模拟集成电路、数字集成电路和数 / 模混合集成电路三大类。

芯片一般都是以字母 + 数字 + 字母的方式命名：前面的字母是芯片厂商或是某个芯片系列的缩写；中间的数字是功能型号，如 MC7805 和 LM7805，从 7805 上可以看出它们的功能都是输出 5V 电压，只是厂家不一样；后面的字母通常是封装信息，要查看厂家提供的资料才能知道具体字母代表什么封装。引脚排列方式有单列引脚、双列引脚、四列引脚。引脚读数从有“.”标示处读起或放正型号数字对正自己，从下排脚读起。

10. 继电器

继电器是自动控制电路中常用的一种元器件，它是利用电磁感应原理以较小电流来控制较大电流的自动开关，在电路中起自动操作、自动调节、安全保护等作用。

（1）电磁式继电器的工作原理　在电气产品上广泛使用电磁式继电器，这种电磁式继电器一般由铁心、线圈、衔铁、触点簧片等组成的。打开外壳后的继电器如图 4-27 所示。

图 4-27　打开外壳后的电磁式继电器

继电器的工作原理如图 4-28 所示，若一个由电源、开关及灯泡组成的电路设备，要求用强电流直接接线，则开关及接线都要有承受此强电流的能力。然而，可使用一个开关，利用弱电流接通或断开一个继电器，然后由继电器通过的大电流去接通或断开灯泡。

1）当开关闭合时，电流经过端点 1 及 2 使线圈励磁，线圈的磁力吸引点 3 和 4 之间的动触头，于是触点 3–4 接通并使电流流向灯泡。

2）当开关断开时，线圈断电，线圈的磁力也随之消失，动触头就会在弹簧的反作用力下返回原来的位置，使触点断开。

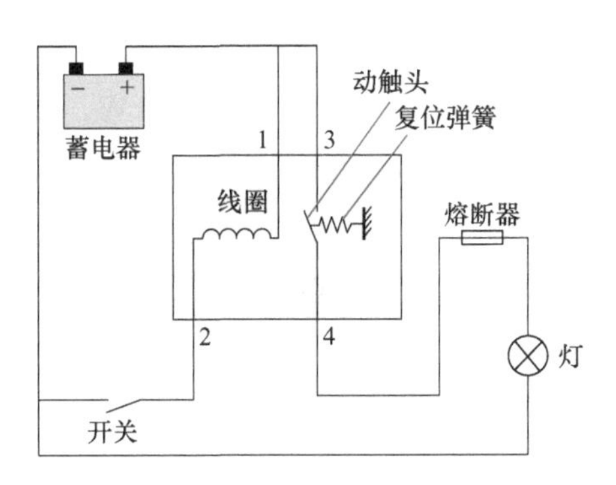

图 4-28　继电器的工作原理

（2）继电器的类型　继电器按断开及接通方式的不同，可分为以下 3 种类型。

1）常开型。如图 4-29a 所示，常开型继电器不工作时是开路的，只有在其线圈受激时才闭合。

2）常闭型。如图 4-29b 所示，常闭型继电器的触点在不工作时是闭合的，只有在其线圈受激时才断开。

3）枢纽式。如图 4-29c 所示，枢纽式继电器在两个触点之间切换，切换时刻由线圈受激状态决定。

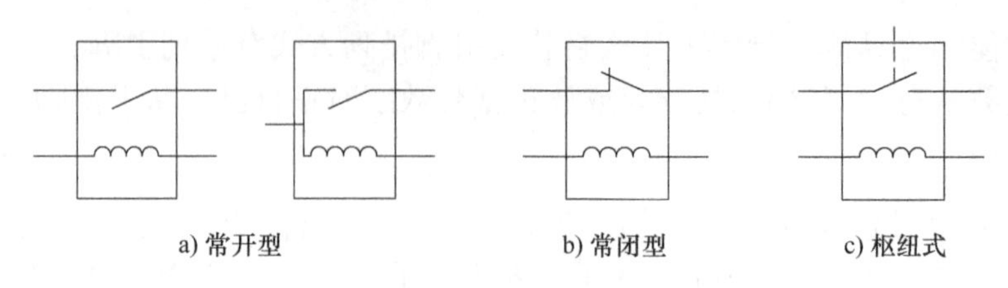

图 4-29　继电器的类型

4.2　充电模块概述

4.2.1　充电模块厂家

目前充电模块市场上出货量前三名的厂家为深圳的英可瑞、华为和英飞源。生产充电模块的厂家还有深圳的维谛技术（艾默生）、盛弘、麦格米特、核达中远通、新亚东方、金威源、优优绿源、中兴、凌康技术、健网科技、菊水皇家、泰坦、奥特迅、英耐杰、科士达、台湾的飞宏、华盛新能、石家庄的通合电子、杭州的中恒电气、北京的中思新科等。

4.2.2　充电模块的特点

1. 充电模块是充电桩的核心部件

直流充电桩是把 380V 的高压交流电转换为高压直流电后给电动汽车的电池包充电，这个转换部件就是充电模块。生产充电模块的厂家有很多，所采用的电路也各不相同，但是可以归纳为几大类型。充电模块的功率也有不同，早期充电模块的功率主要是 15kW、20kW，现在的充电模块一般都是 30kW、40kW，今后还会有功率更大的模块出现。

2. 充电模块的故障率比较高

现在的充电模块大多数采用风冷的方式冷却，由于充电模块都是大功率设备，里面的很多器件容易发热，在冷却过程中尘埃、水蒸气等都会使电子元器件短路，使得充电模块不能正常工作，所以充电模块的故障率比较高。必须学会充电模块的工作原理，才能掌握正确的维修方法。

3. 充电模块的应用

充电模块不仅可以用于充电桩上，还可以应用于通信、电力、储能等多个领域。学好了充电模块的维修技术，将来很多设备都能维修。

充电模块早期主要用于通信基站的电源上，后来才应用于充电桩上。储能设备上也要使用充电模块，其基本原理都差不多。

4. 充电模块的电路

充电模块的电路比较复杂，既有高压电路，又有低压电路。而且充电模块的工作电压比较高，不便于在线测试。因此不仅要搞懂充电模块的工作原理，积累维修经验，还要有熟练的焊接技术，才能成为一名合格的维修人员。

4.2.3　充电模块的实物图

充电模块的实物图如图 4-30 所示。

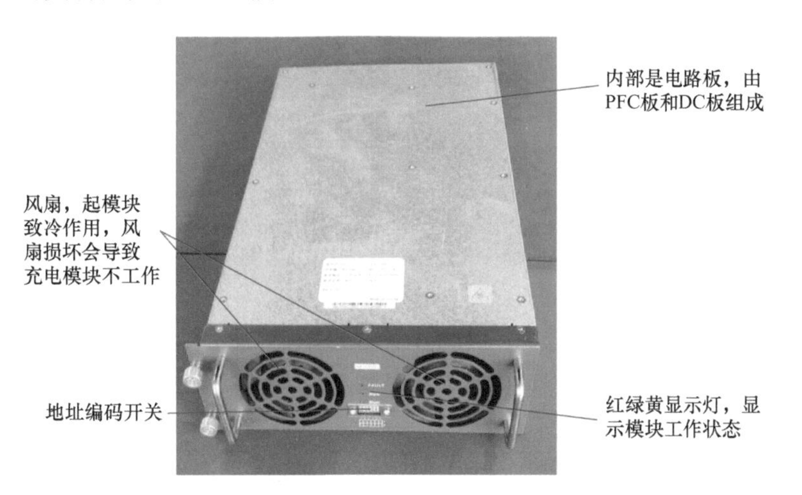

图 4-30　英飞源充电模块实物图

充电模块在充电桩内的安装方式有卧式和立式两种形式，图 4-31 所示为立式，图 4-32 所示为卧式。

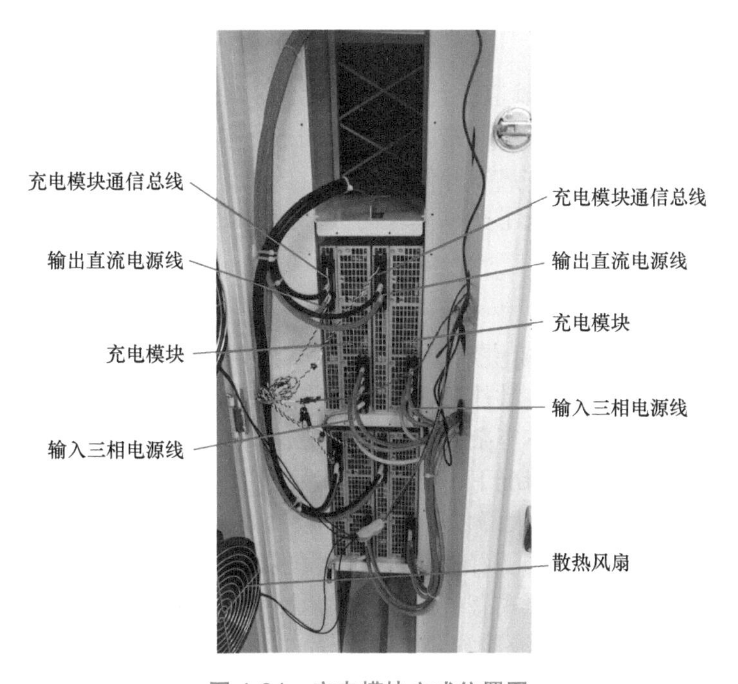

图 4-31　充电模块立式位置图

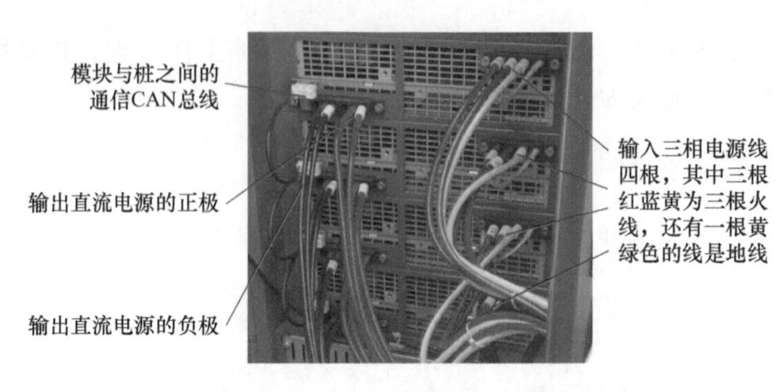

图 4-32　充电模块卧式位置图

4.2.4　充电模块的散热方式

1. 风冷散热模式

目前充电模块的主流散热模式为直通风冷散热模式。直通风冷散热模式是采用高转速风扇强力排风，空气由前面板吸入，从充电模块尾部排出，从而带走散热器及发热器件的热量。充电桩大多处于室外环境，空气中会夹杂着灰尘、盐雾及水气，并吸附在充电模块内部器件表面上，内部积尘会导致充电系统绝缘变差、散热变差、充电效率降低、设备寿命减少。当遇到雨季或潮湿环境，积尘吸水后会发霉、腐蚀器件、造成短路，从而导致充电模块故障。另外，风冷散热模式采用高转速风扇强力排风，并且充电桩的散热风扇会产生较大噪声。因此，为了降低充电模块的故障率和噪声，需要对风冷散热模式进行改进和优化。

2. 独立风道散热模式

独立风道散热是通过优化风道设计，将电子元器件设计在模块上方密闭箱体中，散热器放置在密闭箱体下侧，散热器与密闭箱体四周进行防水防尘设计，发热电子元器件集中贴在散热器内侧，风扇仅对散热器外侧吹风进行散热，使电子元器件免于粉尘污染和腐蚀。独立风道散热模式大大降低了充电模块的故障率，提高了充电模块的可靠性，并延长了充电模块的使用寿命。

3. 液冷散热模式

液冷散热模式是液冷充电模块系统内部的发热器件，通过冷却液与散热器进行热交换。由于液冷散热模式不需要装散热风扇，使得噪声更低。同时，液冷充电模块采用全封闭设计，与灰尘、易燃易爆气体等杂质杂物无接触，具有更高的防护性，进而可以提高使用效率并延长使用寿命。通常情况下，常规风冷系统使用寿命为 3 ～ 5 年，液冷系统使用寿命可超过 10 年，维护成本大大降低。但目前液冷散热模式成本较高，适用于对噪声和防护性要求较高的场景。未来，随着技术进一步发展，以及大功率充电桩对充电模块品质要求的进一步提升，液冷散热模式有望逐渐替代风冷散热。

主流的充电模块企业已在液冷充电模块产品方面布局。目前，英飞源、优优绿能、英可瑞、欧陆通等充电模块企业陆续推出自己的液冷充电模块产品。

4.3 充电模块的组成

充电模块品牌众多，功率各异，但充电模块基本都是由 PFC 板和 DC/DC 板两部分组成的。

4.3.1 充电模块的 PFC 板

华为使用的充电模块采用的是单相交错式三相三线制三电平 VIENNA 的 PFC 拓扑方式。此拓扑方式将三相输入分解为 3 个单相交错式的 PFC，每个之间相差 120°。而每一路的功率半导体器件相差 180°。华为 PFC 板实物图如图 4-33 所示。

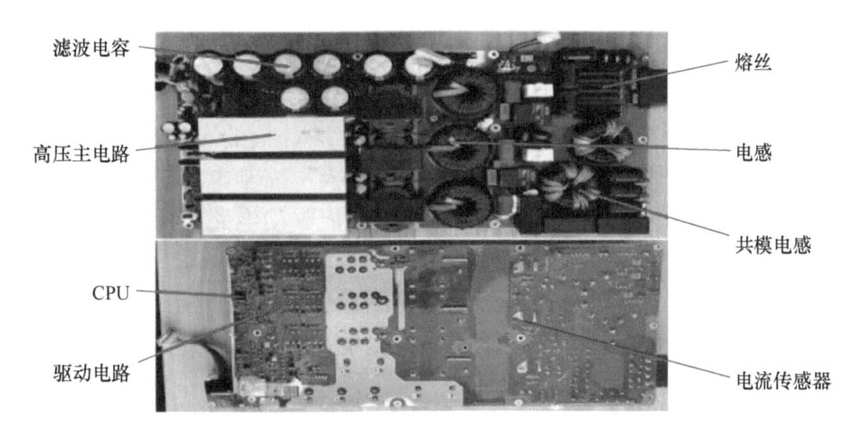

图 4-33　华为 PFC 板实物图

充电模块的 PFC 板主要由以下电路组成：

1）PFC 板 EMI 电路：作用是滤除从电网进来的干扰信号，防止雷击损坏充电模块。

2）PFC 板高压主电路：作用是将三相交流电转换为高压直流电。

3）PFC 板 CPU 主控制电路：作用是控制 PFC 板的工作。

4）PFC 板主辅源电路：作用是提供主控制电路的电源。

5）PFC 板次辅源电路：作用是提供驱动电路和输入电流检测电路的电源。

6）PFC 板驱动电路：作用是提供功率开关管的开关驱动信号。

7）风扇控制电路：作用是提供风扇驱动信号。

8）温度检测电路：作用是检测 PFC 板的温度。

9）输入三相电流检测电路：作用是检测输入三相是否平衡。

10）输入三相电压检测电路：作用是检测输入电压是否高压、欠压、缺相。

11）输出电压检测电路：作用是检测 PFC 板的母线电压是否正常。

4.3.2 充电模块的 DC/DC 板

华为、通合电子采用的这种三相交错式 LLC，该变换器包含 3 个普通 LLC 谐振 DC/DC 变换器，每个变换器分别以 120° 相位差运行。华为 DC/DC 板实物图如图 4-34 所示。

充电模块的 DC/DC 板主要由以下电路组成：

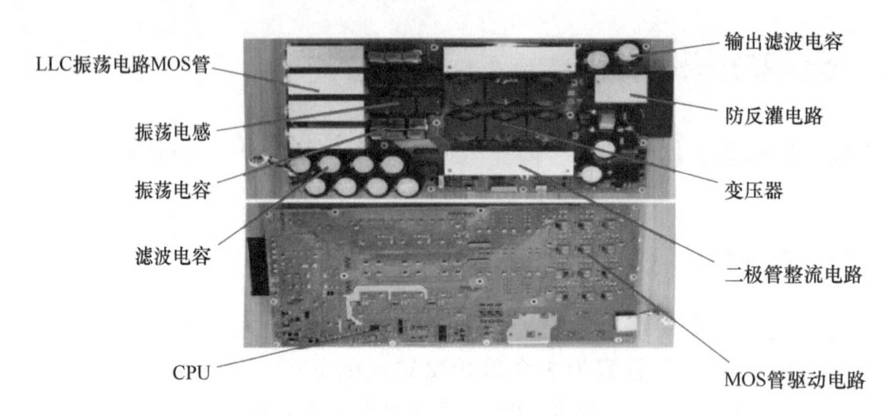

图 4-34　华为 DC/DC 板实物图

1）LLC 振荡电路：作用是将直流母线输入的直流电转换为交流电。

2）整流滤波电路：作用是将变压器耦合输出的交流电转为直流电。

3）DC/DC 板 CPU 主控制电路：作用是控制 DC/DC 板的工作。

4）DC/DC 板主辅源电路：作用是提供 DC/DC 板主控制电路电源。

5）DC/DC 板次辅源电路：作用是提供 DC/DC 板驱动电路电源。

6）DC/DC 板驱动电路：作用是提供功率开关管驱动信号。

7）DC/DC 板输出电压检测电路：作用是检测输出直流电压是否正常。

8）DC/DC 板输出电流检测电路：作用是检测输出电流是否正常。

9）通信电路：作用是充电模块两板之间的通信和模块与外部充电桩控制板之间的通信。

10）编码和显示电路：作用是模块地址的编码以及模块状态显示。

11）泄放电路：作用是泄放输出滤波电容中存储的能量。

12）防反灌电路：作用是防止模块之间的反向电压冲击。

13）温度检测电路：作用是检测 DC/DC 板上的温度。

4.4　充电模块的主流拓扑

4.4.1　前级 PFC 的拓扑方式

1. 三相三线制三电平 VIENNA

三相三线制三电平 VIENNA 如图 4-35 所示，这是目前充电模块市场上主流的 PFC 拓扑方式。英可瑞、英飞源、艾默生、麦格米特、盛弘、通合等充电模块厂家均采用此拓扑结构。此拓扑方式每相可以等效为一个 BOOST 电路。

由于 VIENNA 整流器具有以下诸多优点，使得其十分适合作为充电机整流装置的拓扑。

1）大规模充电站的建设需要用到大量的充电机，VIENNA 整流器在减少功率半导体器件个数的同时，其三电平特性还降低了功率半导体器件的最大压降。因此采用 VIENNA 整流器可以选用数量较少且相对廉价的低电压等级的功率半导体器件，从而大大降低了成本。

2）功率密度，即单位体积的功率大小。VIENNA 整流器控制频率高的特点，使电感和变压器的体积减小，从而在很大程度上缩小了充电机的体积，提高了充电机的功率密度。

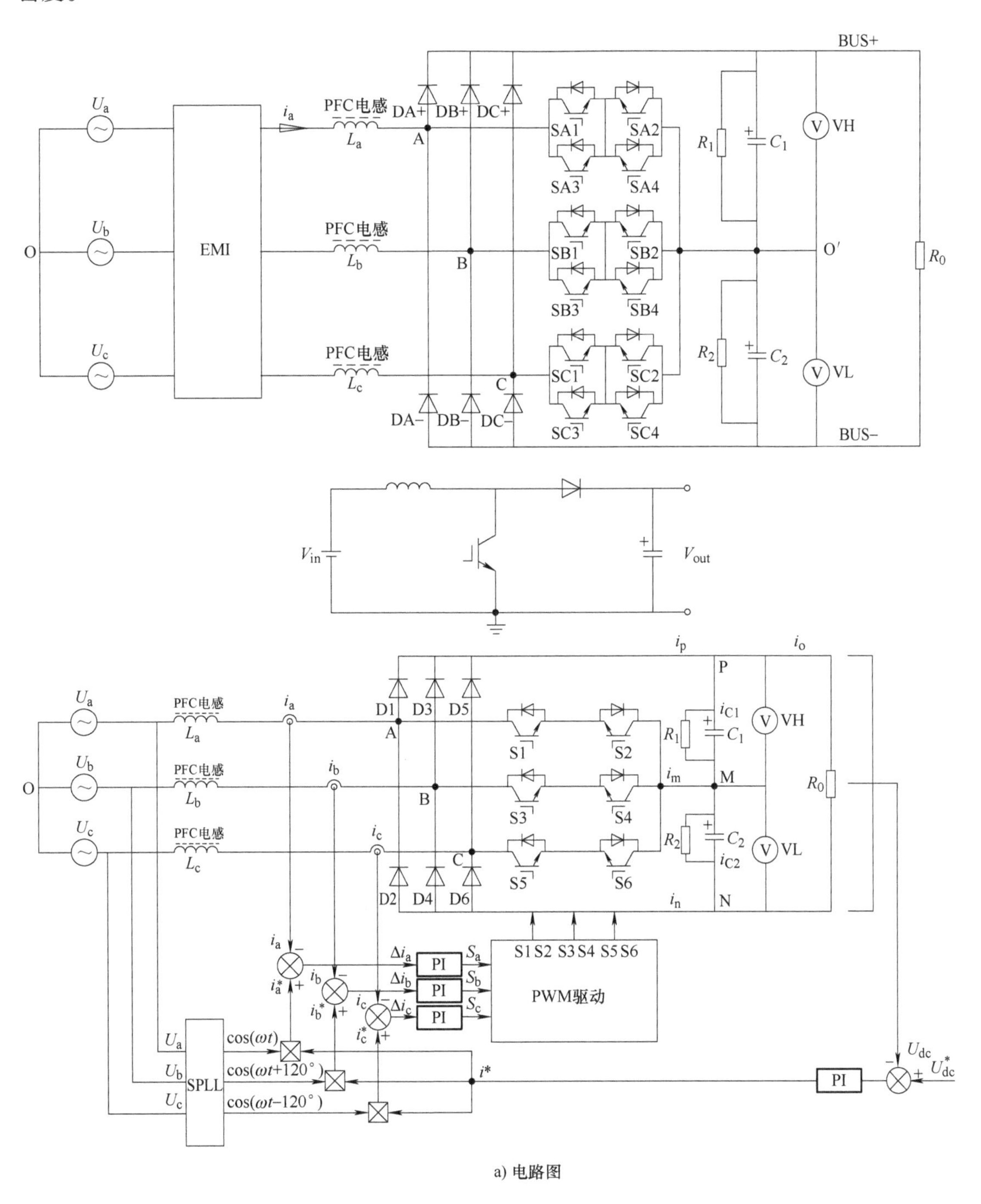

a) 电路图

图 4-35　三相三线制三电平 VIENNA 的拓扑图

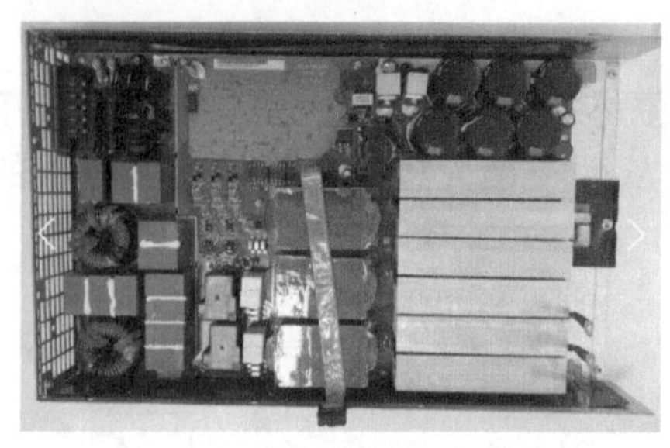

b) 实物图

图 4-35　三相三线制三电平 VIENNA 的拓扑图（续）

3）VIENNA 整流器的高功率因数和低谐波电流，使充电机不会给电网带来大量的谐波污染，从而有利于充电站的大规模建设。因此，主流的充电模块厂家均以 VIENNA 整流器作为充电机的整流装置拓扑。

4）VIENNA 整流器每相两个 MOS 管是反串联，不会发生像 PWM 整流器那样存在上下管直通的情况，不需要考虑死区，驱动电路也相对容易实现。

VIENNA 整流器的缺点如下：

1）输出中性点平衡问题。中性点电压的波动会增加注入电网电流的谐波分量，中性点电压严重偏离时会导致开关器件以及直流侧电流承受过高电压而损坏。因此必须考虑直流侧中性点电位的平衡问题。

2）能量只能单向传递。

2. 两路交错并联三相三线制三电平 VIENNA

两路交错并联三相三线制三电平 VIENNA 的拓扑图如图 4-36 所示。

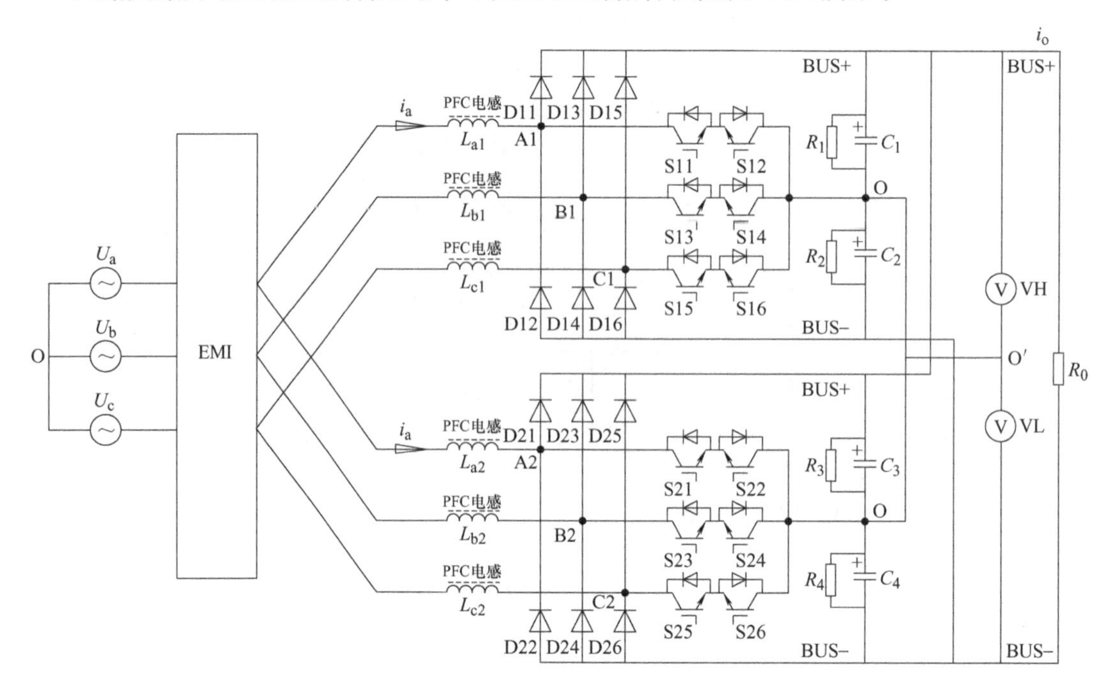

图 4-36　两路交错并联三相三线制三电平 VIENNA 的拓扑图

杭州中恒电气自主研发使用的充电模块，采用的就是两路交错并联三相三线制三电平 VIENNA 的 PFC 拓扑方式。控制方式为：第一 VIENNA 变换器的 A 相驱动信号与第二 VIENNA 变换器的 A 相驱动信号同频率同幅值、占空比各自独立、相位错开 180°；第一 VIENNA 变换器的 B 相驱动信号与第二 VIENNA 变换器的 B 相驱动信号同频率、同幅值、占空比各自独立、相位错开 180°；第一 VIENNA 变换器的 C 相驱动信号与第二 VIENNA 变换器的 C 相驱动信号同频率、同幅值、占空比各自独立、相位错开 180°。通过两个变换器的并联，使得功率开关管和二极管电流应力减小一半，可使用传统功率半导体器件；通过交错并联技术，总输入电流波动减小，从而减少电磁干扰，并减小滤波器体积；用两个分散的发热器件代替一个集中的发热器件，在总热量没增加的基础上可方便 PCB 布局和热设计。另外，此拓扑在轻载时，仍然可以实现输入电流连续，从而减少了干扰。

3. 单相交错式三相三线制三电平 VIENNA

单相交错式三相三线制三电平 VIENNA 的拓扑图如图 4-37 所示。

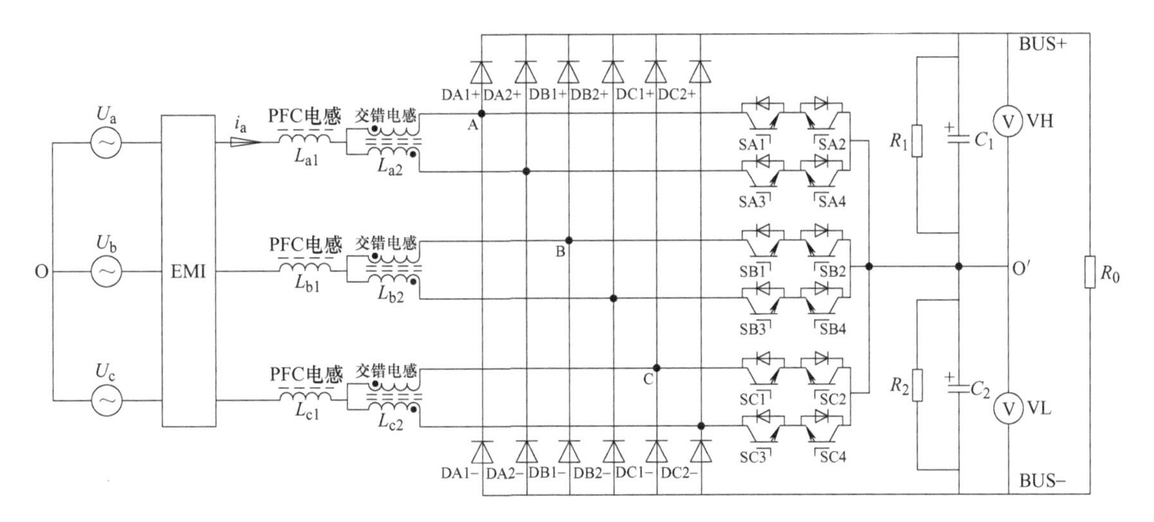

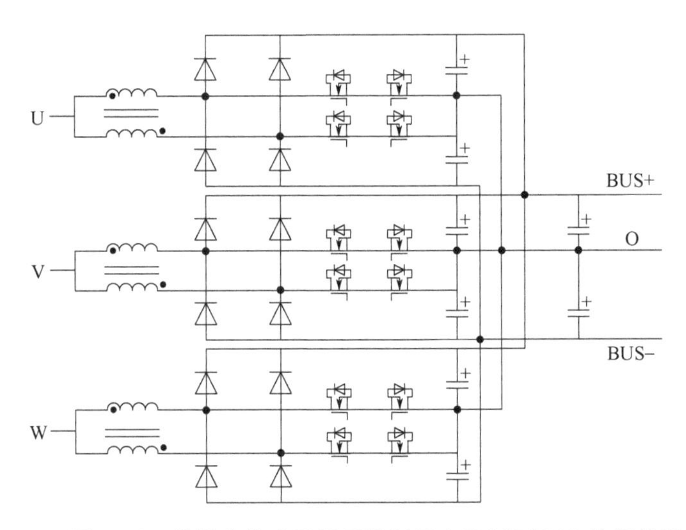

图 4-37　单相交错式三相三线制三电平 VIENNA 的拓扑图

华为使用的充电模块采用的就是单相交错式三相三线制三电平 VIENNA 的 PFC 拓扑方式。此拓扑方式将三相输入分解为三个单相交错式的 PFC 电路，每个电路之间相差 120°。而每一路的驱动 MOS 管相差 180°。这样可以降低输入纹波电流和输出纹波电压，从而减小 BOOST 升压电感的尺寸，并减小输出滤波电容的容量。同时还可以降低 EMI，缩减 EMI 磁性元器件的大小，减小线路的均方根电流等，从而提高整机效率。

4.4.2 后级 DC/DC 的拓扑方式

1. 两组交错式串联二电平全桥 LLC

两组交错式串联二电平全桥 LLC 的拓扑图如图 4-38 所示。

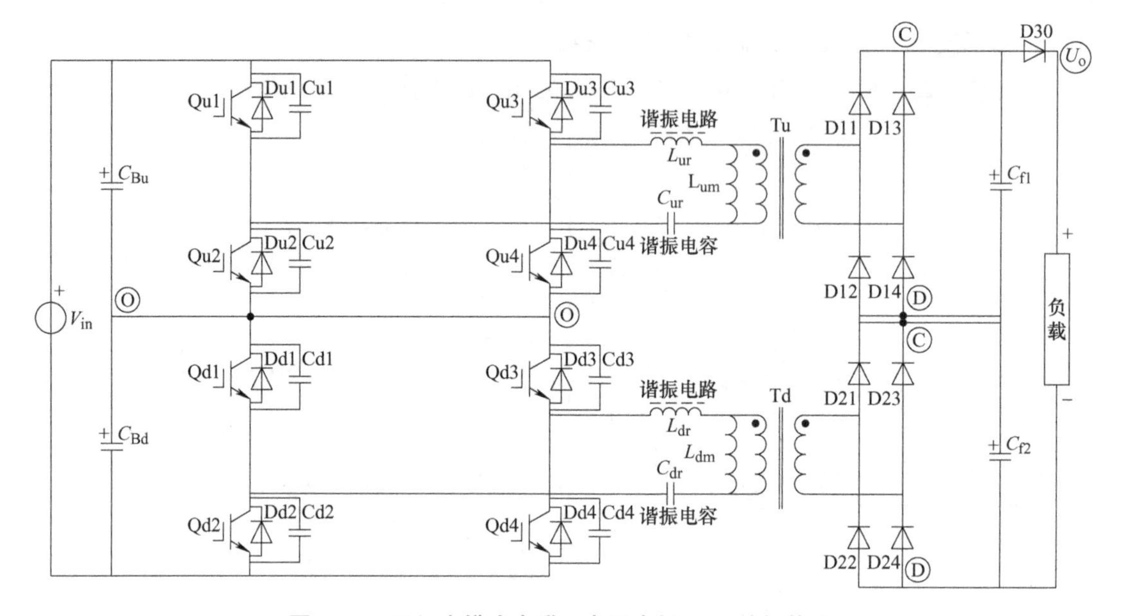

图 4-38 两组交错式串联二电平全桥 LLC 的拓扑图

2. 两组交错式并联二电平全桥 LLC

目前英可瑞，麦格米特的 750V 充电模块均采用的是两组交错式串联二电平全桥 LLC，500V 充电模块采用的是两组交错式并联二电平全桥 LLC，其拓扑图如图 4-39 所示。

两组交错式并联二电平全桥 LLC 的优点如下：

1）根据母线电压，将分成上下两个全桥的 LLC 控制，可以在不增加开关管应力的情况下，使用成熟的二电平全桥 LLC 控制电路。

2）采用全桥 LLC，可以实现整流二极管的零电流关断，从而提高效率，并减小 EMI。

3）轻载特性比较好。

两组交错式并联二电平全桥 LLC 的缺点如下：

通过调节频率实现输出电压的调节，但难以实现输出电压的宽范围调节，谐振电感和变压器设计困难，开关频率不固定，难以实现更大容量。

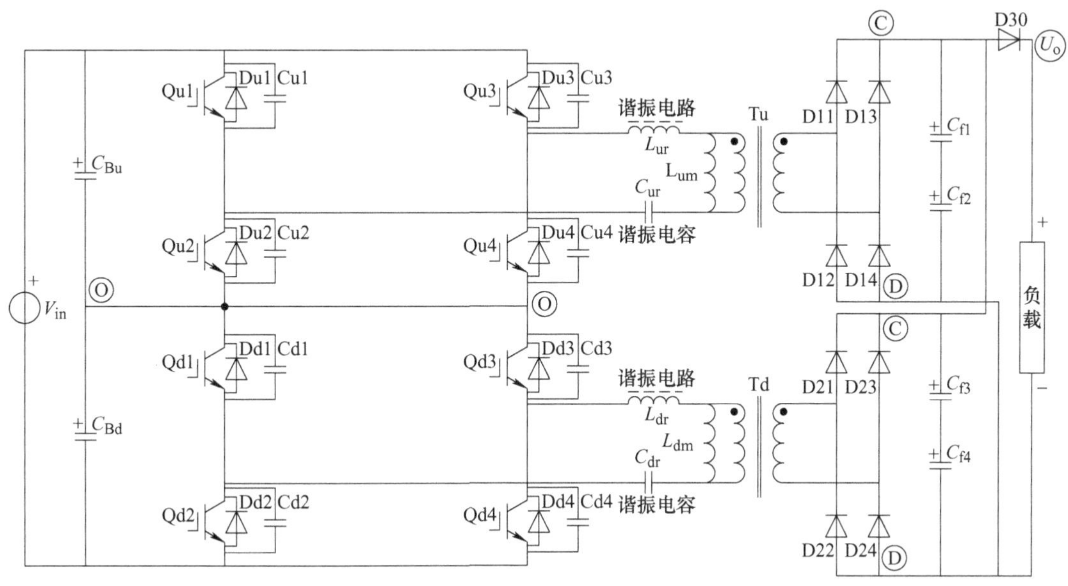

a) 电路图

b) 实物图

图 4-39　两组交错式并联二电平全桥 LLC 的拓扑图

3. 三电平全桥移相 ZVS

英飞源和维谛技术（原艾默生）采用的就是三电平全桥移相 ZVS，其拓扑图如图 4-40 所示。

三电平全桥移相 ZVS 的优点如下：

1）采用三电平技术，可以减小开关管的电压应力，从而可以使用 650V 的 MOS 管，提高整机开关频率，减小输出滤波电感的尺寸。

2）移相全桥技术可以实现输出电压的宽范围调节，同时输出电压纹波小。

3）变压器不需要开气隙，有利于磁性元器件的功率密度的提升。

4）容易做在大功率，大容量。

三电平全桥移相 ZVS 的缺点如下：

1）轻载时，滞后臂不容易实现软开关。

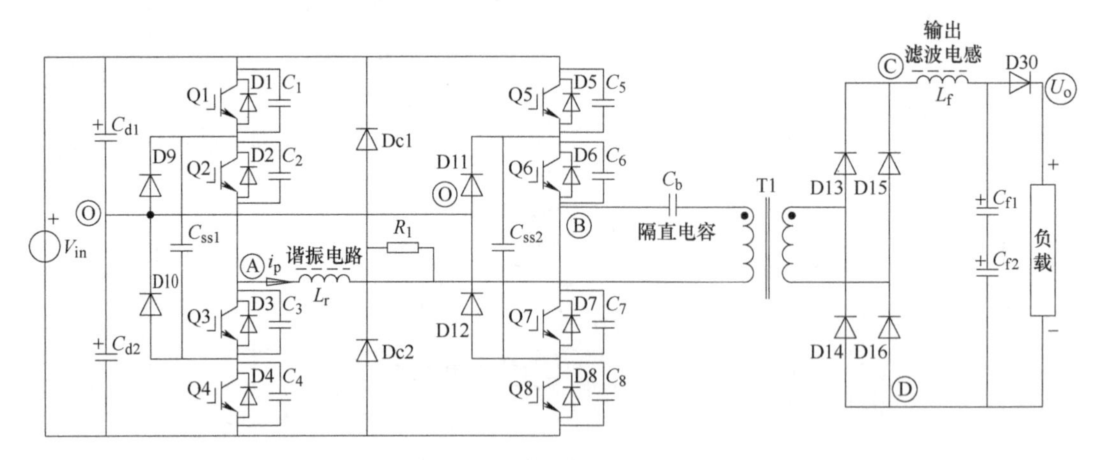

a) 电路图

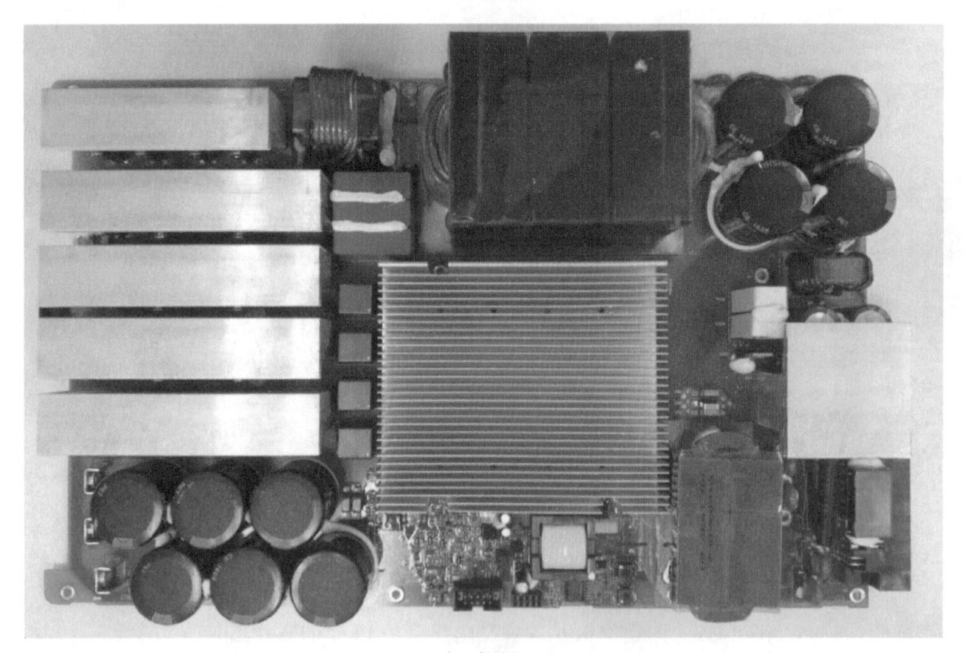

b) 实物图

图 4-40 三电平全桥移相 ZVS 的拓扑图

2）整流二极管为硬开关，反向恢复电压尖峰高，EMI 大。

3）占空比丢失。

4. 三相交错式 LLC

三相交错式 LLC 的拓扑图如图 4-41 所示。

华为和通合电子采用的就是三相交错式 LLC。该变换器包含 3 个普通 LLC 谐振 DC/DC 变换器，每个变换器分别以 120° 相位差运行。输出电容的纹波电流得以显着减小，同时提高了功率密度。变压器可以由 3 个小尺寸的磁性组合，从而减小整机的高度。但是其控制较为复杂。

5. 三电平全桥 LLC

盛弘电气和茂硕电源采用的是三电平全桥 LLC。三电平全桥 LLC 的拓扑图如图 4-42 所示。

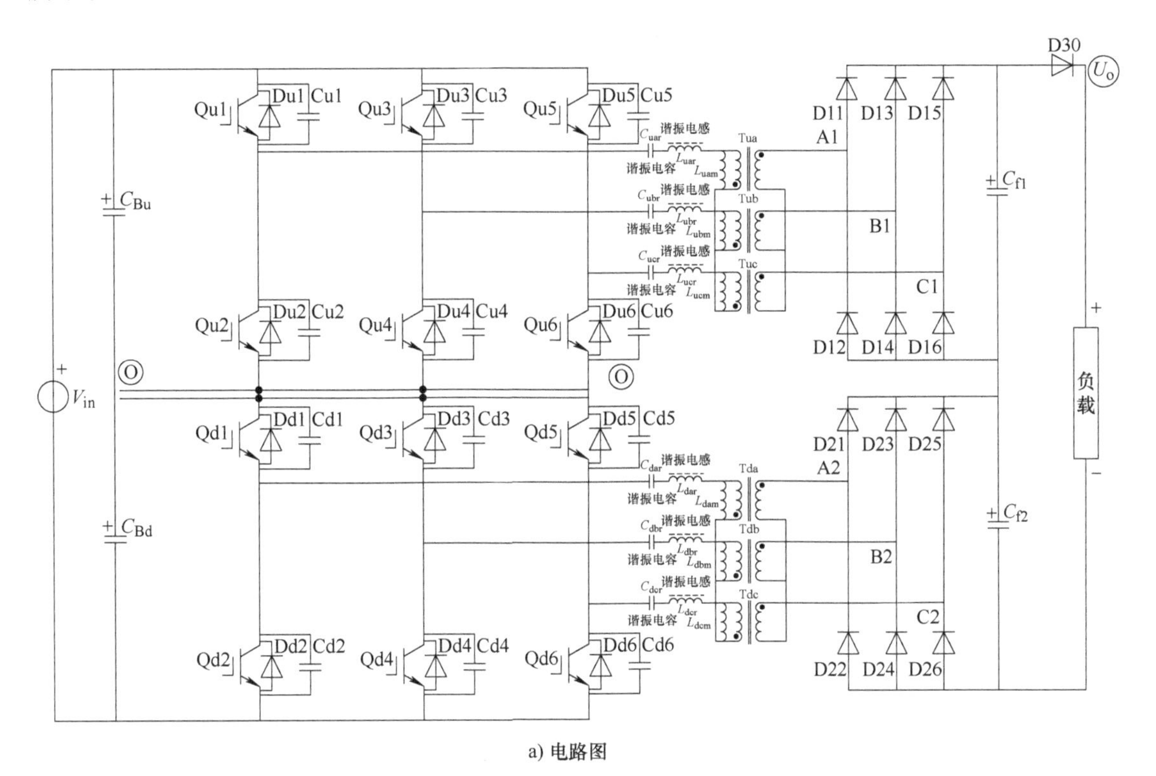

a) 电路图

b) 实物图

图 4-41　三相交错式 LLC 的拓扑图

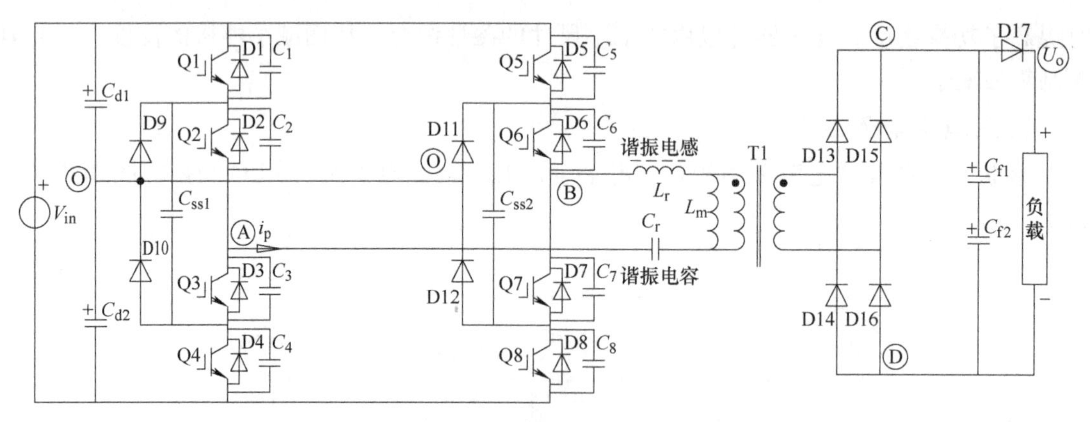

a) 电路图

b) 实物图

图 4-42　三电平全桥 LLC 的拓扑图

6. 两组交错式串联二电平全桥移相 ZVZCS

两组交错式串联二电平全桥移相 ZVZCS 的拓扑图如图 4-43 所示。

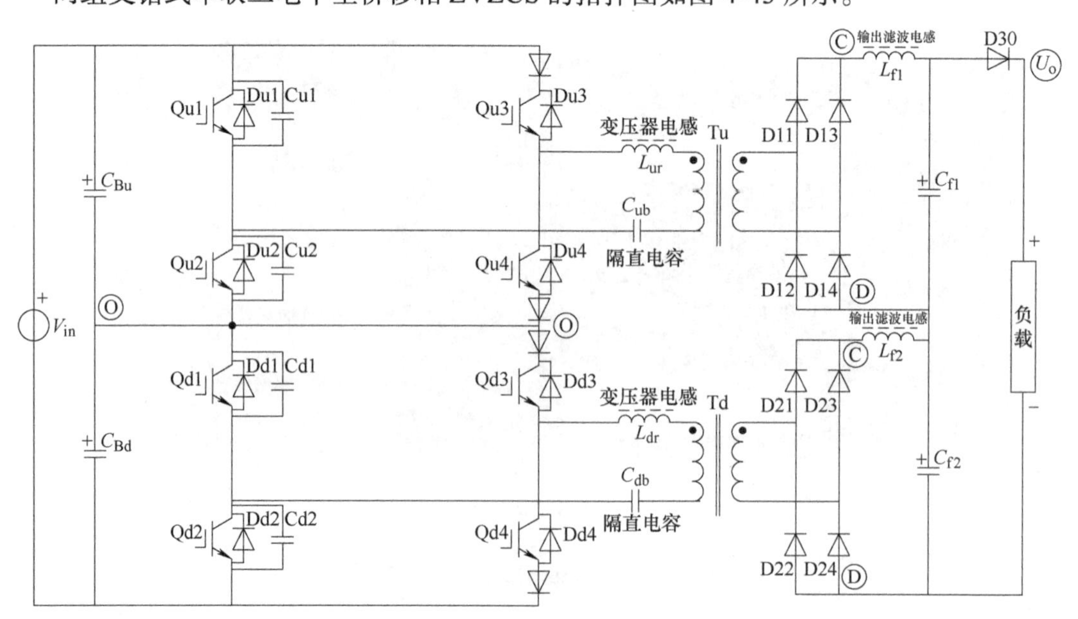

图 4-43　两组交错式串联二电平全桥移相 ZVZCS 的拓扑图

7. 两组交错式并联二电平全桥移相 ZVZCS

两组交错式并联二电平全桥移相 ZVZCS 的拓扑图如图 4-44 所示。

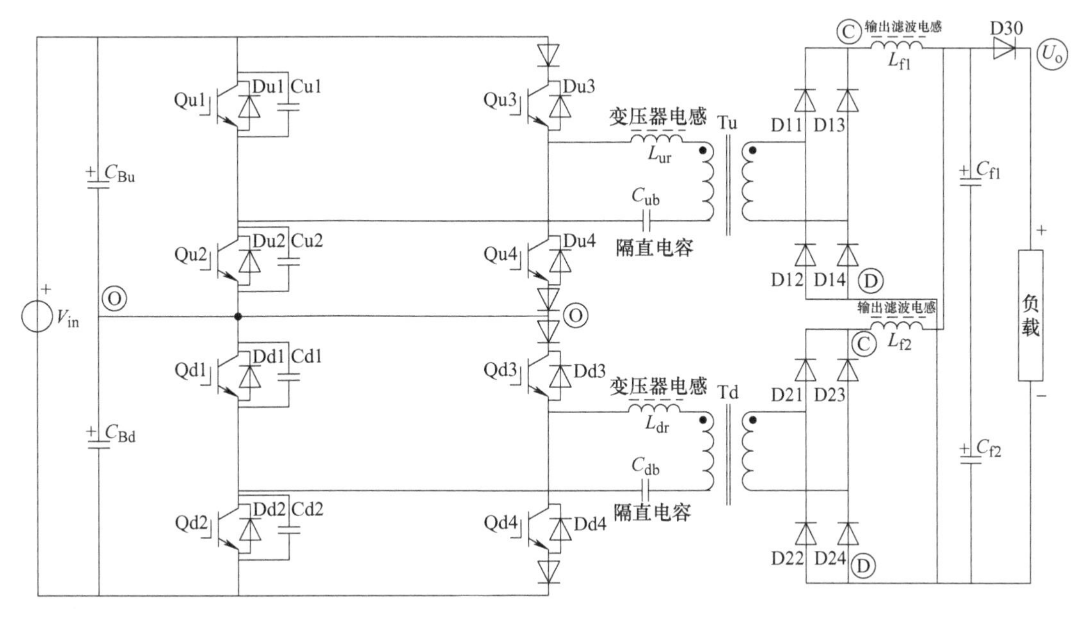

图 4-44　两组交错式并联二电平全桥移相 ZVZCS 的拓扑图

两组交错式串联二电平全桥移相 ZVZCS 和两组交错式并联二电平全桥移相 ZVZCS 与上述两组交错式串 / 并联二电平全桥 LLC 的结构类似，只是采用了不同的控制算法，一种为全桥 LLC，一种为全桥移相。

4.5　充电模块中的主要电路

充电模块的电路非常复杂，既有高压电路，又有低压电路；既有强电，又有弱电。

充电模块的主要电路包括高压主电路、低压控制电路、主辅源电路、次辅源电路。

4.5.1　高压主电路的工作原理

充电模块的高压主电路分为 PFC 和 DC/DC 两部分，其工作原理简图如图 4-45 所示，前面已经介绍了充电模块的拓扑结构有很多种，下面只介绍一种拓扑结构的模块原理。

1. 高压主电路的 PFC 部分

380V 的三相交流电进入充电模块输入插座，该插座为四脚插座，其中三个脚为三相交流电的 U、V、W 输入端，还有一个脚为地线。三相交流电先经过熔丝到 EMI 电路，也就是抗干扰电路。该电路的作用主要是抗干扰，防止电网各种干扰信号进入充电模块。三相交流电经过滤波后进入软启动电路，也称为预充电路，预充的目的是防止在刚启动时有大电流冲击后面的整流管。三相交流电经过预充电路后再到 PFC 主电路，PFC 主电路的目的是将三相交流电变为直流电，同时还要把直流电电压升到 400V，升压采用的是 BOOST 升压电路，这部分的工作由 PFC 板来完成。

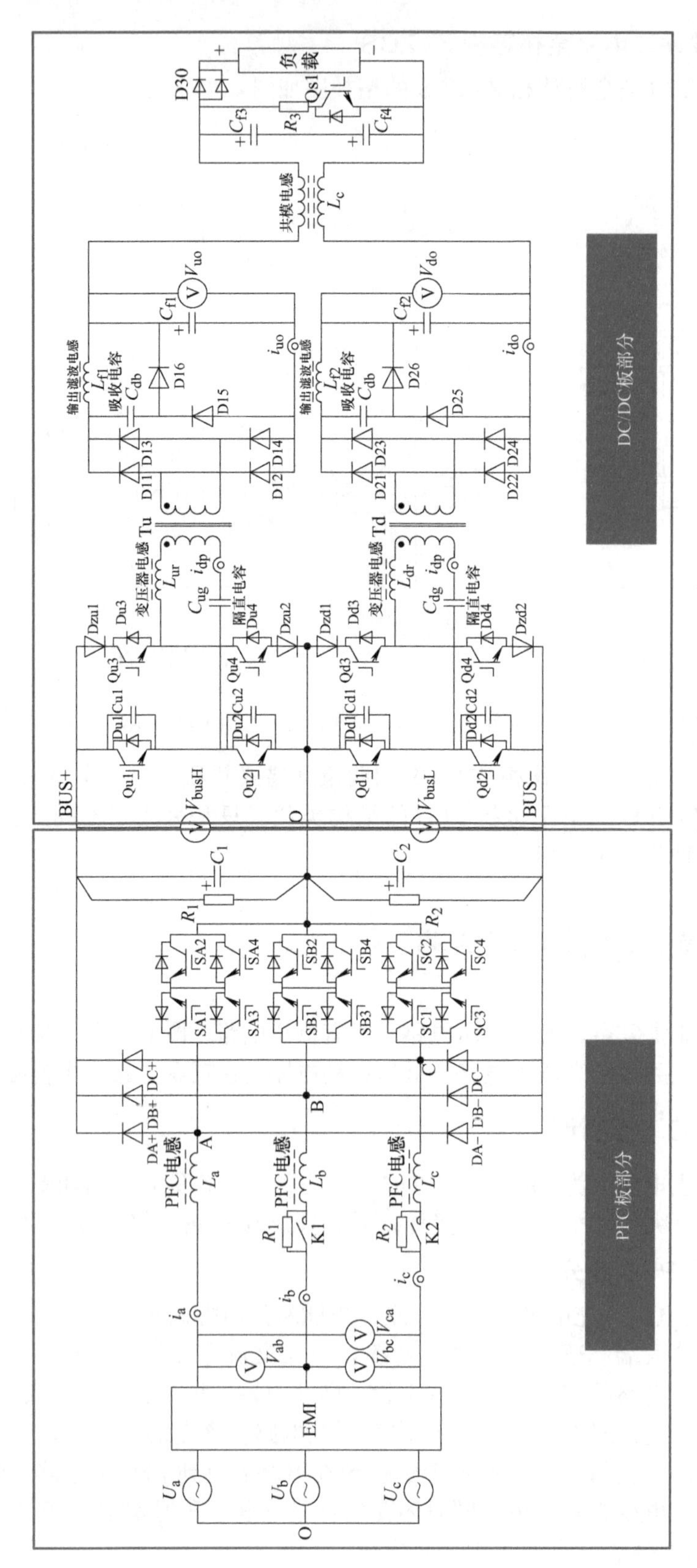

图 4-45 充电模块高压主电路工作原理简图

2. 高压主电路的 DC/DC 部分

由于车辆充电的直流电既要改变电压，又要改变电流，所以 PFC 板输出的 400V 的直流电要经过 DC/DC 变换器的变换，变成一个可以调节的直流电输出。

DC/DC 变换器首先把 400V 的直流电变为交流电，然后经变压器耦合输出，输出的交流电再经过整流电路整流输出直流电，以供充电桩给动力电池充电。

因为在充电桩内模块之间是并联连接的，为了相互之间不影响，在每个模块的输出端都装有防反灌电路。模块在充电完成后应该立即放掉输出滤波电容中的储存电能，所以要在电路中装有泄放电路，该电路也可以使模块之间不产生干扰。

4.5.2 低压控制电路的工作原理

高压主电路的工作受低压控制电路控制，高压主电路中大功率开关管的工作是由脉冲信号控制，这些脉冲信号都由低压控制电路产生。充电模块低压控制电路方框图如图 4-46 所示。

1. PFC 板的主要信号

1）PFC 板首先要检测三相输入电压是否缺相，是否低于 260V 或高于 450V。如果输入电压不正常，充电模块将不工作。如果输入电压在 260V 到 300V 之间，将控制充电模块采用半功率输出。

2）PFC 板输入电流检测电路的作用是检测输入电流三相平衡。当输入电流三相平衡时，CPU 才会发出开关管脉冲控制信号，BOOST 升压电路才能正常工作，把电压升上去。由于有预充电路，所以在刚启动时，三相电流是不平衡的。也就是必须当预充正常后，CPU 才可以产生脉冲控制信号，升压电路才能正常工作。

3）PFC 板输出电压检测电路的作用是检测输出电压，并将其反馈给 CPU 来调整控制脉冲信号的变化，从而使输出电压稳定。

4）预充控制信号的作用是控制预充继电器工作。为了使充电模块启动时不会产生大电流损坏整流管，所以在电路中装了预充电路。当充电模块启动后，CPU 会发出预充控制信号，使预充继电器吸合，此时三相输入电流相同。当电流平衡时，PFC 电路正常工作，输出 400V 电压供 DC/DC 板使用。

5）VIENNA 驱动信号为 PWM 脉冲信号，控制 MOS 管的开关。

6）风扇的控制信号一般在 PFC 板产生。由于充电模块采用风冷方式冷却，所以只有在风扇工作正常时，充电模块才能正常工作。CPU 先发出风扇驱动信号，并检测风扇反馈信号正常时，才启动其他电路工作。

7）温度控制在充电模块中非常重要。当温度高于一定值时，充电模块会限制功率输出。当温度超过上限温度时，充电模块会停止工作。所以在 PFC 和 DC/DC 板上都有温度检测和控制电路。

2. DC/DC 板的主要信号

（1）开关管控制驱动信号　DC/DC 电路板中 LLC 电路的作用是将直流转变为交流，大功率 MOS 管的开关由脉冲信号控制，他们的控制脉冲信号由 DC/DC 板的 CPU 产生，CPU 根据充电桩给出的电压和电流请求，结合 DC/DC 板上输出电压和输出电流的检测

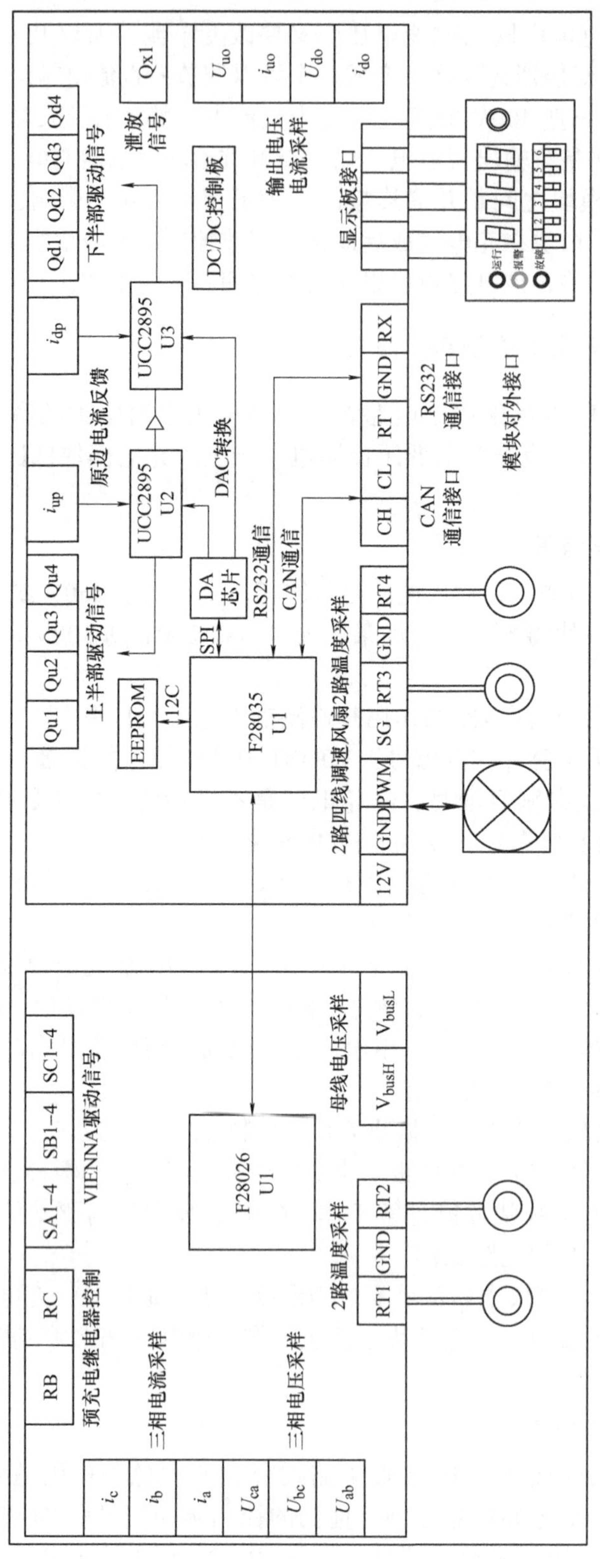

图 4-46　充电模块低压控制电路方框图

值，计算出控制脉冲信号的频率和占空比，从而改变输出直流信号的电压和电流。LLC 电路一般分为上下两部分，所以控制脉冲信号也分别进行控制。

（2）输出电压检测信号　输出电压检测也分为上下两路，当输出电压没有达到设定值的时候，CPU 会继续调整控制脉冲的参数使输出电压满足设定值。如果检测电路不正常，则会使输出电压达不到设定值。这种故障经常发生，此时应该检测分压电阻的大小，排查是否是由于电阻变值产生的故障，可以通过更换电阻的方式来判断。

（3）输出电流检测信号　输出电流检测的目的也是要使输出电流达到设定值，如果输出电流没有达到设定值，也会通过 CPU 调整控制脉冲参数来达到输出电流的设定值。

（4）泄放电路控制信号　由于 DC/DC 板的输出部分有大容量的滤波电容，而这种电解电容会存储能量，所以必须在停止输出后把能量放掉，否则会影响下一次充电。操作方法是通过控制一个 MOS 管的导通，串联一个大功率电阻对地，从而可以放掉电解电容的存储能量。

（5）温度检测信号　在 DC/DC 板上也有对温度的检测。当温度不正常时，会使充电模块不工作。

（6）通信信号　充电模块与充电桩的通信信号为 CAN 总线信号，两根信号线分别为 CAN–H 和 CAN–L。信号接口在充电模块的输出插座上，不同的模块两根线的引脚位置可能不同，因此在更换信号线的时候，如果不能通信，可以尝试交换引脚位置。

（7）显示信号　充电模块的输出数据、设置数据等都要显示出来。

（8）地址设置　充电桩的生产厂家可能会选择不同厂家的充电模块，在控制软件中要设置存储地址，所以要有编码电路。

4.5.3　主辅源电路的工作原理

在 PFC 板和 DC/DC 板上都有主辅源电路，主辅源电路的主要作用是给主控制电路供电，一般输出电压为 +12V、+5V、+60V 等。

充电模块的种类很多，所采用的主辅源电路也有很多种，下面只介绍其中一种。

图 4-47 所示为艾默生充电模块的主辅源电路，该电路主要由以下几个部分组成：

1. 控制脉冲产生电路

控制脉冲产生电路是一个典型的开关电源电路，由电源管理芯片 28C45（不同的模块型号可能不同，但原理基本相同）的第六引脚输出脉冲信号到 MOS 管 Q35，Q35 的开关信号使变压器 T11 输出两路控制信号分别控制 MOS 管 Q20 和 Q23 的导通。

2. 主变压器电路

主变压器为 T12，当开关管 Q20 导通时，T12 的一路线圈一端接母线电压的正极，另一端接 Q20 的 D 极。由于 Q20 的开和关，使得变压器 T12 产生变化的磁场，在 T12 的其他线圈中也会产生磁场，输出端会产生相应的交流信号。

3. +12V 产生电路

T12 中有一路输出经过整流、滤波和稳压电路后，产生 +12V 电源，此电源供给风扇使用，所以标明为 VFAN。

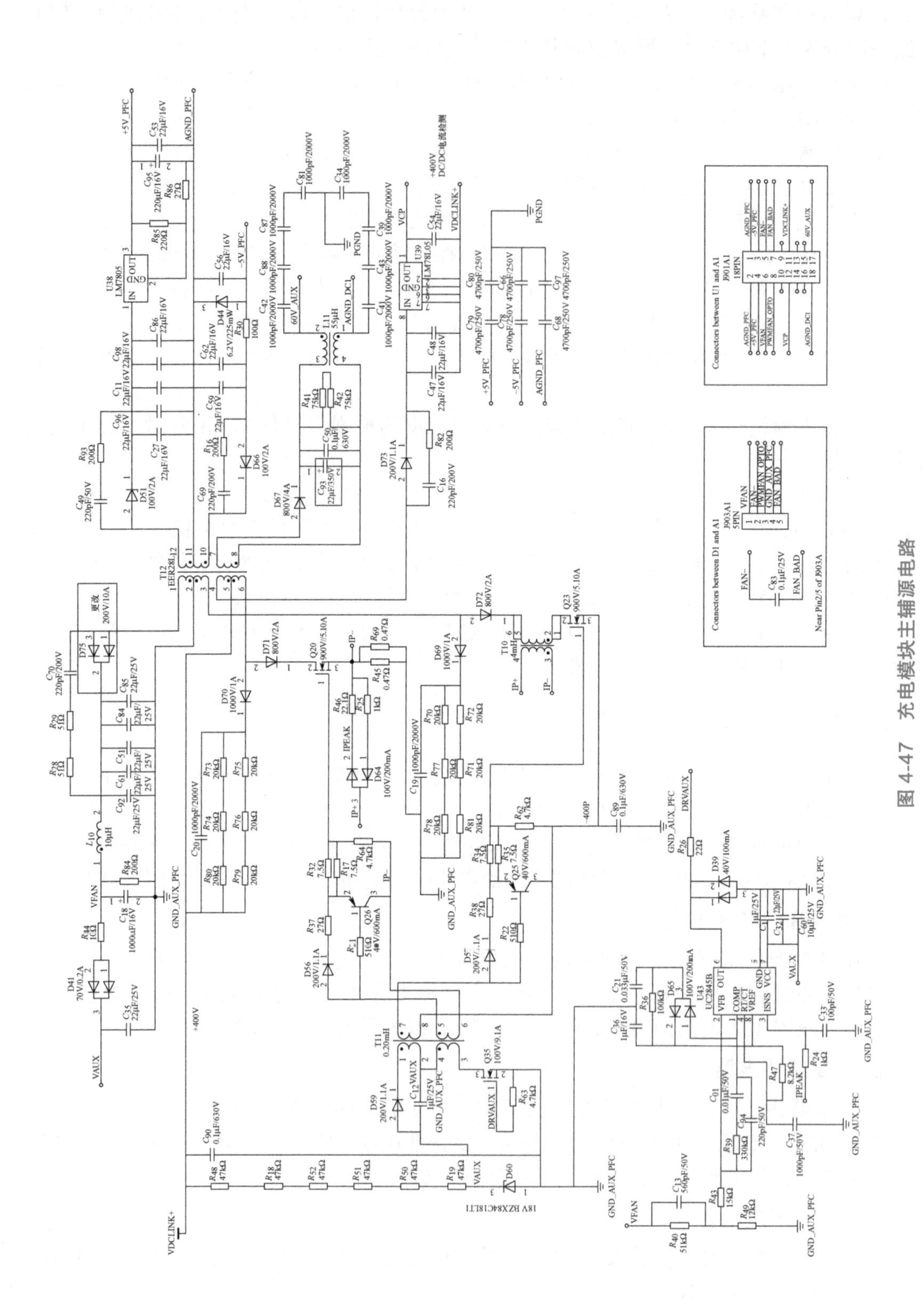

图 4-47　充电模块主辅源电路

4. +5V 和 –5V 产生电路

T12 中有一路输出经过整流、滤波和稳压后，输出两路电源，其中一路为 +5V，另一路为 –5V。

5. +60V 产生电路

T12 中有一路输出经过整流、滤波和稳压后，输出 60V 电源，供 DC/DC 板主辅源电路使用。

6. DC/DC 板变压器原边电流检测电路电源 VCP

T12 中有一路输出经过整流、滤波和稳压后，输出一个信号 VCP 作为 DC/DC 板变压器原边电流检测电路电源 VCP。

4.5.4 次辅源电路

在 PFC 和 DC/DC 板上都有次辅源电路。由于充电模块电路复杂，既有高压又有低压，为了安全，一般采用多个电源供电。因为电源要隔离，所以电源不能共地，这就需要次辅源电路。

次辅源电路的输出主要是给功率开关管驱动电路供电和三相输入电流的检测电路供电。

PFC 板和 DC/DC 板都有主辅源电路和次辅源电路，其电路原理相似，但各厂家采用的电路可能有差别。

图 4-48 所示为艾默生充电模块 PFC 板次辅源电路图。

次辅源电路的主要作用是产生 MOS 管驱动电路的电源和三相交流输入电流检测电路的电源。次辅源电路主要由以下几部分组成。

1. 脉冲电路产生电路

图 4-48 中电源管理芯片还是用的 UCC28C45，由该芯片的第六引脚输出脉冲信号到推挽电路进行放大，产生变压器的初级振荡信号。在某些充电模块中，次辅源的脉冲驱动信号由 PFC 板的 CPU 直接发出一个脉冲信号，经过推挽电路进行放大，产生变压器的初级振荡信号。

2. 变压器电路

由于输出 6 路电源不能共地，所以用了 6 个变压器。

3. 整流、滤波和稳压电路

6 个变压器的次级输出交流信号经过整流、滤波和稳压电路输出 6 路电源，其中 3 路 +12V 电源供 MOS 管驱动电路电源，3 路 +5V 电源供三相输入电流检测电路电源。

在 DC/DC 板上的次辅源电路种类很多，电路间差别很大，但作用都是给驱动电路提供电源，具体到不同模块时再进行介绍。

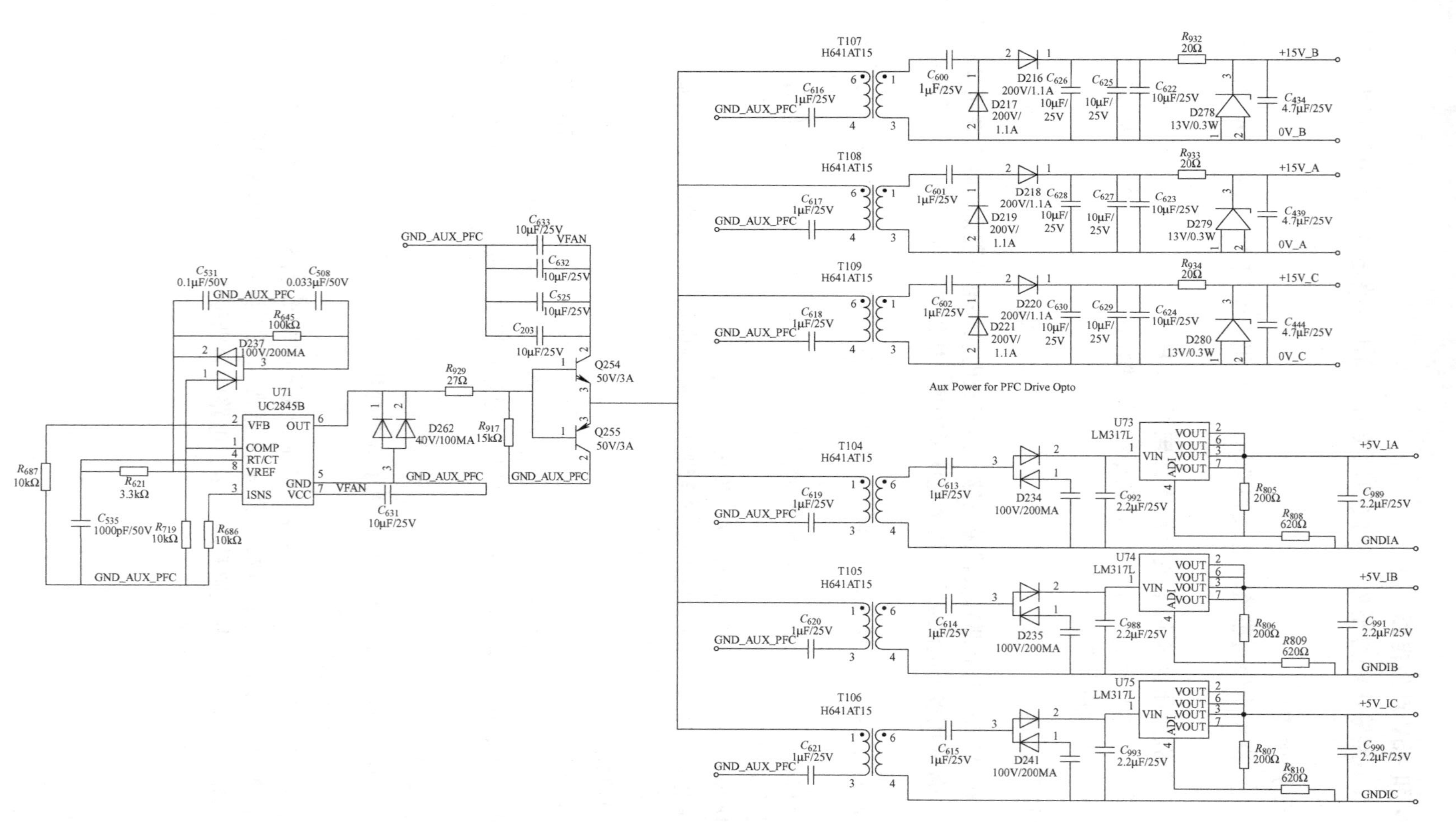

图 4-48　充电模块 PFC 板次辅源电路

4.5.5 由光电耦合器耦合的驱动电路

在充电模块的典型电路中，驱动电路是非常重要的电路。在充电桩的实际应用中，经常由于驱动电路不正常导致功率开关器件不工作，所以我们必须搞懂驱动电路。由于驱动信号来自于 CPU，为了安全，中间要进行隔离，驱动电路示意图如图 4-49 所示。

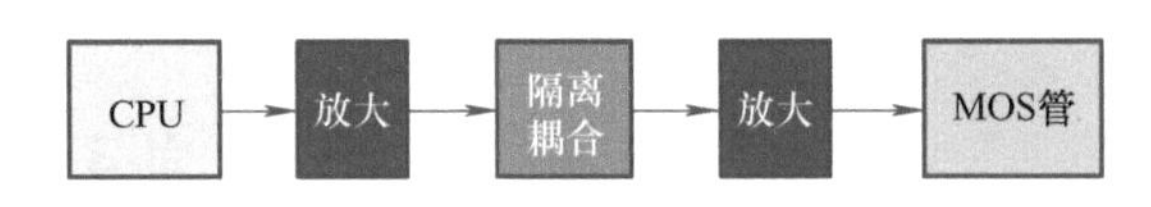

图 4-49 驱动电路示意图

如图 4-49 所示，由 CPU 输出的驱动信号先经过放大处理，然后进行隔离耦合，再经过放大处理后，才能驱动 MOS 管。一般隔离耦合有两种方式：一种是光电耦合器耦合，另一种是变压器耦合。

图 4-50 所示为由光电耦合器耦合的驱动电路，一般 PFC 的驱动电路都采用这种方式。

从 CPU 输出的驱动信号先经过推挽电路放大，再经过光电耦合电路耦合后输出到后极，然后再经过驱动放大芯片进行放大后到 MOS 管的栅极。

4.5.6 由变压器耦合的驱动电路

在很多 DC/DC 的驱动电路中都要用到变压器耦合。

如图 4-51 所示，该驱动电路就是由变压器耦合的驱动电路。CPU 输出的驱动信号先经过驱动芯片放大，然后推动变压器耦合到后极电路，再经过放大后驱动 MOS 管的栅极。这种驱动电路一般用于 DC/DC 的驱动电路中。

4.6 充电模块中的主要元器件

充电模块的功能强大，电路复杂，所用元器件非常多，下面只介绍几种典型的元器件。

1. 电阻

充电模块中有很多电阻，它们的功能、阻值和封装形式也有多种，下面只介绍维修中经常遇到的两类电阻。

（1）预充电阻　预充电阻的作用是在模块刚通电时串联在三相输入回路中，起到限流的作用，防止因充电模块刚启动时回路电流过大烧毁整流二极管。预充电阻实物图如图 4-52 所示。

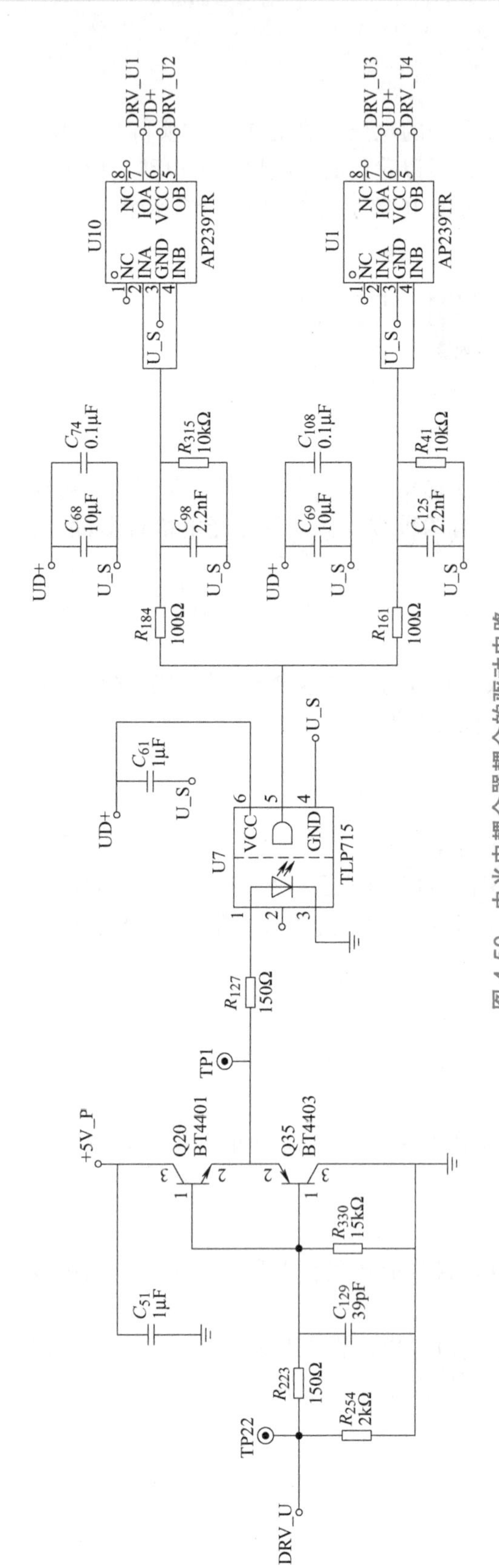

图 4-50 由光电耦合器耦合的驱动电路

图 4-51 由变压器耦合的驱动电路

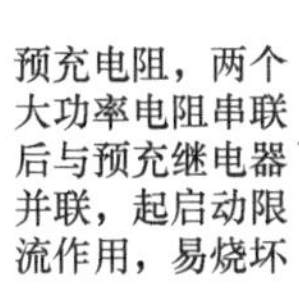

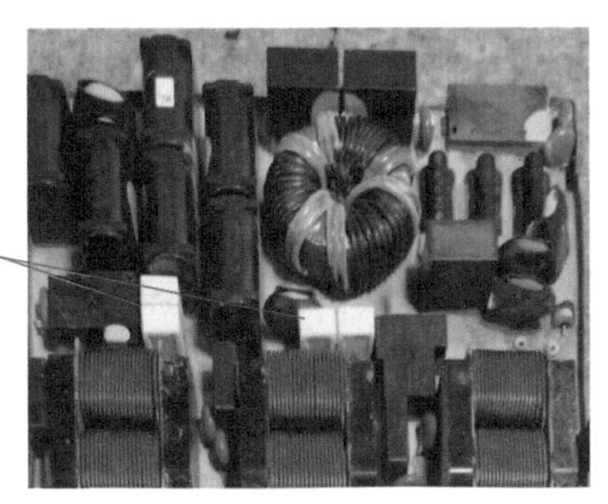

图 4-52　预充电阻实物图

（2）泄放电阻　泄放电阻的作用是和泄放控制管一起组成泄放电路，用于泄放输出滤波电容中存储的能量。泄放电阻容易烧坏，烧坏后亮红灯。泄放电阻实物图如图 4-53 所示。

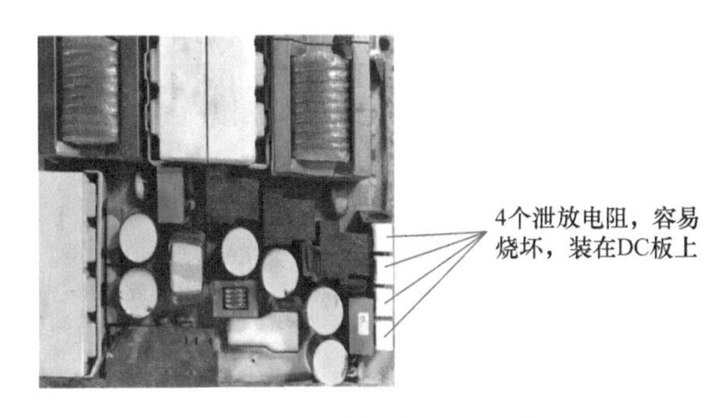

图 4-53　泄放电阻实物图

2. 电容

在充电模块中也有很多电容，下面主要介绍电解电容。在 PFC 板和 DC/DC 板中都有大容量的电解电容，它们都是起滤波的作用，整流输出的信号经过大容量的电解电容滤波后变成直流。电解电容有极性，安装时不能接反。电解电容长时间使用可能会漏电或者鼓包，此时需要对其进行更换。电解电容实物图如图 4-54 所示。

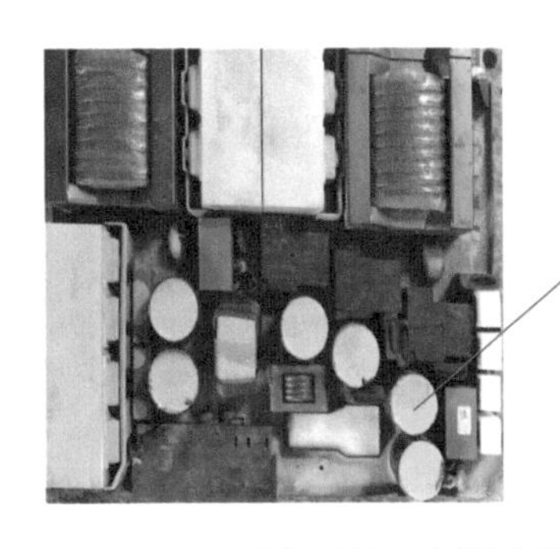

图 4-54　电解电容实物图

3. 电感

在充电模块中也有很多电感，下面主要介绍 PFC 电感。

电感的作用主要是充放电，在开关管导通时充电，在开关管断开时放电。PFC 电感实物图如图 4-55 所示。

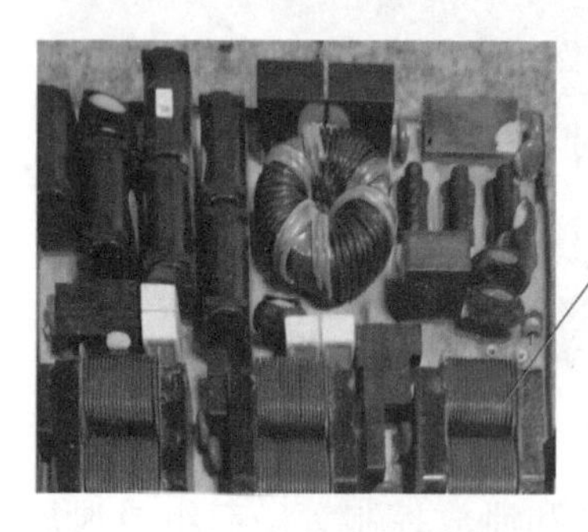

图 4-55　PFC 电感实物图

4. 变压器

在充电模块中变压器的种类也有很多，特别在辅源电路中有多个变压器，下面只介绍 DC/DC 板中的大功率高压耦合变压器，其实物图如图 4-56 所示。

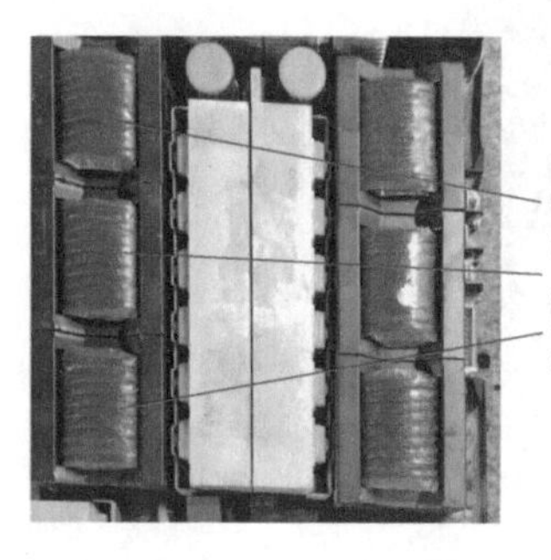

图 4-56　DC/DC 板中的大功率高压耦合变压器实物图

5. MOS 管

在充电模块中有很多 MOS 管，下面只介绍 PFC 板驱动电路中的 MOS 管和 LLC 振荡电路中的 MOS 管。

（1）PFC 驱动电路中的 MOS 管 PFC 板上 PFC 板驱动电路中的 MOS 管如图 4-57 所示。

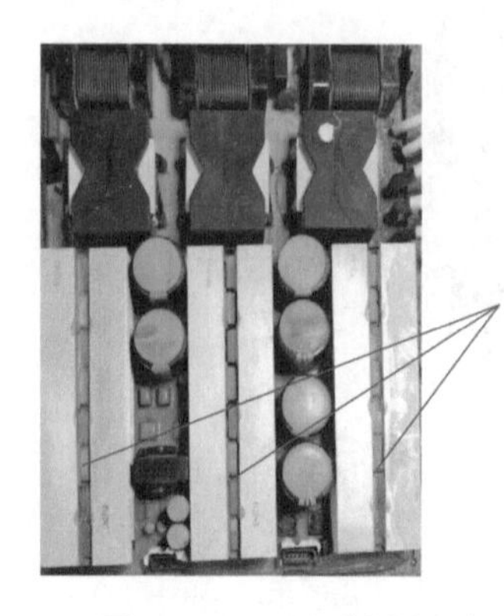

图 4-57　PFC 板驱动电路中 MOS 管实物图

（2）LLC 振荡电路中的 MOS 管　DC/DC 板上 LLC 振荡电路中的 MOS 管如图 4-58 所示。

图 4-58　DC/DC 板上 LLC 振荡电路中的 MOS 管实物图

6. 二极管

在充电模块中二极管的种类很多，作用也不相同，下面只介绍大功率整流二极管。整流二极管的作用是把交流信号整流成直流信号。整流二极管也很容易损坏，可以用万用表测出它们的好坏。

（1）PFC 板上的整流二极管　PFC 板上的整流二极管如图 4-59 所示。

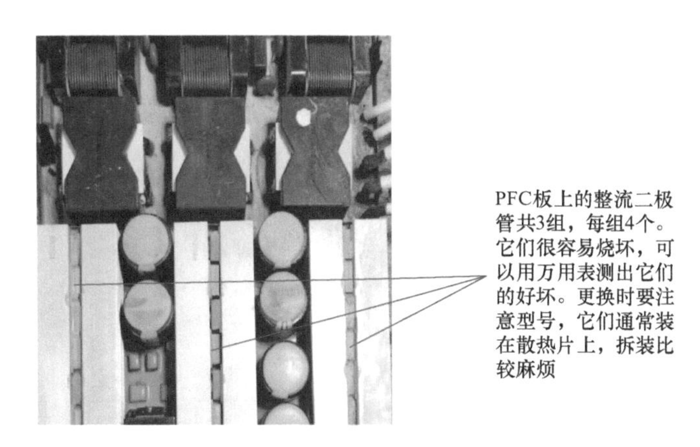

图 4-59　PFC 板上的整流二极管实物图

（2）DC/DC 板上的整流二极管　DC/DC 板上的整流二极管如图 4-60 所示。

7. 继电器

充电模块中的继电器主要是预充继电器和输出电压控制继电器。

（1）预充继电器　预充继电器如图 4-61 所示。

（2）DC/DC 板直流输出控制继电器　DC/DC 板直流输出控制继电器的作用是控制直流输出的电压。因为充电模块的输出电压要随车辆电池包的电压变化而变化，当需要 800V 高压输出时，整流输出的两路电压串联；当需要 400V 输出时，整流输出的两路电压并联。DC/DC 板直流输出控制继电器如图 4-62 所示。

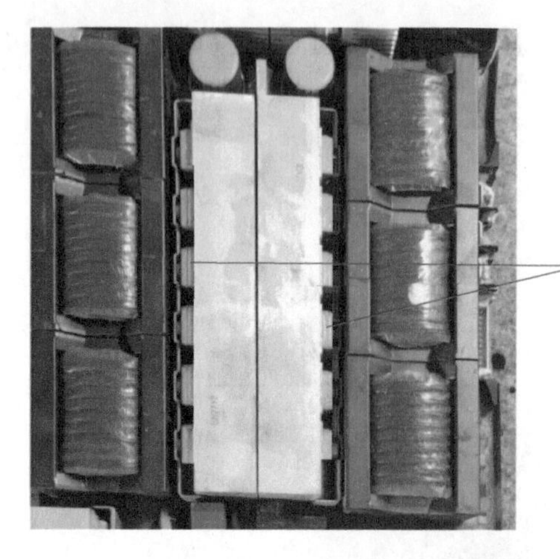

DC/DC板上的整流二极管共两组，每组6个，因为是三相交流，所以要6个二极管整流，如果是两相，就只要4个二极管整流。该整流二极管很容易损坏，更换时要注意型号，万用表可以测出它们的好坏。它们通常装在散热片上，拆装比较麻烦

图 4-60　DC/DC 板上的整流二极管实物图

两个预充继电器与预充电阻并联。当继电器闭合时，断开预充电阻，使输入三相交流平衡。当它们损坏时，三相输入不平衡。继电器的控制信号由CPU产生，经过放大，光电耦合，再放大后驱动继电器闭合。如果驱动电路有故障，则不能正常工作

图 4-61　预充继电器实物图

共有3个继电器，通过控制它们的开关，使输出电压实现800V和400V的切换，当不能正常切换时要注意它们是否损坏，同时要注意它们的控制信号是否正常

图 4-62　DC/DC 板直流输出控制继电器实物图

8. 输入熔丝

输入熔丝如图 4-63 所示。

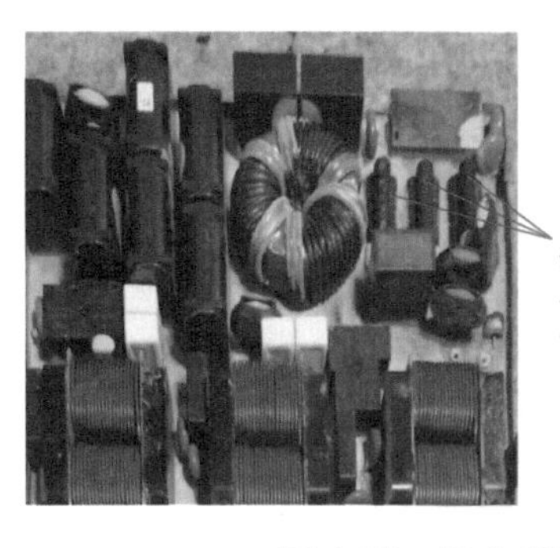

图 4-63　输入熔丝实物图

4.7　充电模块中的主要芯片

在充电模块中有很多芯片，下面只介绍几种典型的芯片，以华为 30kW 充电模块为例。

1. 华为 30kW 充电模块 PFC 主要芯片实物图一

华为 30kW 充电模块 PFC 主要芯片实物图一如图 4-64 所示。

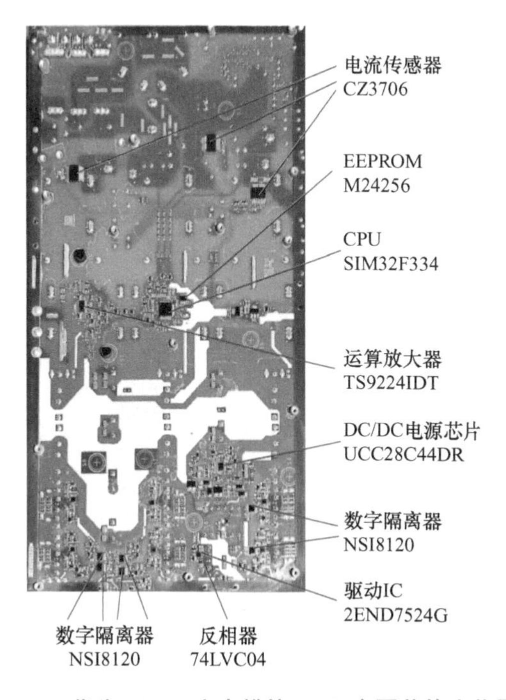

图 4-64　华为 30kW 充电模块 PFC 主要芯片实物图一

2. 华为 30kW 充电模块 PFC 板芯片实物图二

华为 30kW 充电模块 PFC 板芯片实物图二如图 4-65 所示。

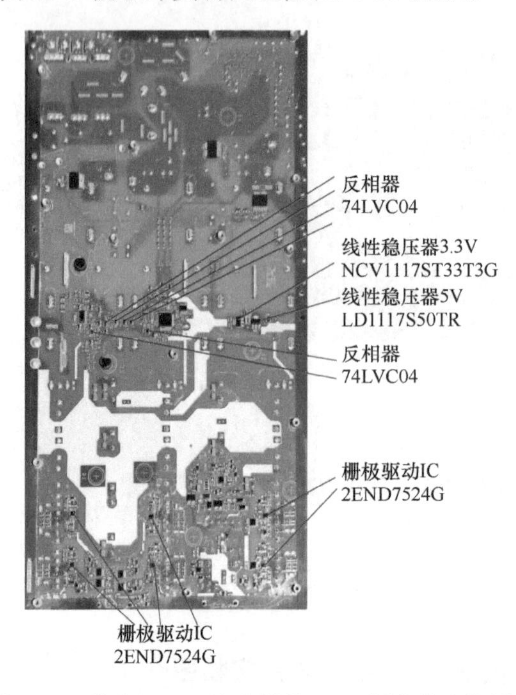

图 4-65　华为 30kW 充电模块 PFC 板芯片实物图二

3. 华为 30kW 充电模块 DC/DC 板芯片实物图一

华为 30kW 充电模块 DC/DC 板芯片实物图一如图 4-66 所示。

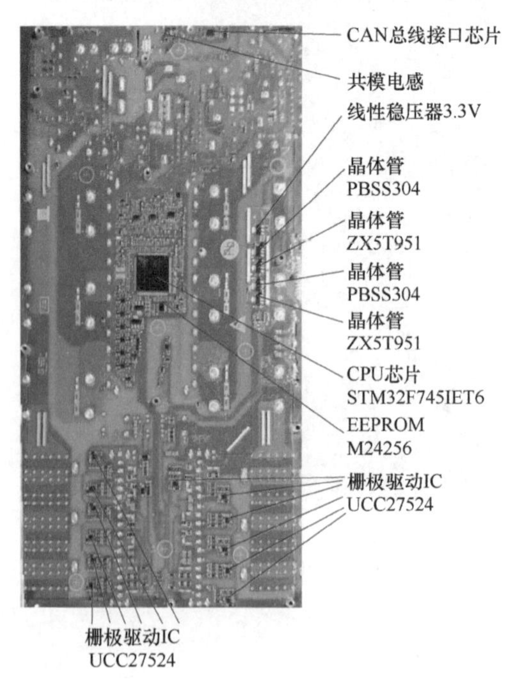

图 4-66　华为 30kW 充电模块 DC/DC 板芯片实物图一

4. 华为 30kW 充电模块 DC/DC 板芯片实物图二

华为 30kW 充电模块 DC/DC 板芯片实物图二如图 4-67 所示。

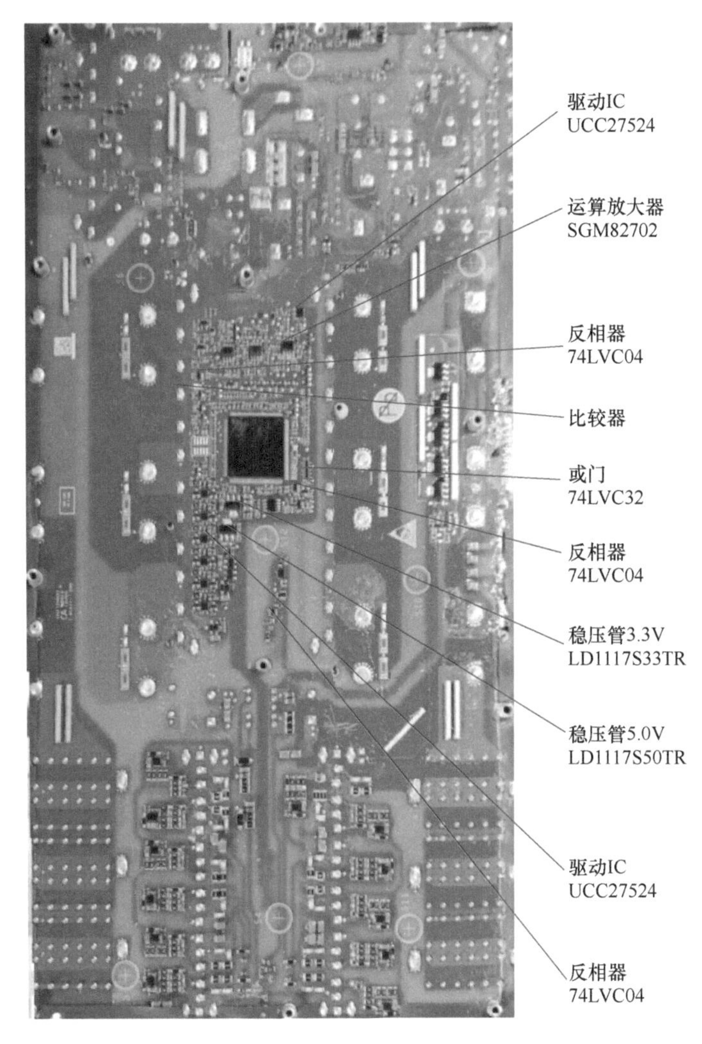

图 4-67　华为 30kW 充电模块 DC/DC 板芯片实物图二

4.8　英飞源充电模块 PFC 板电路原理介绍

1. 输入 EMI 电路

（1）EMI 主电路　EMI 主电路如图 4-68 所示。三相 380V 的输入信号经过 6 个熔丝 F1、F2、F3、F4、F5、F6，分成 3 组，每组两根。六个压敏电阻 R_1、R_2、R_3、R_4、R_5、R_6 组成防雷击电路。电容 C_{17}、C_{18}、C_{19} 组成滤波电路进行滤波。电感 L_1 和 L_2 为共模电感，滤除共模干扰。电容 C_{20}、C_{21}、C_{22}、C_{23}、C_{24}、C_{25}、C_{26}、C_{27}、C_{28} 都是滤波电容，滤除输入端的干扰信号。

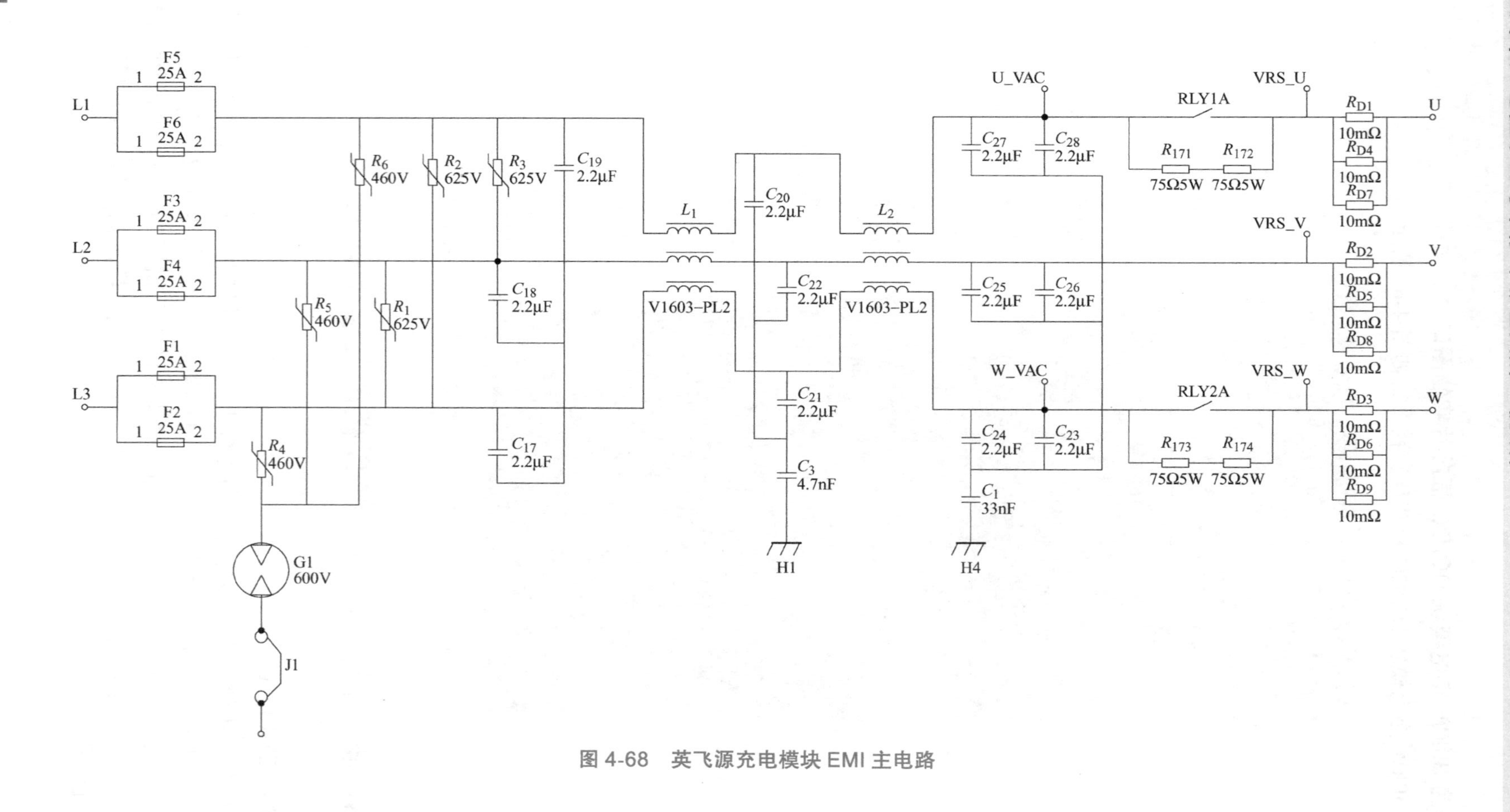

图 4-68　英飞源充电模块 EMI 主电路

由继电器 RLY1A 和电阻 R_{171}、R_{172} 组成预充电路一，继电器 RLY2A 和电阻 R_{173}、R_{174} 组成预充电路二。预充电路的作用是防止启动电流过大烧坏整流二极管。当充电模块启动后，由 CPU 发出控制信号控制继电器闭合，使输入三相电流平衡。

（2）预充继电器控制电路　预充继电器控制电路如图 4-69 所示。

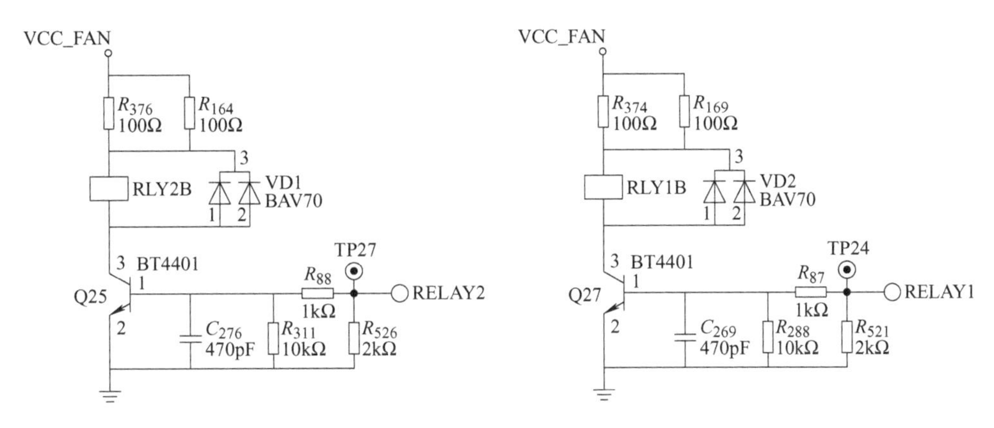

图 4-69　预充继电器控制电路

预充继电器有两路，控制信号都来自 CPU，其中 RELAY1 控制晶体管 Q27 导通，使线圈 RLY1B 有电流，控制继电器 RLY1A 闭合。RELAY2 控制晶体管 Q25 导通，使线圈 RLY2B 有电流，控制继电器 RLY2A 闭合。

2. PFC 板高压主电路

PFC 板高压主电路如图 4-70 所示。

PFC 板高压主电路由以下四部分组成：

1）电感 L_5、L_6、L_7 为 PFC 电感，其作用是在开关管导通时充电，在开关管截止时放电，把电压升上去。

2）二极管 D3、D4、D5、D6、D7、D8 组成整流电路，当输入正弦波为正极时，D3、D4、D5 导通，输出正极电压，当输入正弦波为负极时，D6、D7、D8 导通，输出负极电压。

3）MOS 管 Q1、Q2、Q3、Q4、Q5、Q6、Q7、Q8、Q9、Q10、Q11、Q12 组成开关管电路，分 3 组，每组 4 个 MOS 管，4 个 MOS 管串并联，控制信号为 CPU 输出的同一个信号。

4）电容 C_{11}、C_{12}、C_{13}、C_{14}、C_{15}、C_{16}、C_{41}、C_{42} 组成滤波电路，稳压二极管 D9、D10 组成稳压电路，输出正极母线电压 H+ 和负极母线电压 H−。

3. PFC 板 CPU 主控制电路

PFC 板 CPU 主控制电路如图 4-71 所示。

在充电模块中，PFC 板和 DC/DC 板的控制是分开的，大部分都是 DSP+DSP 方式，有少数用 DSP+ARM 的方式。在英飞源的充电模块中用的是 DSP+DSP 的方式。

1）CPU 主要输入的信号有输入三相电压采样信号、输入三相电流采样信号、温度采样信号。

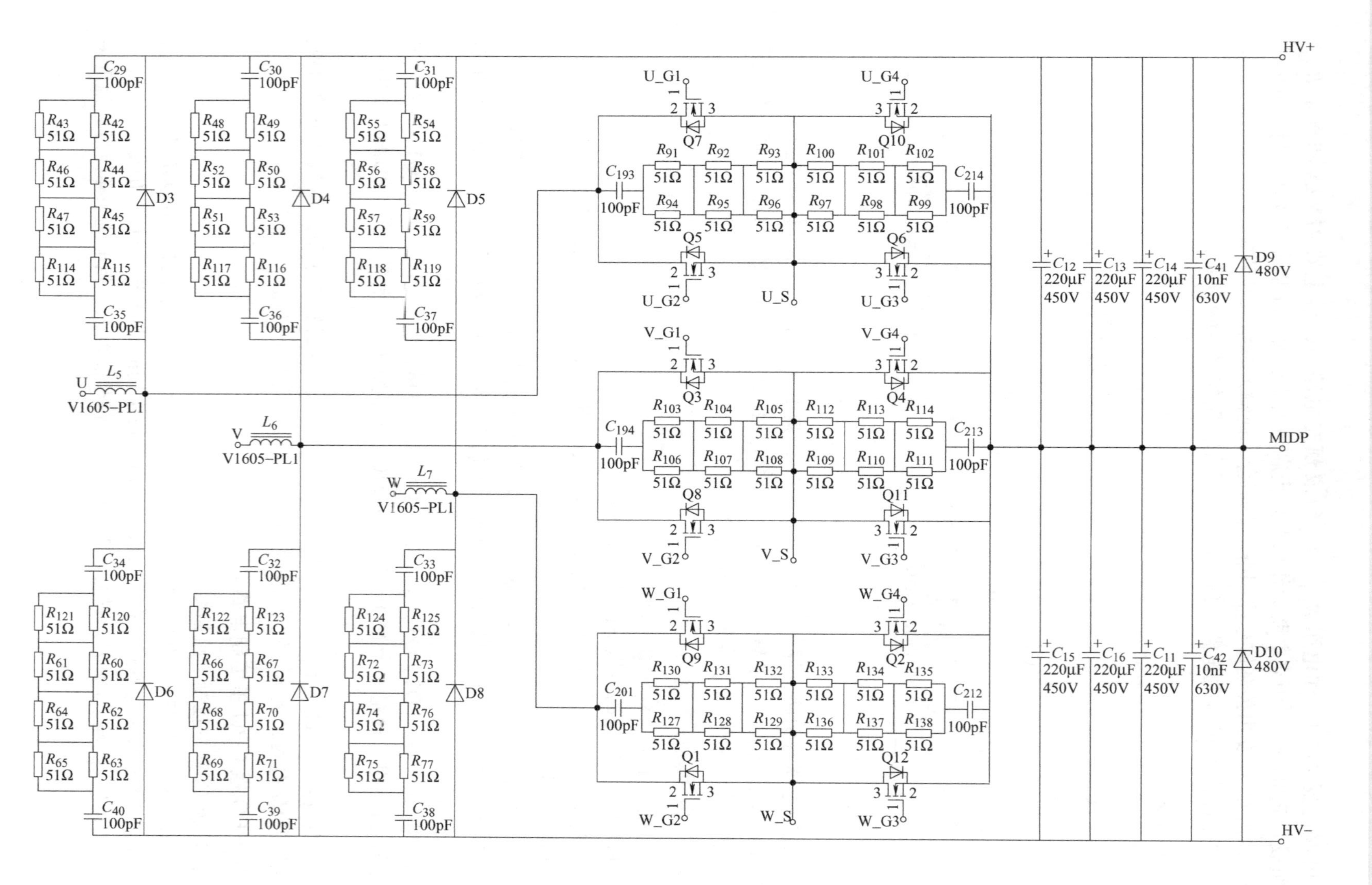

图 4-70　PFC 板高压主电路

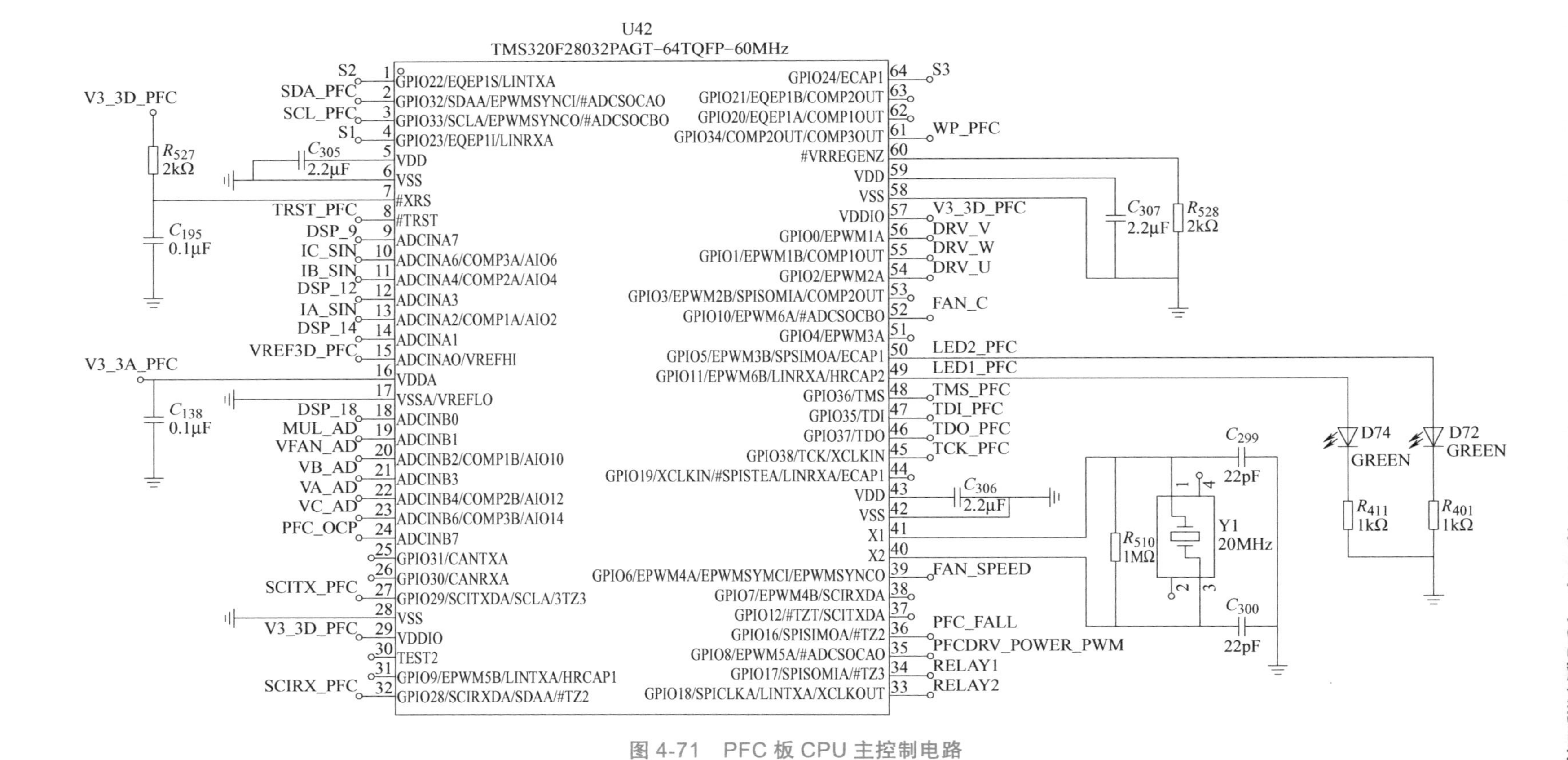

图 4-71　PFC 板 CPU 主控制电路

2）CPU 主要输出的信号有预充继电器控制信号、开关管驱动控制信号、风扇控制信号、PFC 与 DC/DC 板通信信号。

4. PFC 板驱动电路

（1）PFC 板驱动电路一　PFC 板驱动电路一如图 4-72 所示。

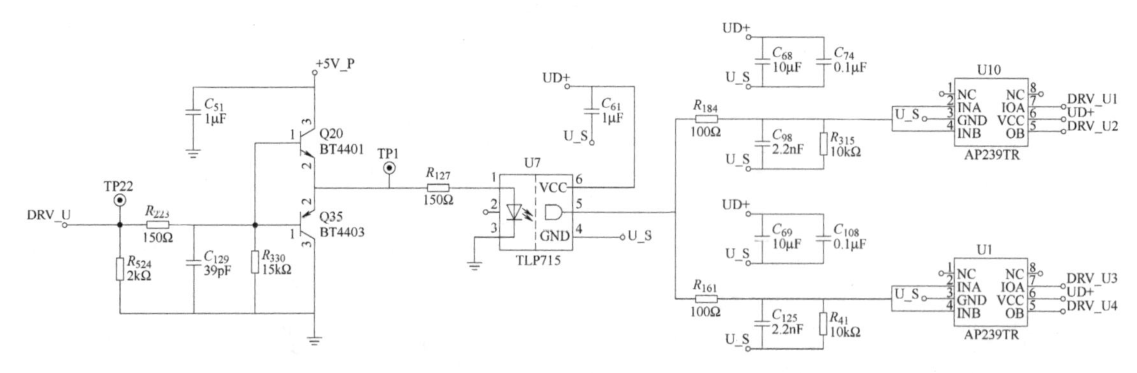

图 4-72　PFC 板驱动电路一

三相驱动电路采用相同的电路，下面只介绍其中一路。

驱动信号 DRV–U 先经过由 Q20 和 Q35 组成的推挽电路放大，然后经过光耦 U7 进行耦合输出，再分两路信号到驱动放大芯片 U1 和 U10 放大，每个芯片输出两路信号，分别为 DRV_U1、DRV_U2、DRV_U3、DRV_U4。

（2）PFC 板驱动电路二　PFC 板驱动电路二如图 4-73 所示。

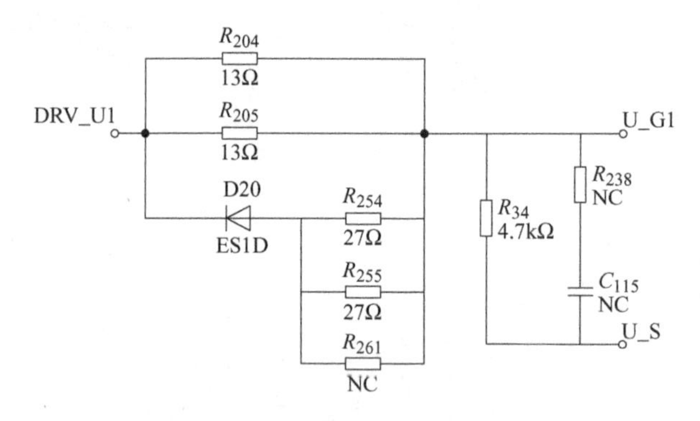

图 4-73　PFC 板驱动电路二

每一路的驱动信号输出到 MOS 管的栅极。当控制脉冲为高电平时，MOS 管导通。当控制脉冲为低电平时，MOS 管截止。当 MOS 管截止时，要使栅极与源极之间放电，驱动电路二中一部分就是放电电路。

5. PFC 板主辅源电路

PFC 板主辅源电路由五部分组成，如图 4-74 所示。

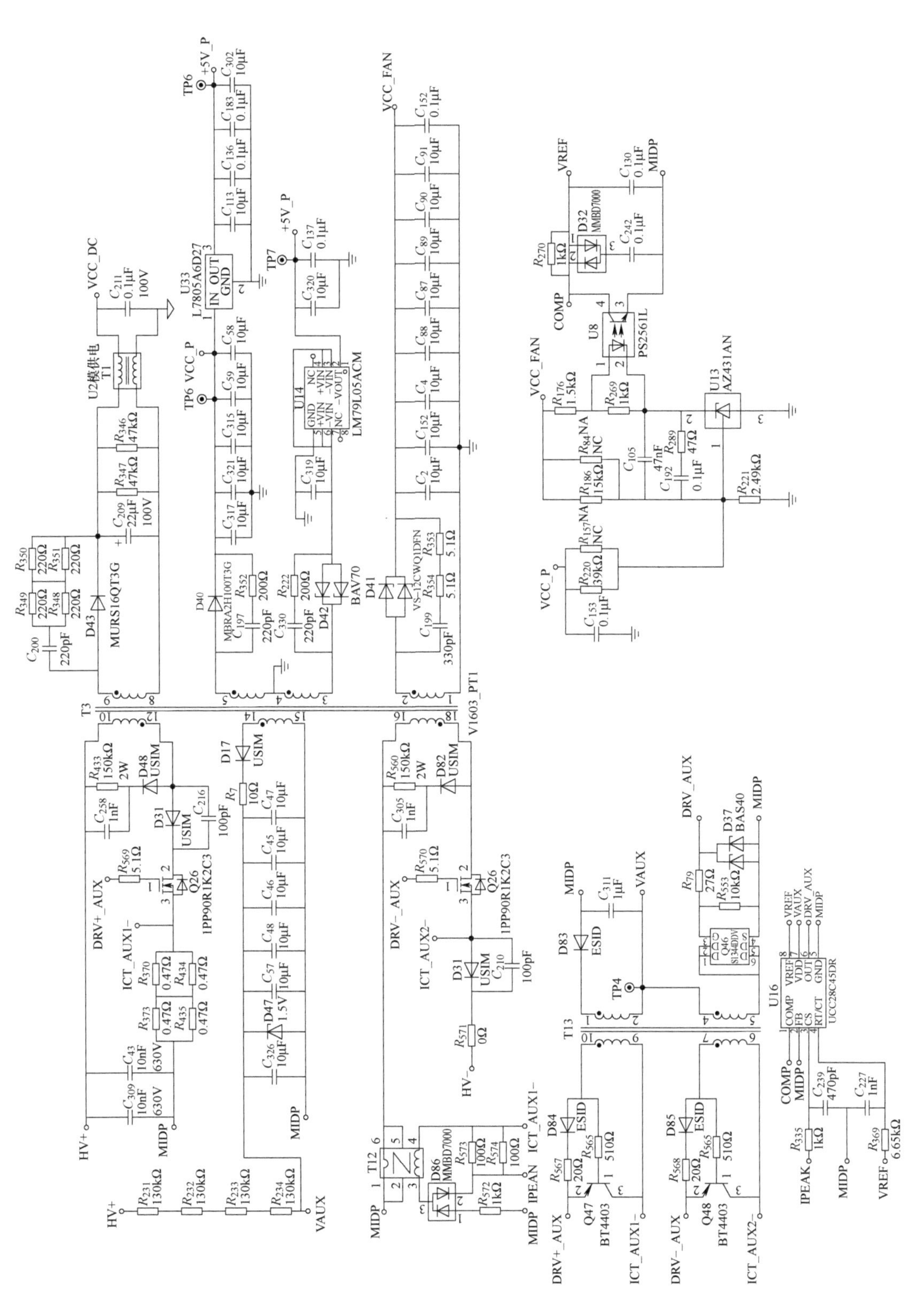

图 4-74　PFC 板主辅源电路

（1）由电源管理器芯片 U16 组成的驱动脉冲产生电路　电源管理器芯片 UCC28C45 的第 7 引脚是电源端，当母线电压经过电阻给电容 C_{326} 充电，稳压管 D47 稳压输出 18V 电压，电源管理器芯片工作，从第 6 引脚输出脉冲信号。

（2）由变压器 T13 组成的开关电源控制驱动信号产生电路　由电源管理器芯片第 6 引脚输出的脉冲信号 DRV–AUX 经过变压器 T13 的初级放大器 Q46 放大后到 T13 的初级产生振荡，次级输出经过 Q47 和 Q48 放大输出两路脉冲信号 DRV+_AUX 和 DRV–_AUX。

（3）由变压器 T3 组成的开关电源主电路　由 DRV+_AUX 控制 MOS 管 Q26 的导通，当 Q26 导通时，变压器 T3 的初级线圈就会有电流，使得次级线圈也会产生电流，经过整流、滤波和稳压电路后，输出所需要的直流电压 +5V、–5V、+12V 和到 DC/DC 板的直流电源 VCC_DC。

（4）由光电耦合器 U8 组成的电压检测反馈电路　由比较器 U13 和光电耦合器 U8 组成电压检测电路，输出电压 COMP 反馈输入到电源管理器的 U16 的第 1 引脚。

（5）由变压器 T12 组成的电流检测反馈电路　由 DRV–_AUX 控制 MOS 管 Q26 导通，当 Q26 导通时会在回路中有电流，T12 的初级也会有电流，使得 T12 的次级产生电流，输出端 IPEAK 有输出，该信号送到了电源管理器芯片的第 3 引脚，这就是电流检测信号的产生电路。

6. PFC 板次辅源电路

PFC 板次辅源电路如图 4-75 所示。

次辅源电路分为三个部分，该电路的作用是产生三相驱动电路的电源和三路输入三相电流检测电路的电源，因为它们不能共地，所以必须相互独立。

（1）次辅源变压器初级驱动信号产生电路　由 CPU 输出的驱动信号 PFCDRV_POWER_PWM 为脉冲信号，先经 Q16 放大，再经过由 Q13 和 Q52 组成的推挽电路放大后，输出到变压器 T6、T7、T8、T9、T10、T11 的初级 AUX_T_P。

（2）由变压器 T6、T7、T8 组成的三路 +12V 电源产生电路　T6 的次级输出经过整流、滤波和稳压电路后输出 +12V 电源 UD+，供 U 相驱动电路使用。T7 的次级输出经过整流、滤波和稳压电路后输出 +12V 电源 VD+，供 V 相驱动电路使用。T8 的次级输出经过整流、滤波和稳压电路后输出 +12V 电源 WD+，供 W 相驱动电路使用。

（3）由变压器 T9、T10、T11 组成的三路 +5V 电源产生电路　T9 的次级输出经过整流、滤波和稳压电路后输出 +5V 电源，供 U 相电流检测电路使用，稳压模块是 LM317LDR2G。

T10 的次级输出经过整流、滤波和稳压电路后输出 +5V 电源，供 V 相电流检测电路使用，稳压模块是 LM317LDR2G。

T11 的次级输出经过整流、滤波和稳压电路后输出 +5V 电源，供 W 相电流检测电路使用，稳压模块是 LM317LDR2G。

7. 输入三相电流检测电路

输入三相电流检测电路分两部分，如图 4-76 所示。

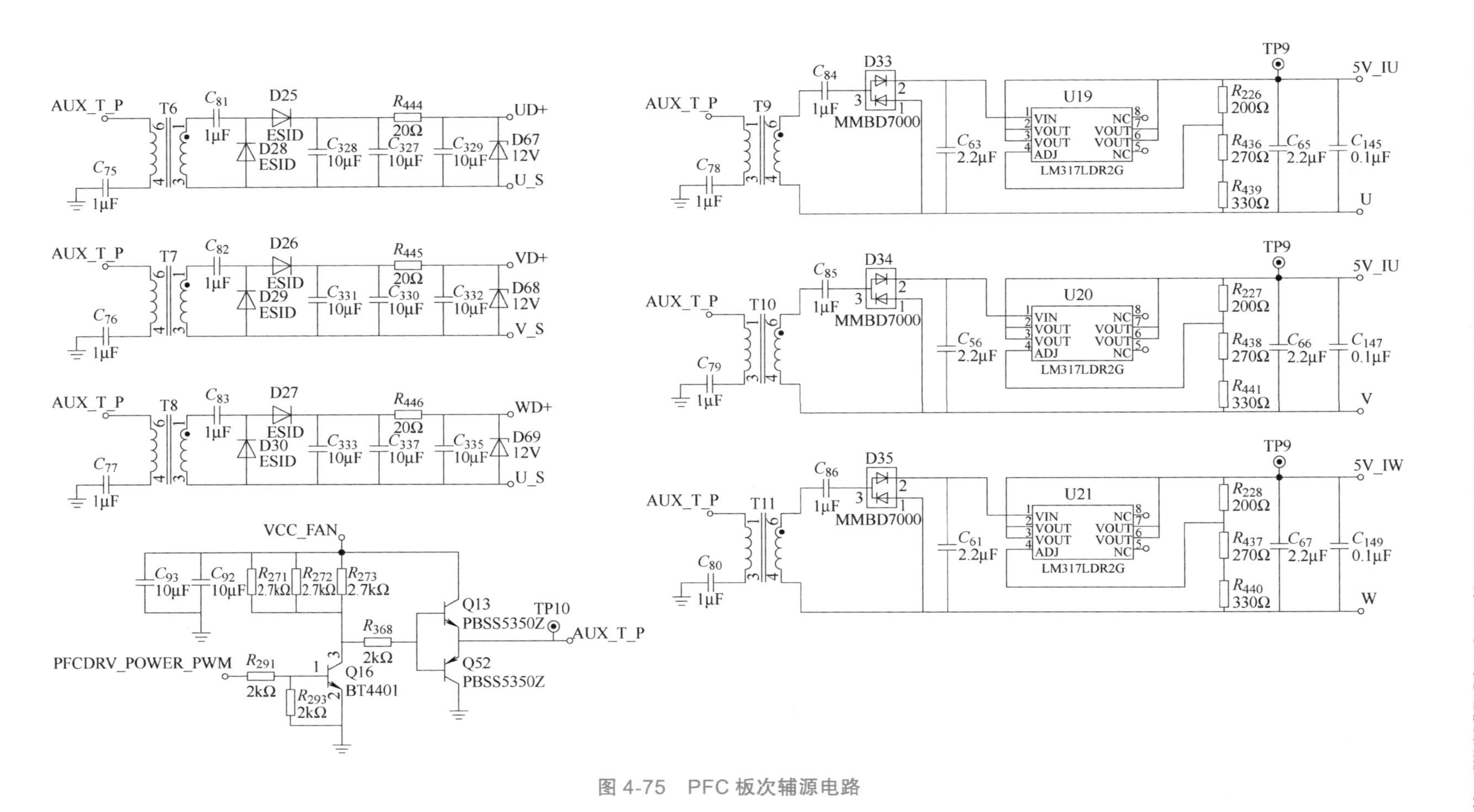

图 4-75　PFC 板次辅源电路

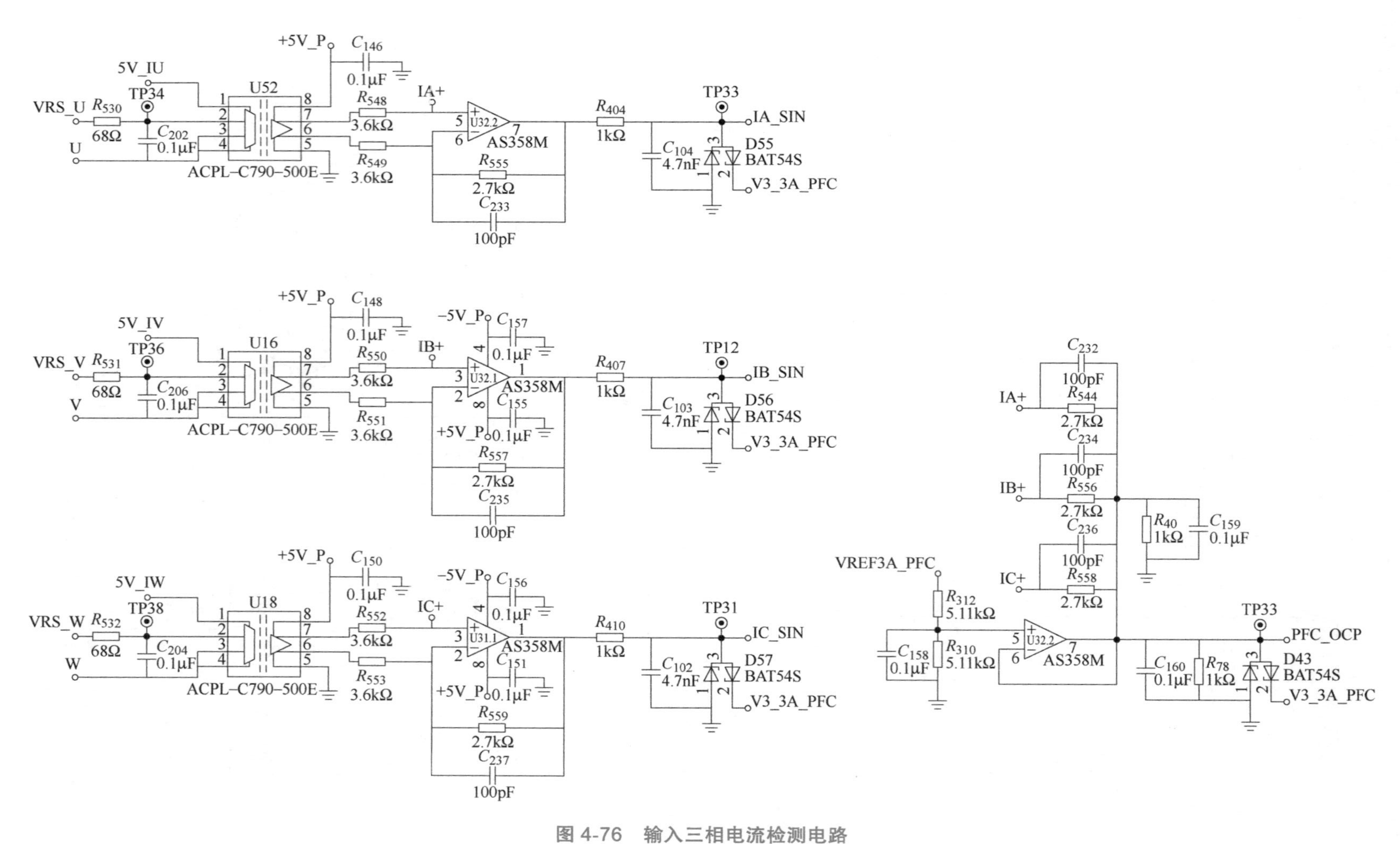

图 4-76 输入三相电流检测电路

（1）输入三相电流检测电路　由光耦检测放大器 U52 和运算放大器 U32 组成的电流检测电路，产生的检测信号 IA_SIN 送到 CPU，其他两路完全相同。

（2）三相平衡检测电路　由于在 PFC 的控制当中，必须在三相平衡的情况下才能输出控制脉冲信号，所以要有三相平衡检测电路。运算放大器 U31 在这里作为比较器使用，当 IA+、IB+、IC+ 都为高电平时，PFC_OCP 才能为高电平。

8. 输入三相电压检测电路

输入三相电压的检测在充电模块中很重要，输入三相电压检测电路如图 4-77 所示。当输入电压在低于 260V 和高于 450V 时充电模块不工作，模块保护会亮黄灯；当输入电压在 260V 到 300V 之间时，充电模块会工作于半功率状态，也就是输出功率减半；只有输入电压在 300V 到 450V 之间时，充电模块才能正常输出。

输入电压检测电路分两部分：第一部分是分压电路产生 VA、VB、VC，第二部分是将 VA、VB、VC 经过运算放大器放大。再经过钳位电路限制幅度后送到 CPU 的电压检测信号输入端。

9. PFC 板输出电压检测电路

PFC 板输出电压检测电路如图 4-78 所示。

在 PFC 电路中，开关管的控制信号为 PWM 脉冲信号，脉冲信号的频率和占空比都是可以变化的。通过检测输入电压和输入电流的值，同时还要检测输出电压和输出电流的值，CPU 根据这些数值和设置的电压值计算出控制信号的频率和占空比。

输出电压检测电路也分为两个部分：第一部分为正极母线输出电压的检测，第二部分为负极母线输出电压的检测，最后要使正负母线对中性线的电压差相等。

10. 风扇控制电路

风扇控制电路如图 4-79 所示。

在使用风冷冷却方式的充电模块中，降温的方式是通过风扇使模块内的发热器件降温，所以风扇电路在充电模块中非常重要。在充电桩开机时，CPU 首先会检测风扇是否可以正常工作，只有在风扇可以正常工作时，才能发开关管驱动信号。

风扇控制信号 FAN_C 经过 Q24、Q17 放大，再经过推挽电路 Q15、Q19 进行功率放大后，控制 MOS 管 Q14 的导通，然后经过电感 L8 输出风扇控制信号 VFAN。

4.9　英飞源充电模块 DC/DC 板电路原理介绍

1. DC/DC 板 LLC 振荡电路

DC/DC 板 LLC 振荡电路如图 4-80 所示。

DC/DC 板的作用是将 PFC 板输出的高压直流电转换为可以控制的直流电源，由于充电桩的输出电压要满足车辆电池包请求的电压，而车辆请求的电压又是一个可变的电压，所以要通过 DC/DC 的转换。转换首先要将直流转变为交流，采用的电路就是 LLC 振荡电路。

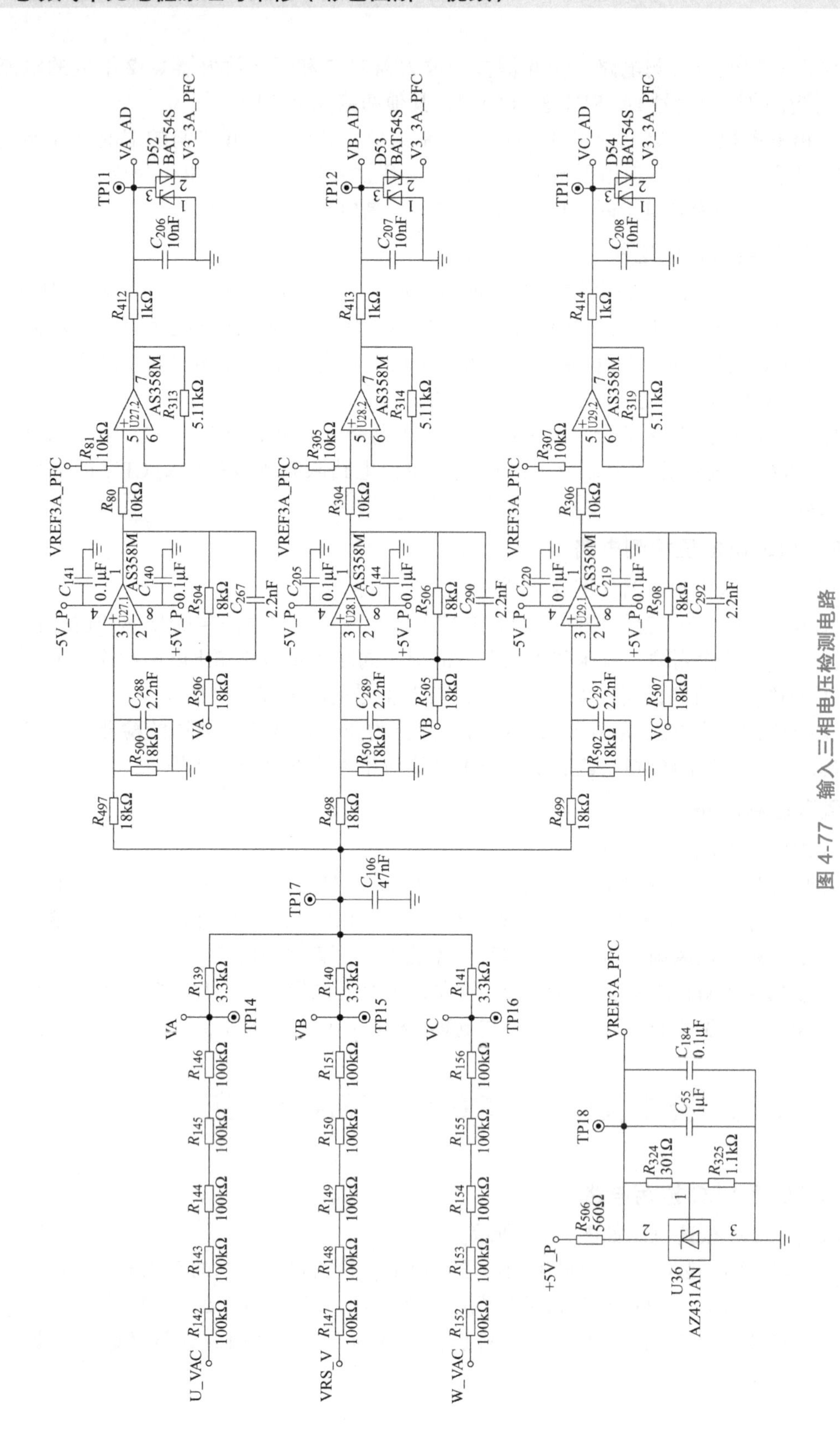

图 4-77 输入三相电压检测电路

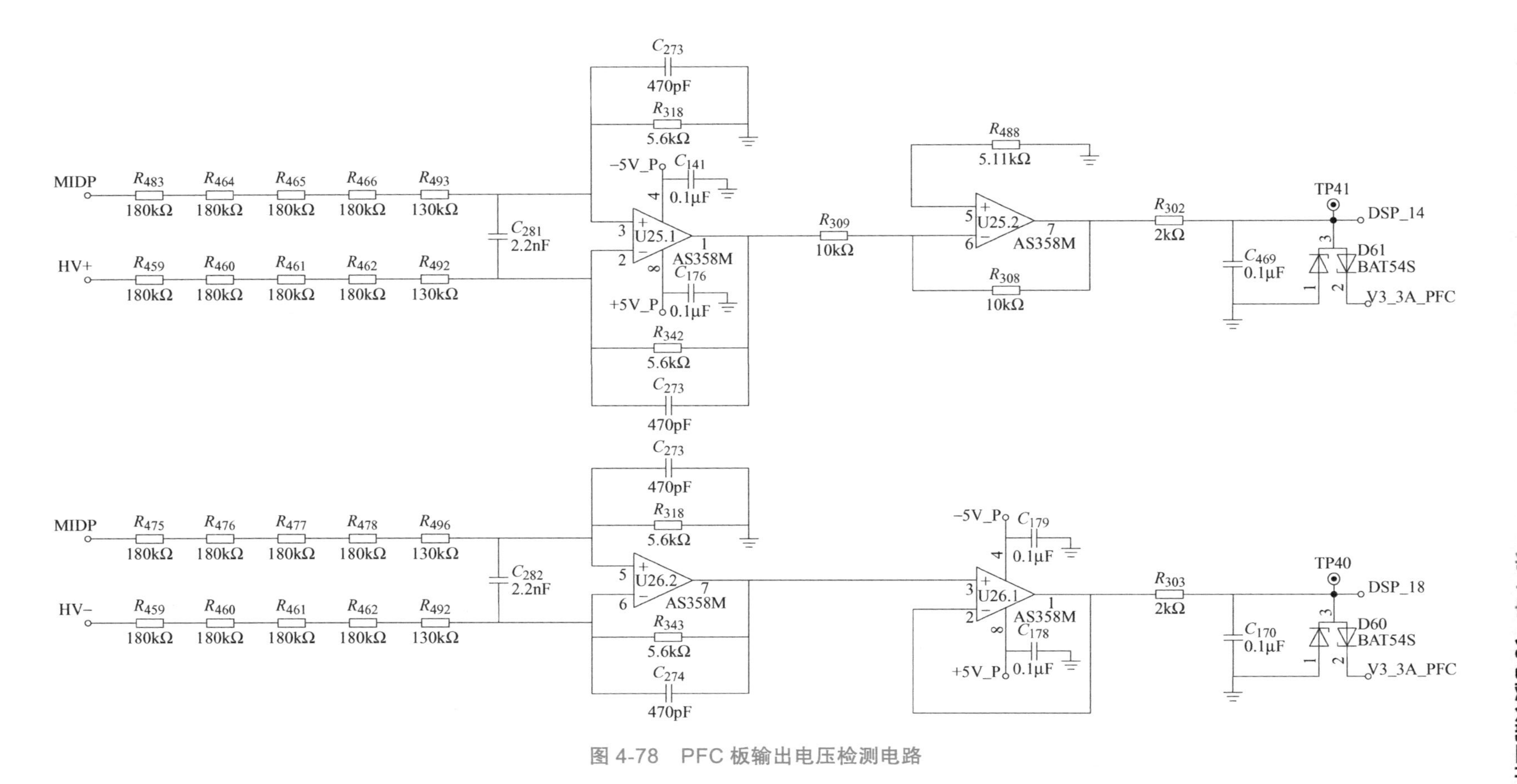

图 4-78　PFC 板输出电压检测电路

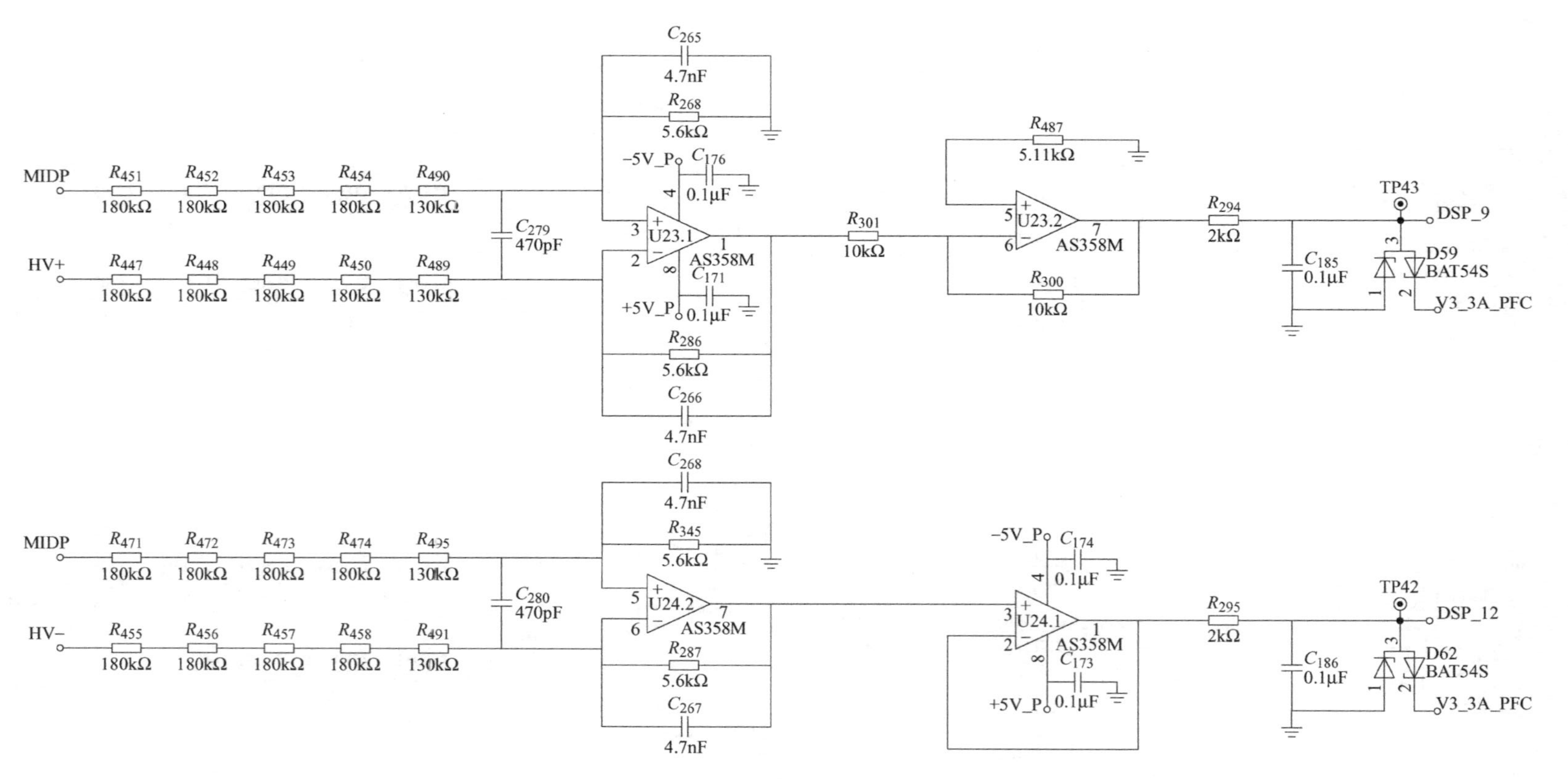

图 4-78 PFC 板输出电压检测电路（续）

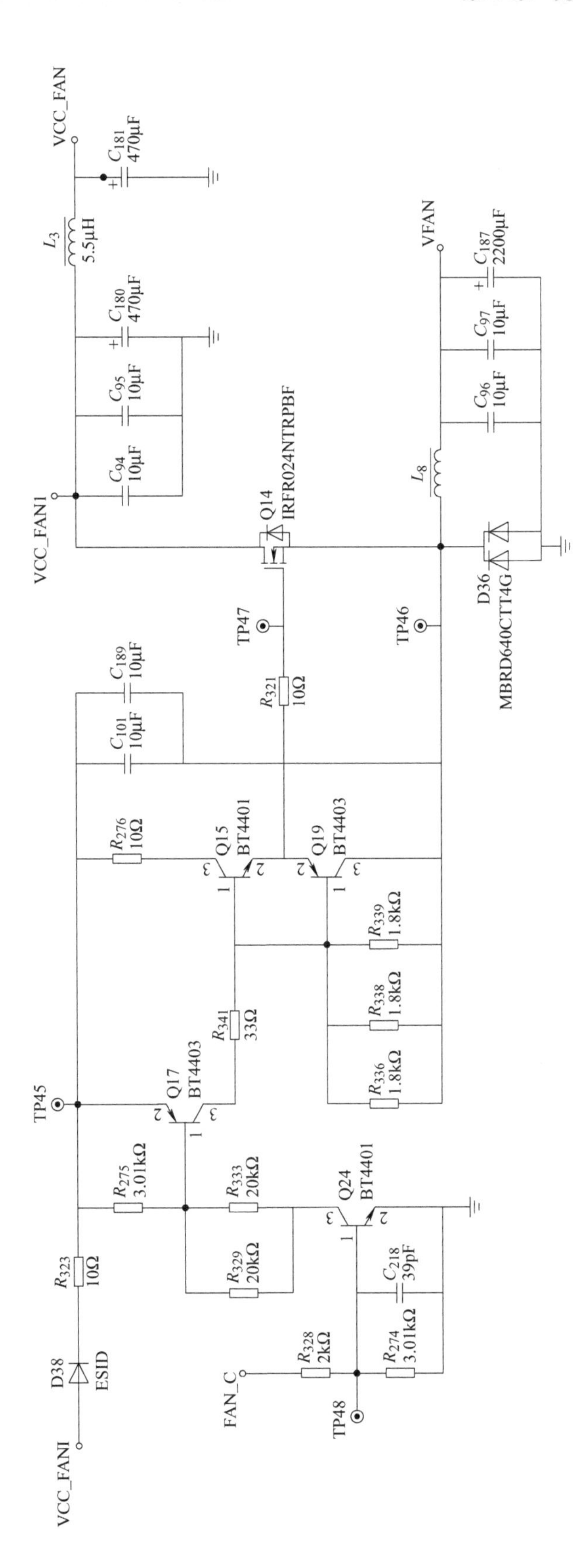
VCC_FAN
C181 470μF
L3 5.5μH
C180 470μF
C95 10μF
C94 10μF
VCC_FAN1
Q14 IRFR024NTRPBF
VFAN
C187 2200μF
C97 10μF
C96 10μF
L8
D36 MBRD640CTT4G
TP47
TP46
R321 10Ω
C189 10μF
C101 10μF
R276 10Ω
Q15 BT4401
Q19 BT4403
R339 1.8kΩ
R338 1.8kΩ
R336 1.8kΩ
R341 33Ω
Q17 BT4403
TP45
R275 3.01kΩ
R333 20kΩ
R329 20kΩ
Q24 BT4401
C218 39pF
R274 3.01kΩ
R328 2kΩ
R323 10Ω
D38 ESID
FAN_C
TP48
VCC_FAN1

图 4-79　风扇控制电路

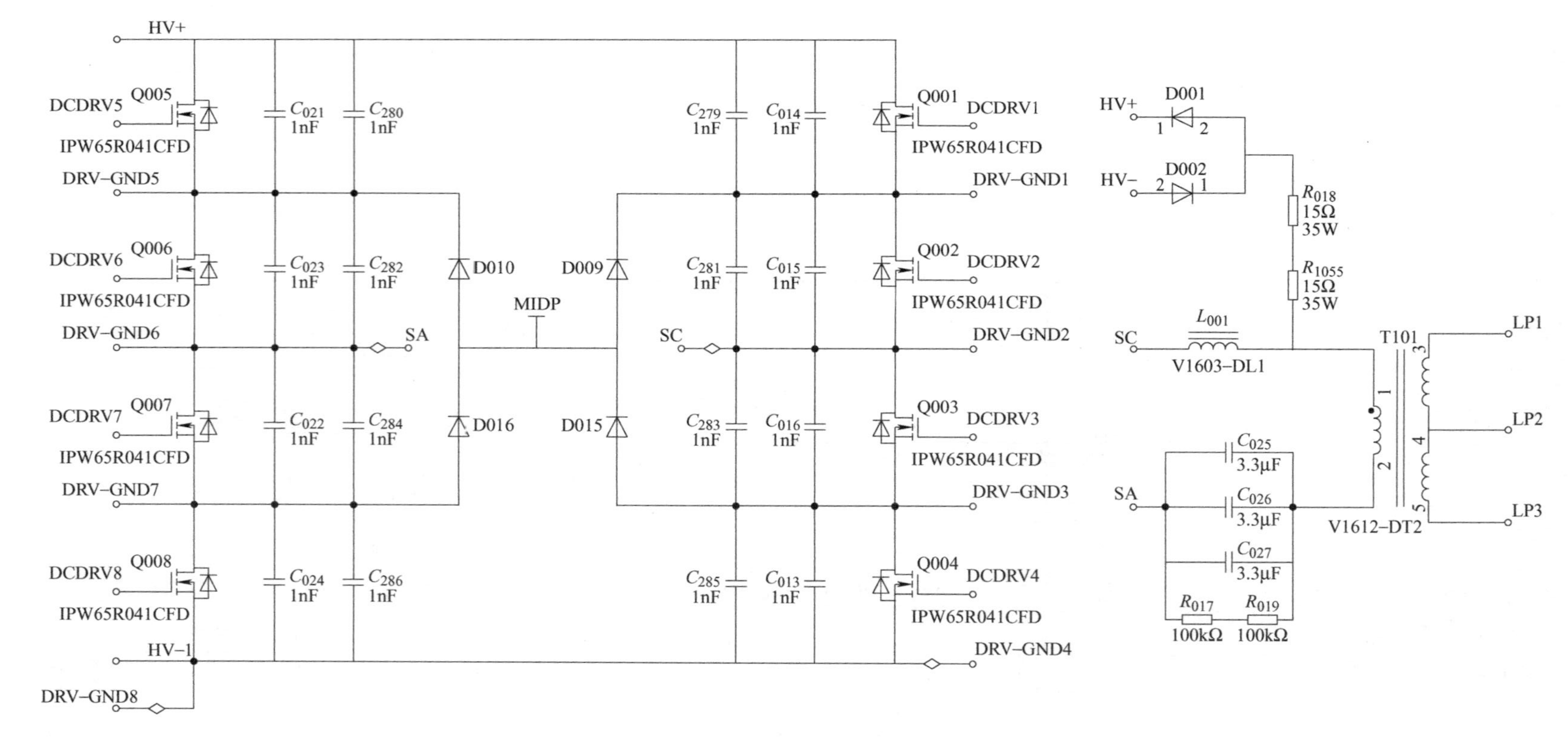

图 4-80 DC/DC 板 LLC 振荡电路

LLC 振荡电路也分为两个部分：第一部分是由 8 个 MOS 管组成的开关电路，8 个 MOS 管分为 4 组，每两个 MOS 管为一组，四组开关管交错导通来接通正母线和负母线。第二部分是由电感 L_{001}、变压器 T101 的一次绕组和电容 C_{025}、C_{026}、C_{027} 组成的 LLC 振荡电路，产生的交流信号经过变压器 T101 耦合输出。

变压器输出端有 3 个抽头，分别是 LP1、LP2 和 LP3，可以输出不同的电压。

2. DC/DC 板整流滤波电路

DC/DC 板整流滤波电路如图 4-81 所示。

整流滤波电路的作用是将 LLC 振荡电路产生的交流电整流滤波成直流电输出。该电路可以分为以下 5 个部分。

（1）整流电路　由二极管 D1、D2、D3、D5、D6、D7、D006、D007、D011、D014 和 MOS 管 Q1、Q2 组成，当 MOS 管 Q1、Q2 导通和截止时整流二极管接变压器的输出端 LP1、LP2、LP3 的位置发生变化，使得输出电压不同。

（2）整流控制电路　由 MOS 管 Q1 和 MOS 管 Q2 控制整流输入端与变压器的输出端连接，从而改变输出电压的大小。MOS 管 Q1、Q2 的控制信号为变压器 T1 和 T7 的输出经整流、滤波、稳压后输出的信号 Q1_G、Q2_G。变压器 T1 和 T7 的初级信号 T1_6 由 Q7 和 Q6 组成的推挽电路输出。CPU 输出的 DSP_52 经过 Q3 放大，再输出到推挽电路的输入端。

（3）滤波电路　滤波电路由电容 C056、C057、C058、C063、C071、C072 和电感 L_2 组成，其作用是将整流输出的直流信号滤波输出标准的直流电。

（4）防反灌电路　在充电桩中，充电模块一般都有多个，模块之间通过并联的方式连接，为了使充电模块相互之间不影响，在模块的输出端都有防反灌电路，如图 4-81 中的二极管 U1 和 U2，防反灌电路起保护作用。

（5）泄放电路　在充电模块输出完成后，要将输出端电解电容中储存的能量尽快放掉，以免影响下次的充电。泄放电路由电阻 R064、R063 和 MOS 管 Q009 组成，通过控制信号 DIS_MOS_G 来控制 MOS 管 Q009 的导通从而实现放电。泄放电阻为大功率电阻，很容易烧坏，烧坏后会亮红灯。

3. DC/DC 板 CPU 主控制电路

DC/DC 板 CPU 主控制电路如图 4-82 所示。

主要的输入信号：输出电压取样信号、PFC 板故障信号、编码器地址信号、温度检测信号、CAN 总线输入输出信号。

主要的输出信号：驱动控制信号 PWM1、PWM2、PWM3 和 PWM4，以及输出电压控制信号 DSP_52、泄放管控制信号 DIS_MOS_G、数码管显示信号。

4. DC/DC 板 LLC 电路中的开关管驱动电路

DC/DC 板 LLC 电路中的开关管驱动电路如图 4-83 所示。

LLC 电路中开关管驱动电路有四路，由于这四路电路结构基本相同，下面只介绍其中一路。

脉冲信号 PWM1、PWM2 经驱动放大电路 U3 放大后到变压器 T2 的初级，初级有电流，经耦合输出两路信号，分别从变压器的次级输出，再经过 D96、Q49、D116、D97、Q51、D117 等电路后，输出两路驱动信号 DCDRV7 和 DCDRV6 到 MOS 管的栅极。其他

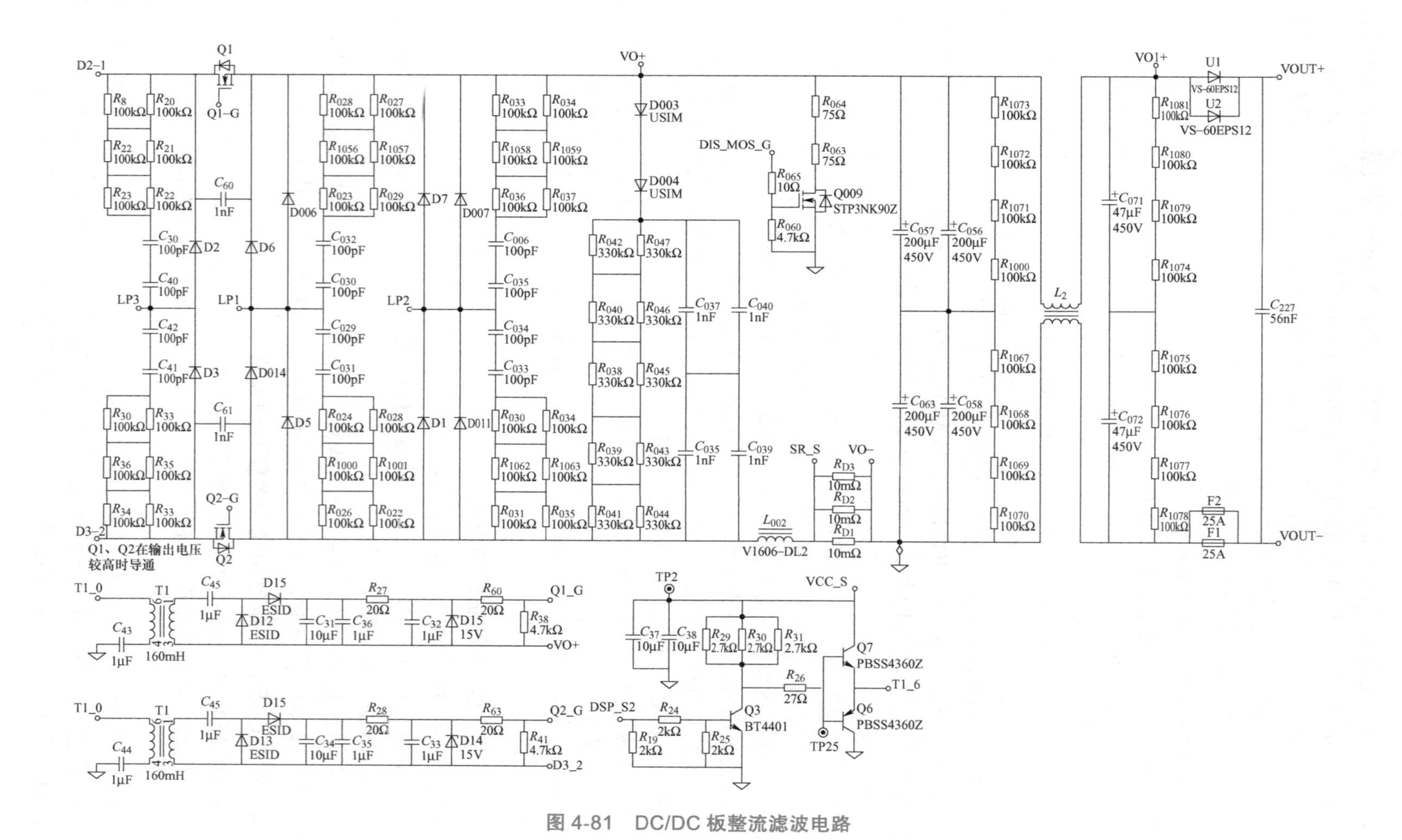

图 4-81　DC/DC 板整流滤波电路

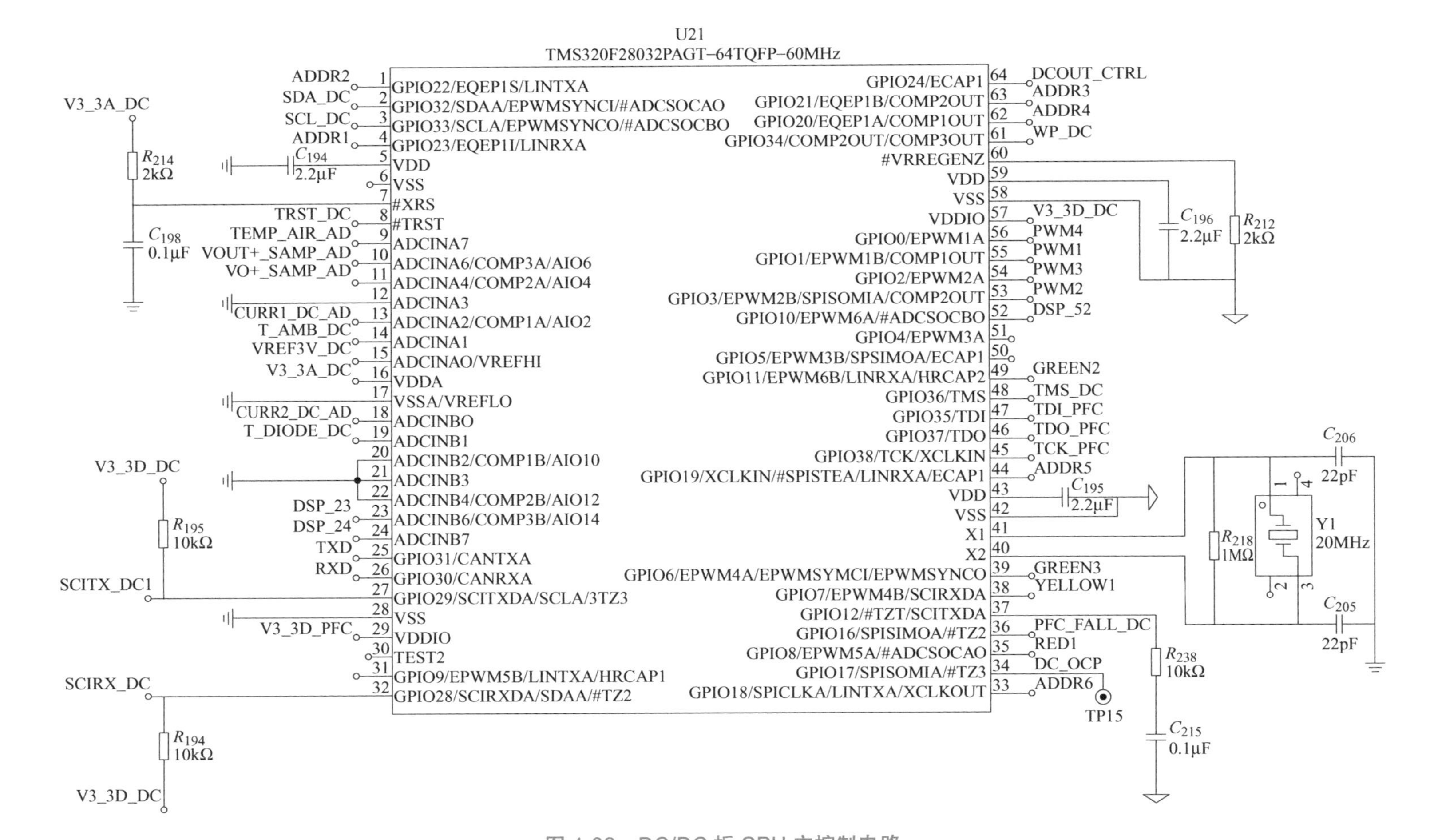

图 4-82　DC/DC 板 CPU 主控制电路

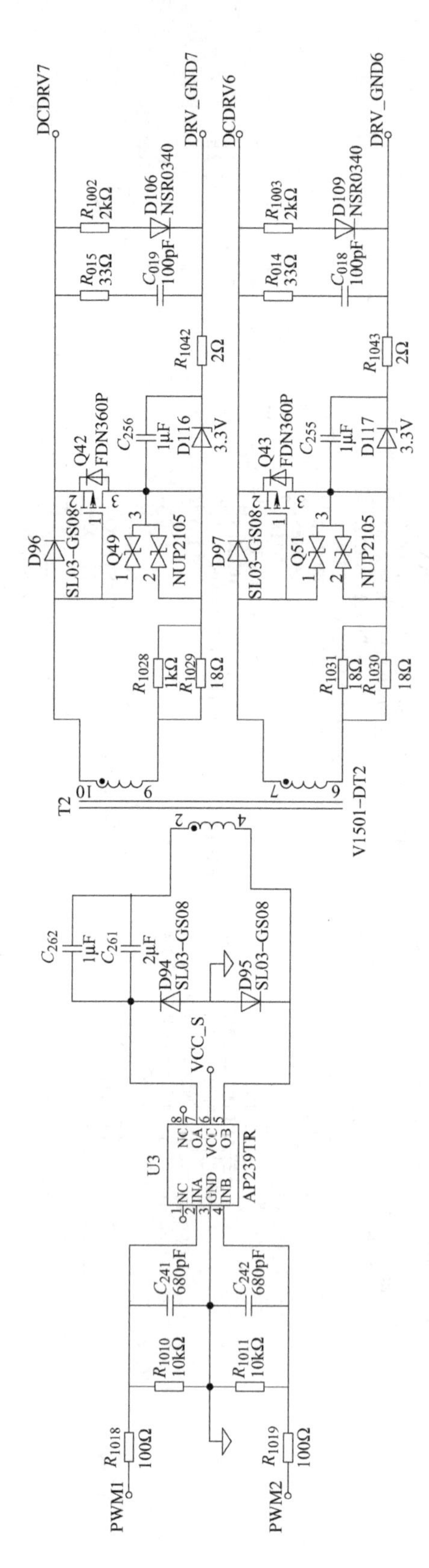

图 4-83　LLC 电路中开关管驱动电路

三路电路原理相同，不再介绍。

5. DC/DC 板主辅源电路

DC/DC 板主辅源电路如图 4-84 所示。

一般的 DC/DC 板也有主辅源和次辅源电路，但在英飞源的 DC/DC 驱动中，采用了变压器耦合的方式，没有专门的次辅源电路给驱动电路供电。所以这里只介绍主辅源电路。

DC/DC 板主辅源电路由两部分组成，第一部分为开关管控制信号产生电路，第二部分为开关电源主电路。

（1）由电源管理芯片 U7 组成的开关管控制信号产生电路　当电源管理器 U7 的第 7 引脚 VCC1 的电压为 18V 时，电源管理器电路开始工作，第 6 引脚输出脉冲信号 DRV，DRV 驱动 MOS 管 Q010 导通，VCC_DC 经 T6 的一次绕组，再经过 MOS 管 Q010，使 T6 的一次绕组有电流，耦合到二次绕组。

（2）开关电源主电路　由变压器 T6 以及 T6 次级的整流滤波稳压电路组成多路直流电源产生电路：其中一路经稳压模块 U8 输出 +5V_CAN 给 CAN 总线电路供电；一路经 C_{142}、D034、D070 等组成的整流滤波稳压电路输出 –5V 电源；一路由 C_{139}、D032、U9（UM7605CT）等组成的整流滤波稳压电路输出 +5V 电源；一路经 C_{144}、D033、C_{132}、C_8、L_4、C_{157}、C_{150}、C_{164} 组成的整流滤波电路输出 VCC_S；一路由 D9、C_{23}、U12（L78L05）组成的整流滤波稳压电路，输出 VCC_5V。

6. DC/DC 板输出电压检测电路

DC/DC 板输出电压检测电路如图 4-85 所示。

DC/DC 板输出电压检测电路由两部分组成：第一部分是由电阻分压组成的电压取样电路，取样信号有 VSAMP1、VSAMP2、VO+_SAMP、VOUT+_SAMP；第二部分由运算放大器 U100 放大后送到 CPU 的输入端 DSP_24 和 DSP_23。

7. DC/DC 板输出电流检测电路

DC/DC 板输出电流检测电路如图 4-86 所示。

由输出电流检测信号 CURR_DC 发送到 CPU，从而进行电流检测。

8. PFC 板与 DC/DC 板之间的通信电路

PFC 板和 DC/DC 板之间要进行通信，通信电路由三部分组成，如图 4-87 所示。

第一部分由光电耦合器 U47 和反相器 U45 组成，主要是把 PFC 的通信信号 SCITX_PFC 发送到 SCIRX_DC 给 DC/DC 板。

第二部分由光电耦合器 U46 和反相器 U44 组成，主要是把 DC/DC 的通信信号 SCITX_DC 发送到 SCIRX_PFC 给 PFC 板。

第三部分由光电耦合器 U4 和三极管 Q18 等组成，主要是把 PFC 的通信信号 PFC_FALL 发送到 PFC_FALL_DC 给 DC/DC 板。其作用是当 PFC 工作不正常时，会输出一个信号到 DC/DC 板，告知 PFC 板工作不正常。

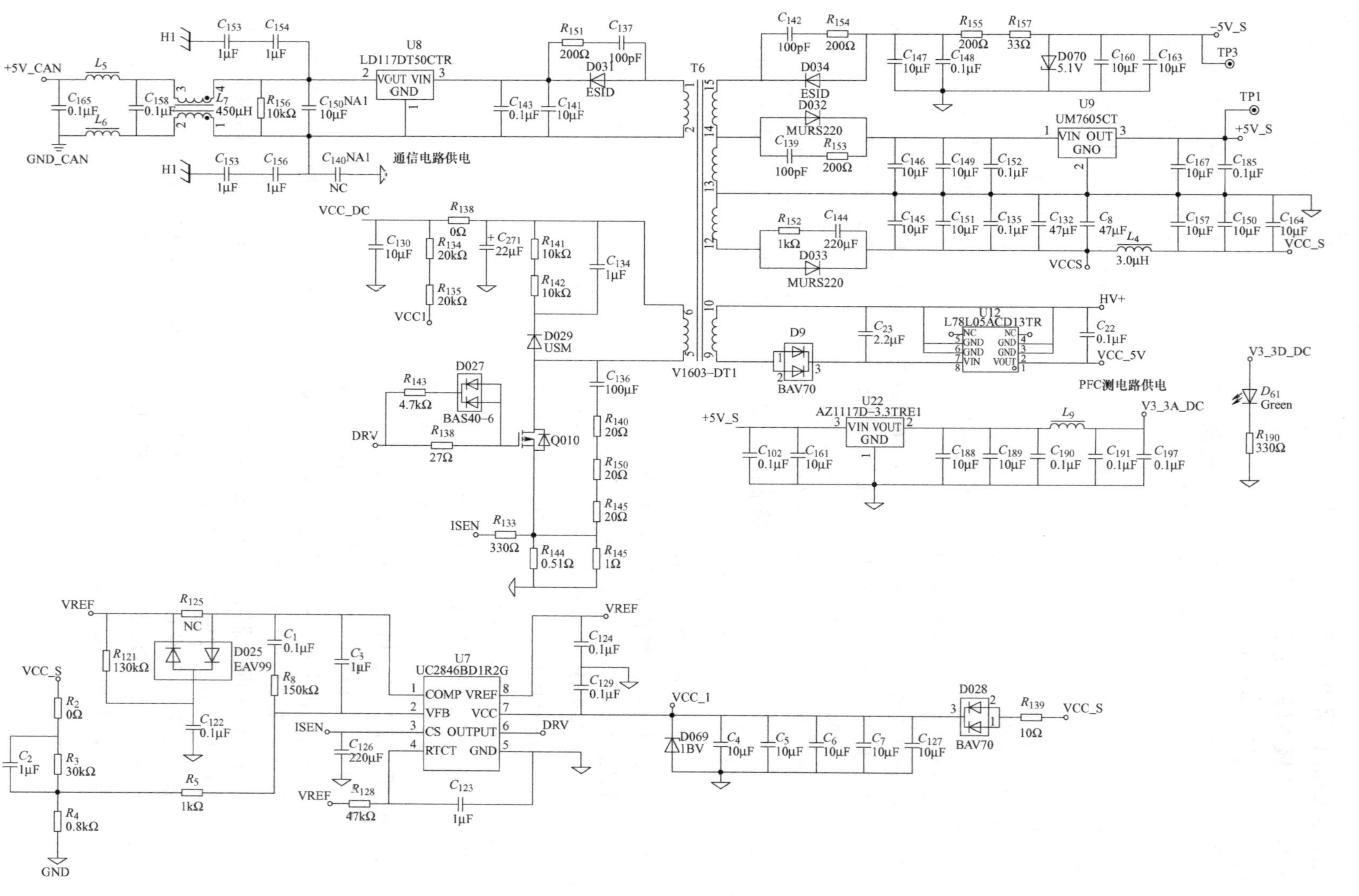

图 4-84 DC/DC 板主辅源电路

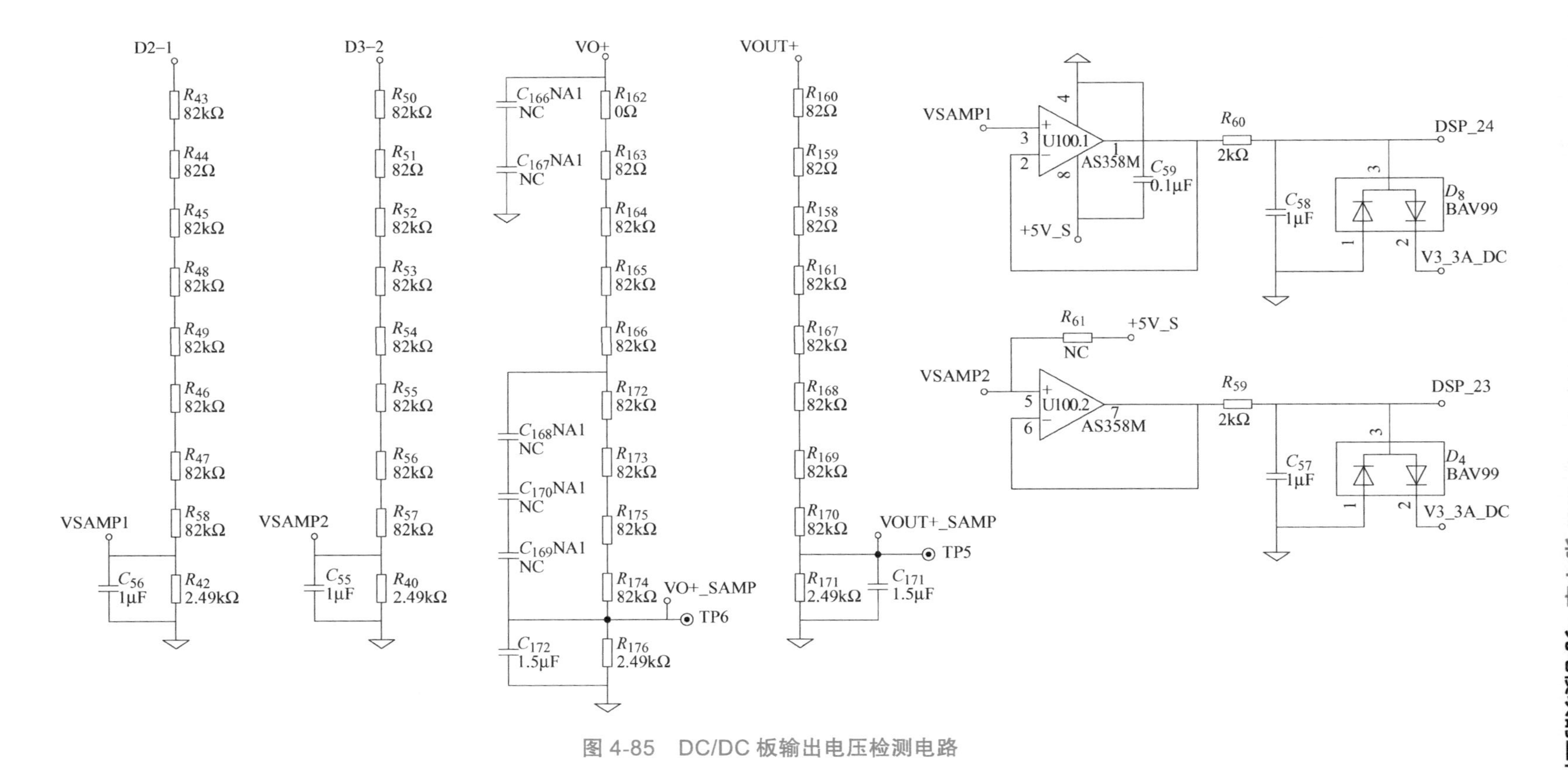

图 4-85 DC/DC 板输出电压检测电路

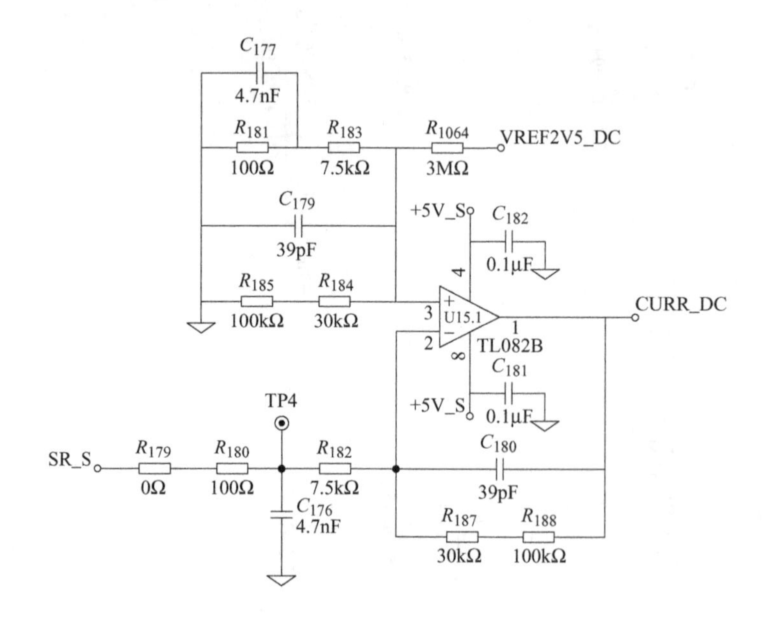

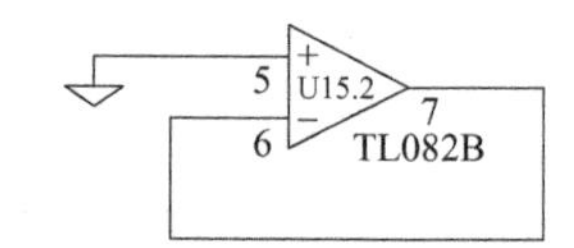

图 4-86　DC/DC 板输出电流检测电路

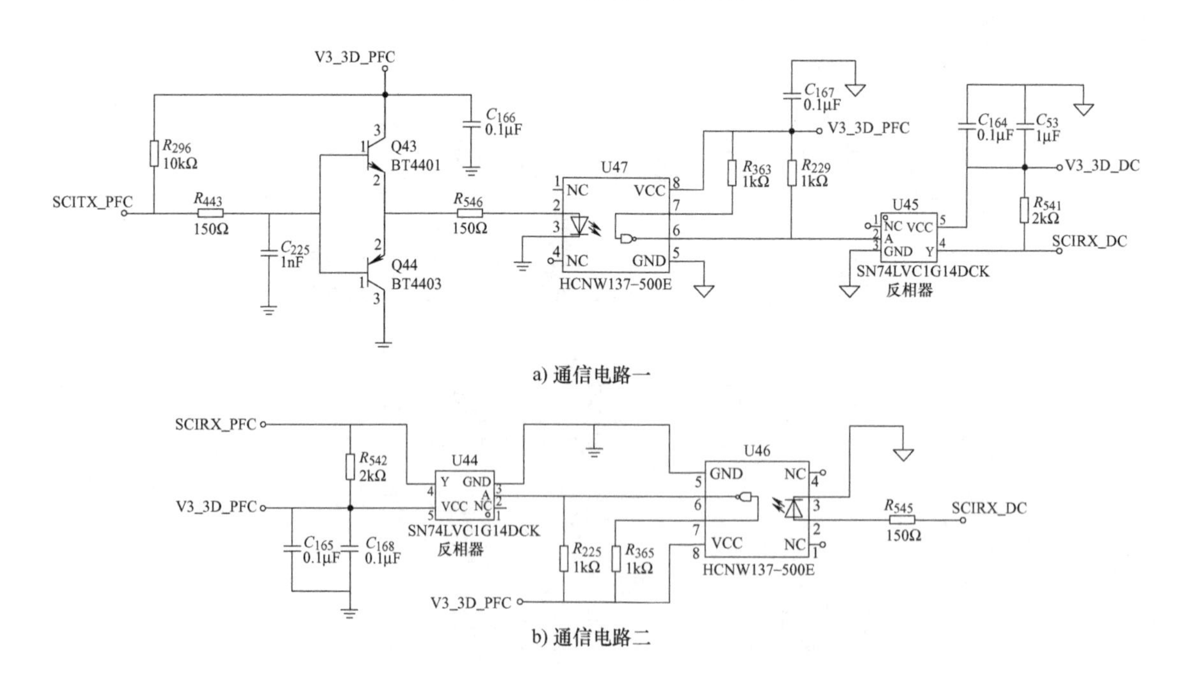

a) 通信电路一

b) 通信电路二

图 4-87　PFC 板和 DC/DC 板之间的通信电路

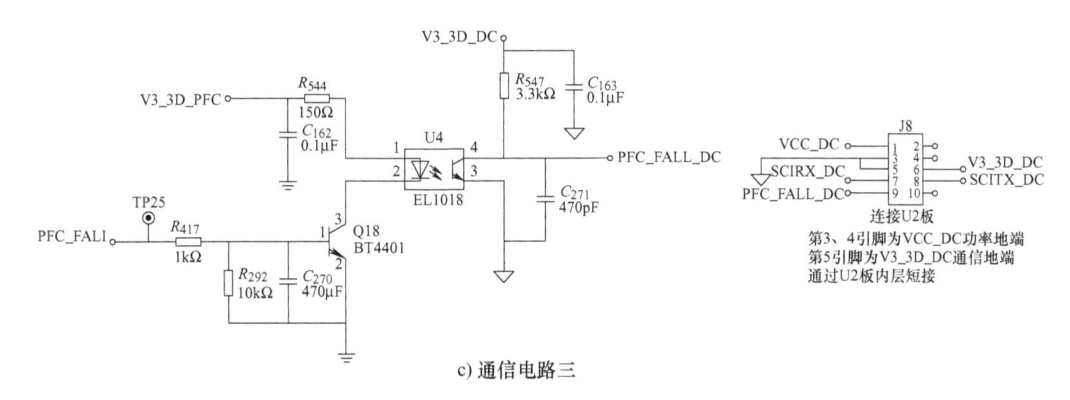

c) 通信电路三

图 4-87　PFC 板和 DC/DC 板之间的通信电路（续）

9. 充电模块与外部通信电路

图 4-88 所示为英飞源模块与外部的通信电路，该电路主要由 U11 和 L_8 组成，用于充电模块和充电桩控制板的通信。其中电感 L_8 为共模电感，其作用是抗干扰。U11 为隔离式 5V_CAN 收发器，用于实现模块与外界的信号交流。

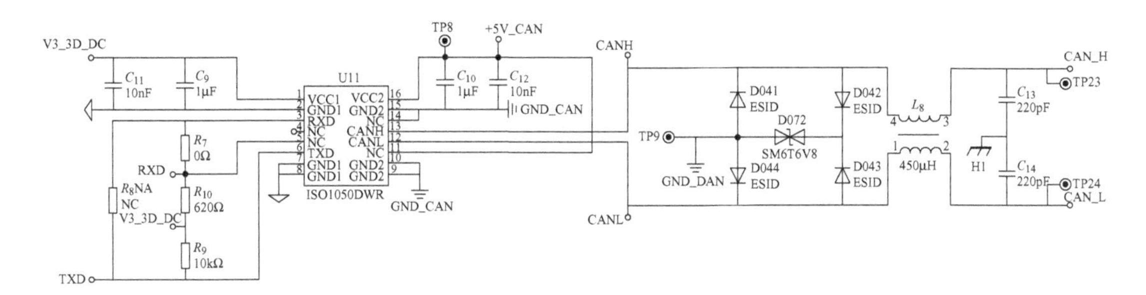

图 4-88　充电模块与外部通信电路

10. 充电模块地址编码电路

图 4-89 所示为英飞源充电模块的地址编码电路，该电路主要由 D053、D055、D056、D057、D058、D059 组成。充电模块在充电桩中要设置地址，地址的设置就是通过这个电路完成的。

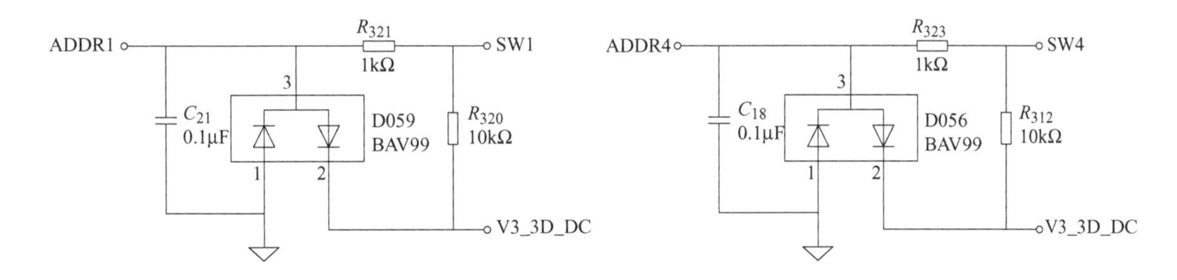

图 4-89　英飞源充电模块的地址编码电路

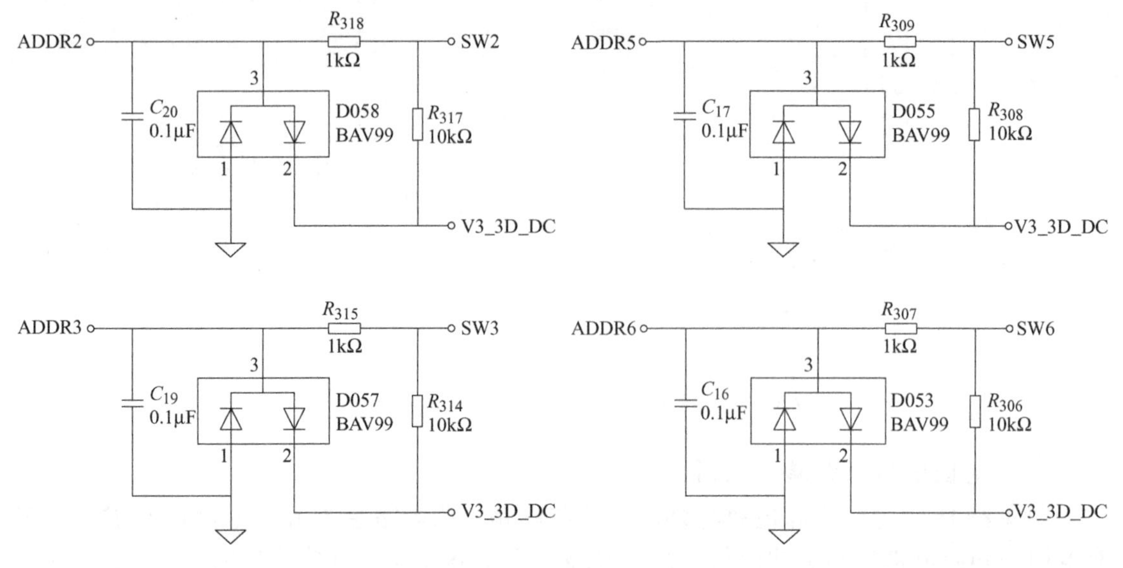

图 4-89　英飞源充电模块的地址编码电路（续）

11. 红绿黄灯显示驱动电路

图 4-90 所示为充电模块红灯、绿灯、黄灯的驱动电路，由 Q037、Q038、Q039、D081、D082、D083 组成，用于控制亮红灯、亮绿灯、亮黄灯。

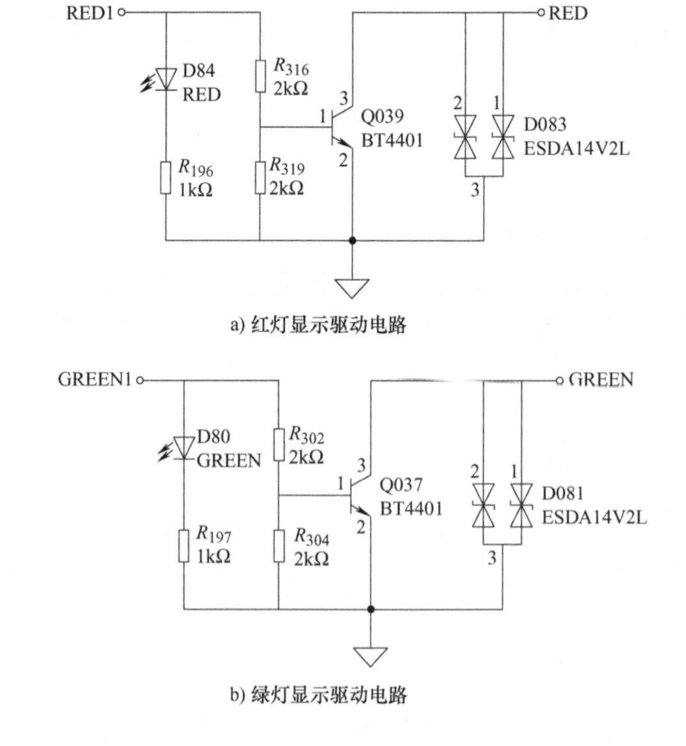

a) 红灯显示驱动电路

b) 绿灯显示驱动电路

图 4-90　红绿黄灯显示驱动电路

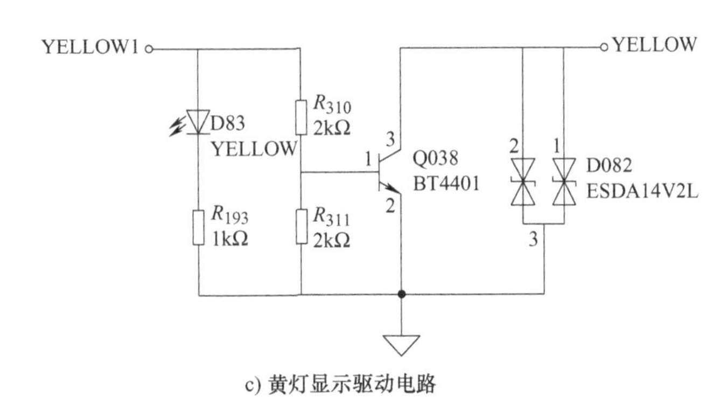

c) 黄灯显示驱动电路

图 4-90　红绿黄灯显示驱动电路（续）

4.10　充电模块的常见故障

1. 器件损坏

充电模块中的器件损坏主要是高压电路损坏，如二极管、MOS 管等器件被烧坏。

（1）产生原因

1）温度过高烧坏二极管、MOS 管。

2）滤波电容漏电烧坏二极管、MOS 管。

3）电路板腐蚀烧坏二极管、MOS 管。

（2）测试方法

1）用万用表的电阻挡测量二极管的正反相电阻可以判断二极管的好坏，也可以用二极管挡测二极管的好坏，如果测出来的正反向电阻都大，说明该二极管已损坏。操作方法如图 4-91 所示。

2）用万用表的电阻挡测量 MOS 管的好坏，也可以用万用表的二极管挡测 MOS 管的好坏，如果测出漏极与源极之间的正反向电阻都大，说明该 MOS 管已损坏。操作方法如图 4-92 所示。

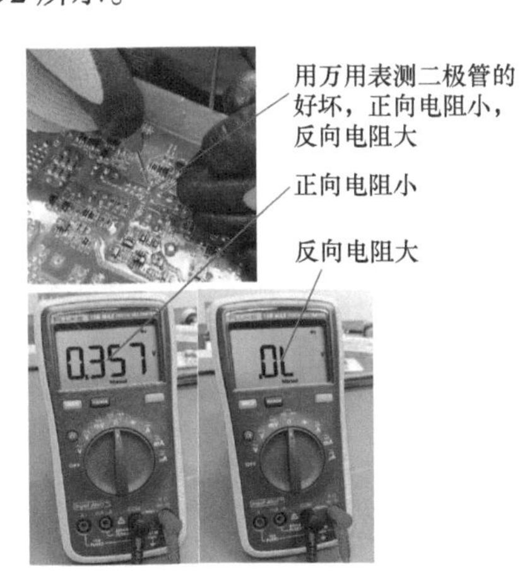

图 4-91　用万用表测二极管的好坏

图 4-92　用万用表测 MOS 管的好坏

（3）更换方法

1）当测试二极管或MOS管损坏时，应该及时更换。由于这些器件都装在大的散热片上，需要整体取下散热片才能更换二极管或MOS管，如图4-93所示。

2）更换时要注意二极管或MOS管的型号，要对应地更换，同时要选结电容小的MOS管。可用万用表的电容挡测试MOS管的结电容，如图4-94所示。

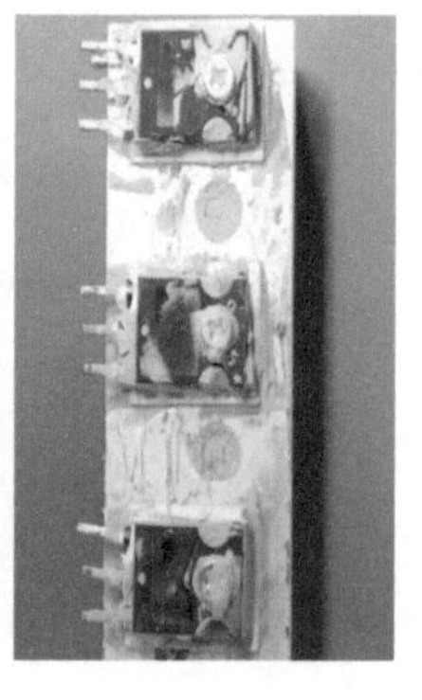

图4-93　更换MOS管实物图

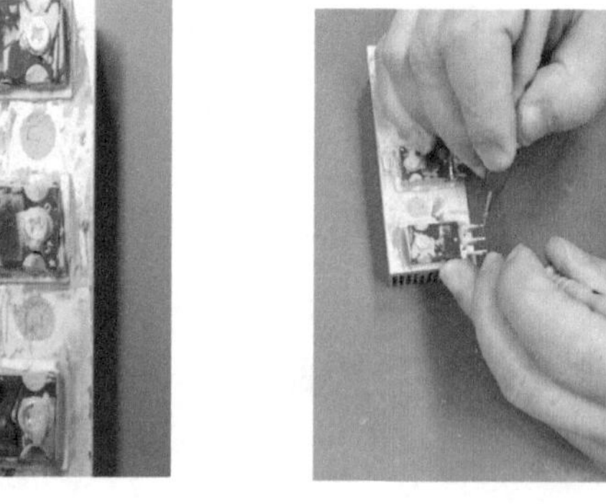

图4-94　用万用表的电容挡测试MOS管的结电容

3）安装二极管或MOS管时要注意装绝缘垫。

4）如果电解电容漏电烧坏二极管或MOS管的话，还要更换电解电容，更换电解电容时要注意电解电容的耐压值和电解电容的正负极不能装反。

5）电路板腐蚀烧坏二极管或MOS管时要找到腐蚀点，处理腐蚀部位，如果需要接线处理，则需要飞线。

2. 亮黄灯

充电模块亮黄灯的原因及处理方法如下：

（1）温度保护　在正常的温度下，如果温度检测电路不正常，也会温度保护亮黄灯。在充电桩上打开机箱，看到亮黄灯时就要看是外界温度过高引起的亮黄灯，还是充电模块内部温度检测电路故障引起的亮黄灯。如果是充电模块外界温度过高引起的亮黄灯，当打开机箱通风正常时，黄灯会熄灭。如果通风后还是亮黄灯，则是由于充电模块温度检测电路不正常引起的亮黄灯。

（2）风扇故障　在采用风冷冷却方式的充电模块中，如果风扇故障会亮黄灯。充电模块必须在风扇正常工作时，才能启动升压电路工作，所以在亮黄灯时要看风扇是否正常工作。风扇的好坏可以通过万用表测试，如图4-95所示。用二极管挡进行测试时，黑表笔接风扇电源的负极，红表笔接风扇电源的正极。如果测出的电阻小，则反过来再测一次。如果测出的电阻大，则说明风扇是好的。如果风扇是好的，风扇还是不正常转动的话，则要检测风扇控制电路是否正常。

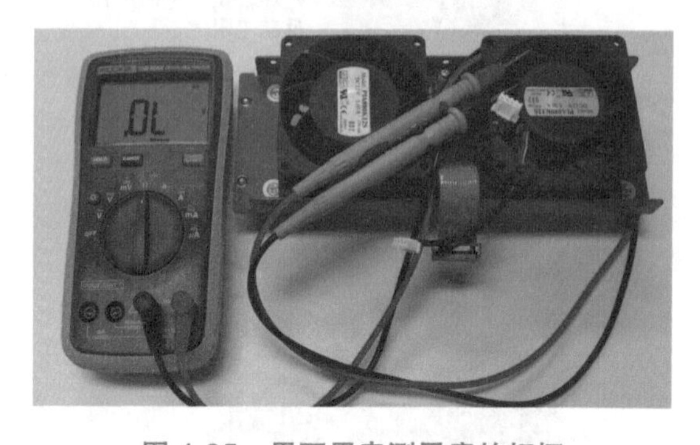

图4-95　用万用表测风扇的好坏

（3）交流输入过电压、欠电压、缺相、

电压严重不平衡　在充电模块的输入端有输入电压和输入电流的检测电路，它们的作用就是检测输入电压和输入电流，以防止电压不正常和三相不平衡。只有当输入电压在正常范围内，且输入电流三相平衡时，才能启动升压电路，PFC 电路才能输出 400V 的高压。当输入电压检测电路或输入电流检测电路工作不正常时，充电模块就会亮黄灯，即亮黄灯时要看输入电压和输入电流的检测电路是否正常。

（4）模块硬件地址错误　在充电桩中每个模块都要设置硬件地址。当更换模块时，也要重新设置地址。如果地址设置电路出现故障，也会亮黄灯。

（5）输出继电器损坏警告　大功率的充电模块（30kW、40kW）在输出端都有继电器控制输出，当继电器损坏时，充电模块会亮黄灯。

（6）输出插接不到位　当充电模块输出端插接不到位时，充电模块也会亮黄灯。

（7）充电模块与外部通信中断　充电模块的通信电路包含两个部分，一个是内部两块板之间的通信，一个是充电模块与外部通信，与外部通信的电路在 DC/DC 板上，如果通信电路损坏，也会亮黄灯。

（8）防尘网堵塞警告　当充电桩上的防尘网堵塞时会使充电模块散热不正常，也会亮黄灯。

（9）输出短路警告　综上所述，亮黄灯的原因有很多。既有外部原因引起的亮黄灯，也有充电模块内部元器件损坏引起的亮黄灯。应该先排除外部原因后，再找内部原因。

3. 亮红灯

充电模块亮红灯的原因及处理方法如下：

（1）输出过压锁死　充电模块的输出端有输出电压检测电路，用于测试输出电压值，当该电路损坏时会出现亮红灯。即当亮红灯时要检查输出过压检测电路是否正常。在实际应用中经常会出现由于检测电路中的分压电阻变值而引起亮红灯。

（2）模块输出短路锁死　充电模块的输出电压和输出电流都要检测，当输出电流检测不正常时会亮红灯。这种情况下要检测输出电流检测电路是否有故障。

（3）模块原副边通信中断　在充电模块中通信有内部通信和外部通信。当外部通信不正常时会亮黄灯，当内部通信不正常时会亮红灯。

（4）模块输出电容泄放电路异常　在充电模块的输出端有输出电容泄放电路，其作用是泄放电容存储的能量。泄放电路由泄放控制管和泄放电阻组成。其中泄放电阻很容易烧坏，可以用万用表测试泄放电阻的好坏，如图 4-96 所示。

图 4-96　泄放电路实物图

（5）不可恢复的无输出坏机　如果是由外部原因引起的充电模块无输出，当外部原因恢复后，充电模块就可以正常工作，这种情况下充电模块会亮黄灯。如果不是由外部原因引起的无输出，就会亮红灯，则说明充电模块有故障，需要维修。

4. 电压升不上去

电压升不上去有两种情况。一种情况是低压段可以升压，高压段不可以升压，这种情况的原因可能是PFC的驱动电路或者DC/DC的驱动电路有故障。如果PFC有一相不工作，则会导致电压升不上去。如果DC/DC板的高压部分驱动不正常，也会导致高压升不上去。当这种情况出现时，主要是排查驱动电路的好坏。还有一种情况是设置的750V输出，但达不到750V输出。这种情况的原因通常都是输出端电压检测电路出现了故障，主要是由于分压电阻长时间使用会变值，在更换分压电阻后可以排除此故障。

5. 带不起负载

在维修充电模块时要进行带负载能力测试，有时带小功率负载能正常工作，但当大功率负载加上后则不能正常工作。有以下三种情况会引起带不起负载：

1）小负载都带不起。这种情况一般为输出端电流检测电路不正常。

2）带小负载可以工作，带大负载不工作，这种情况一般为DC/DC驱动电路有故障。

3）带小负载可以工作，带大负载不能长时间工作，这种情况有可能是PFC驱动电路有故障。

综上所述，充电模块的故障率较高。在通常情况下充电模块都能被修好，但如果是电路板腐蚀的情况，则没有维修的必要，建议直接回收拆配件。

4.11 维修充电模块的常用方法

由于在充电模块中有很多相同的电路，比如在PFC电路中，每一相的电路都是相同的，在DC/DC板的振荡电路和整流电路中每一路的电路也都是相同的。因此可以用对比法和替代法来维修充电模块。

1. 对比法

（1）静态对比电阻的大小　以PFC的驱动电路为例说明操作方法。先打开机箱，拆出电路板，查看是否有器件损坏，通常在烧坏MOS管时也会烧坏驱动电路中的元器件。此时可以测试电路中对应元器件的电阻值，如果电阻值基本相同，则说明电路没有问题；如果电阻值差别很大，则说明元器件有可能已损坏。

（2）用示波器测波形　无论是PFC的驱动信号，还是DC/DC的驱动信号，都是脉冲信号，测试仪器都可以使用示波器。但由于每一路驱动之间不能共地，所以在用示波器测试过程中应注意安全。在一般情况下，不要盲目进行测试，以免出现安全事故。建议维修人员学会在低压状态下，用信号源和示波器进行测试。

2. 替代法

由于充电模块中有很多相同的电路，当怀疑哪个元器件有问题时，可以找一个相同的元器件来代替，或者找一块相同的电路板，在上面找对应的元器件更换，测试更换元器件后充电模块是否能恢复正常工作。

另外，充电模块的维修人员应具备良好的焊接技术。由于在充电模块中有很多体积较大的元器件，如散热片，所以需要用到大功率焊台。但对于一些小的贴片元器件，用风枪焊接比较合适，如图4-97所示。

图4-97　焊接元器件的两种不同工具

4.12　充电模块维修常用的仪器和工具

充电模块的维修技术难度高，但维修所需的仪器和工具种类不多，而且其价格低廉。因此，投资一家充电模块维修店的设备成本投入不会太大，比较适合普通老百姓创业。

1. 常用工具

（1）热风枪　在维修充电模块时，主要用到的焊接设备是热风枪和大功率焊台。通常贴片元件都用风枪焊接。另外，在除胶时还可以用热风枪吹热风，可以使除胶速度更快。热风枪的种类有很多，图 4-98 所示的热风枪是三合一的综合焊台，把风枪、烙铁和吸烟器集成在一起，使用非常方便。

（2）焊台　由于在维修充电模块时经常要拆装散热片等体积较大的元器件，所以在焊接时一定会用到大功率恒温焊台，焊台功率通常为 90W 或 150W，大功率焊台实物图如图 4-99 所示。

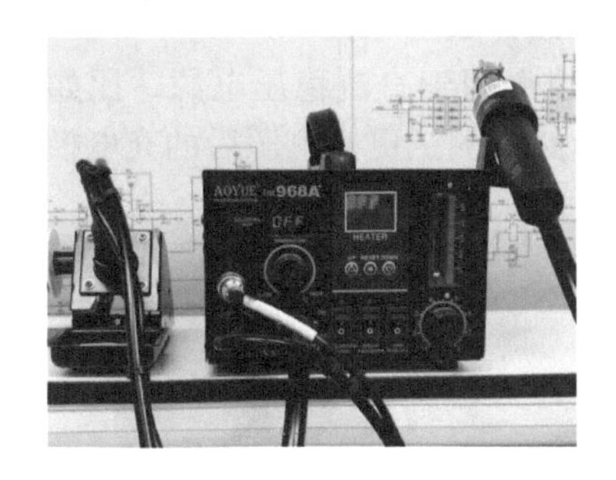

图 4-98　热风枪实物图

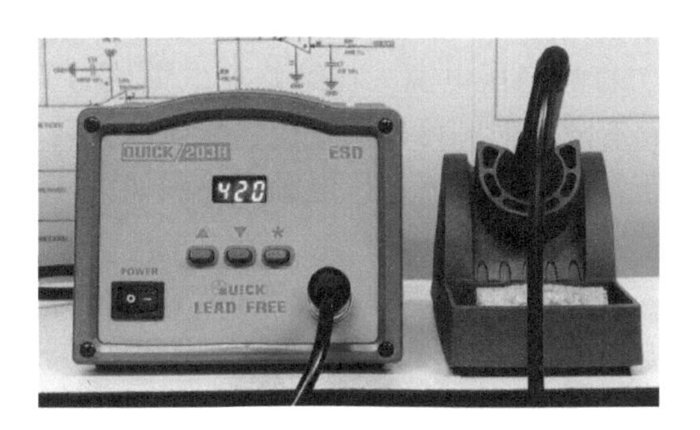

图 4-99　大功率焊台实物图

（3）吸锡器、焊锡和焊锡膏　在拆散热片时，先用大功率焊台熔化焊锡，然后用吸锡器把熔化的焊锡吸出来，只有把所有引脚都吸干净时，才能把散热片取出来。吸锡器、焊锡、焊锡膏实物图如图 4-100 所示。

（4）镊子、小刀、毛刷　在维修充电模块时，由于模块上经常要清除各种胶，所以要用到镊子、小刀和毛刷等小工具，如图 4-101 所示。

图 4-100　吸锡器、焊锡、焊锡膏实物图

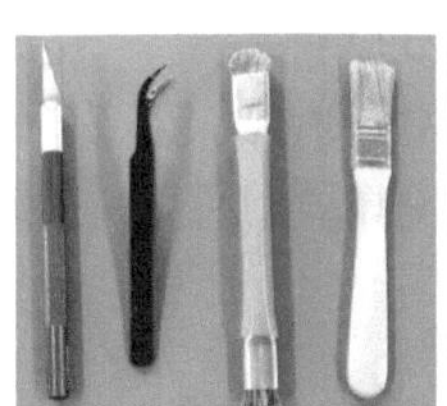
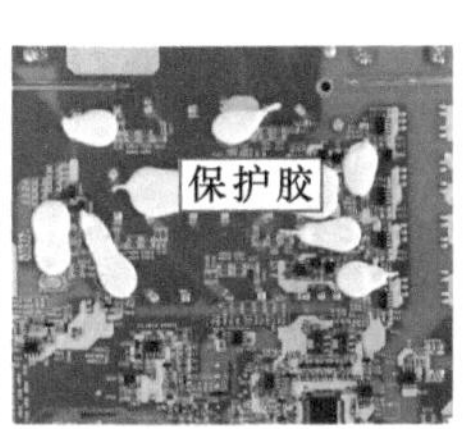

图 4-101　镊子、小刀、毛刷实物图

（5）电动螺丝刀　在维修充电模块时经常要拆装各种螺钉，此时需要用到电动螺丝刀。如图 4-102 所示是能充电的电动螺丝刀。

2. 必备的检测仪器

（1）万用表　在维修充电模块时，经常需要用到万用表，万用表的种类有很多，功能各不相同。在充电模块维修时，建议使用高配置的万用表，使用时会更加方便，测试结果会更加准确，特别是要具有测结电容的功能，如图 4-103 所示的万用表就可以测结电容。

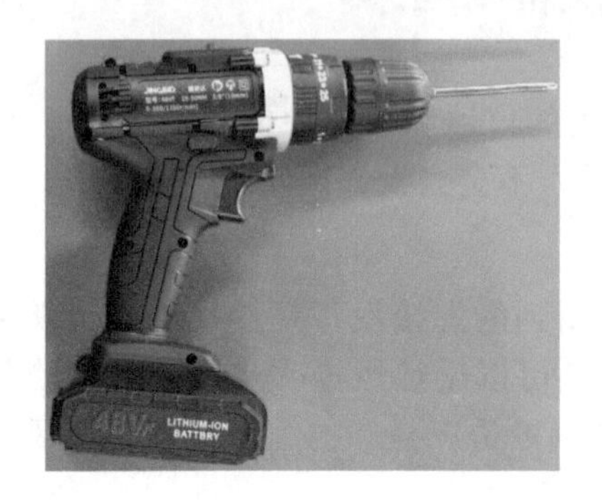

图 4-102 电动螺丝刀实物图

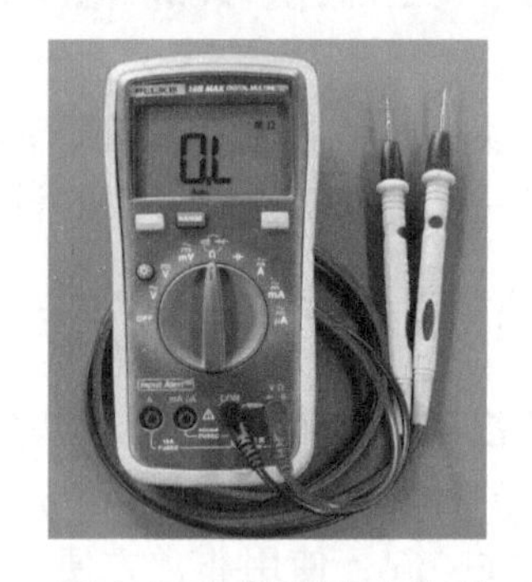

图 4-103 万用表实物图

（2）示波器 在维修充电模块时，也经常需要用到示波器。由于充电模块里的很多信号都是脉冲信号，所以要测试这些信号，就要用到示波器。并且充电模块里面的脉冲信号频率不会太高，只需要使用普通的数字示波器就可以，如图 4-104 所示。

（3）直流稳压电源 在维修充电模块时，有时也会用到直流稳压电源，比如在怀疑辅源电路有故障时，可以用直流稳压电源代替辅源电路，测试更换电源后的充电模块是否能恢复正常工作。直流稳压电源实物图如图 4-105 所示。

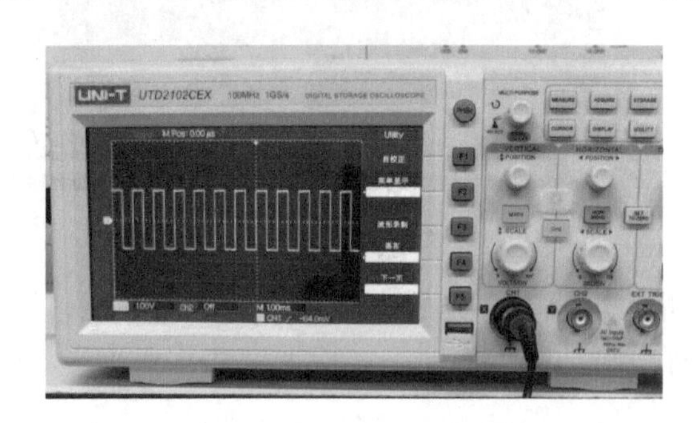

图 4-104 示波器实物图

图 4-105 直流稳压电源实物图

（4）软件测试台 在维修充电模块时，必须用到软件测试台，软件测试台由三个部分组成：第一部分是测试软件系统，主要作用是启动充电模块工作，设置测试数据，显示测试结果；第二部分是高压控制箱，其作用是控制负载的大小，显示测试电压、电流；第三部分是负载柜，由于充电模块要进行老化测试，所以必须带负载运行。软件测试台实物图如图 4-106 所示。

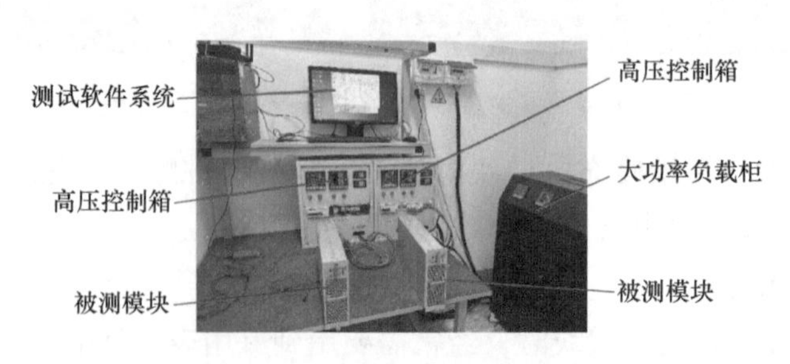

图 4-106 软件测试台实物图

4.13　英飞源 75050 充电模块的电路图

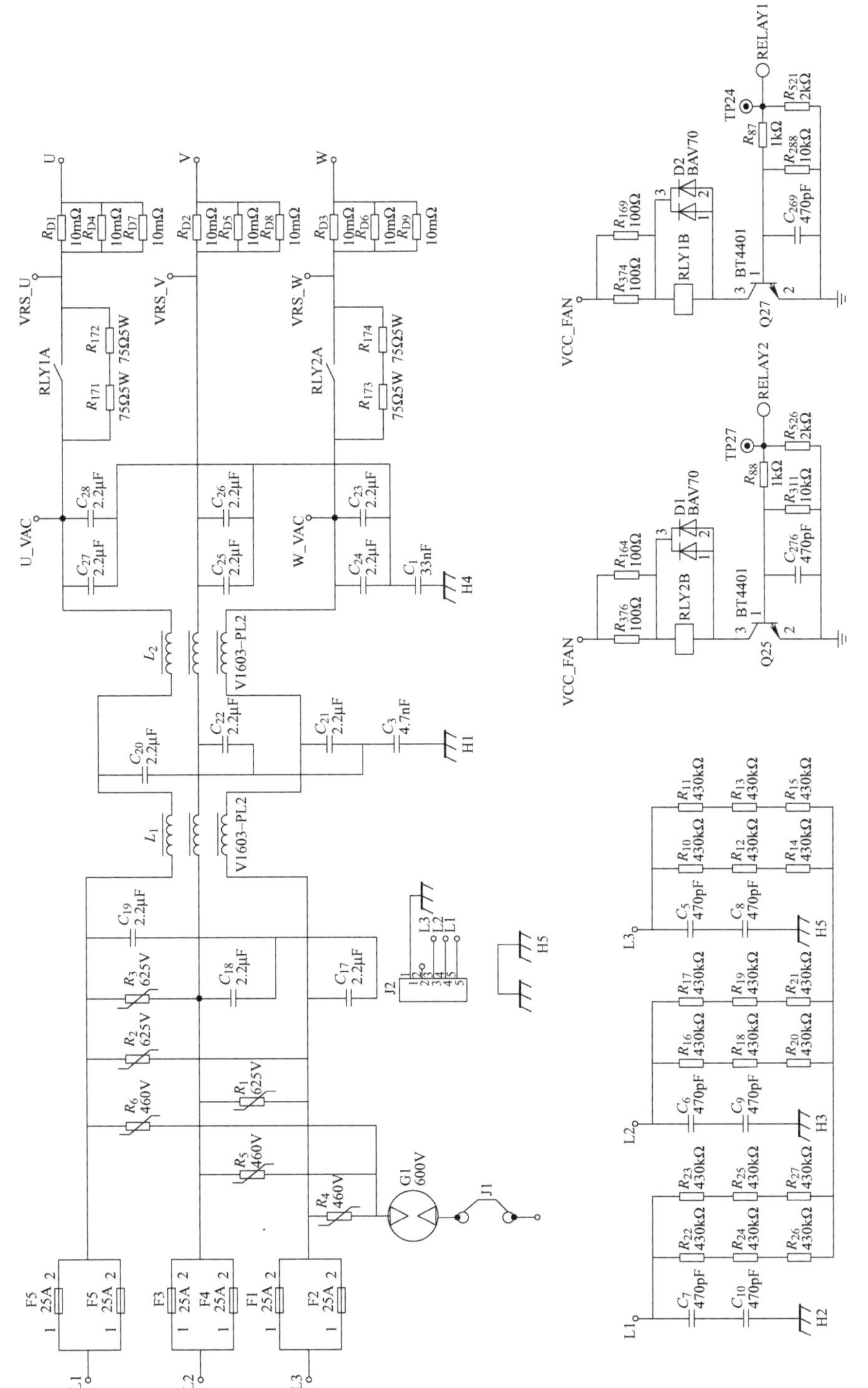

图 4-107　PFC 板 EMI 电路

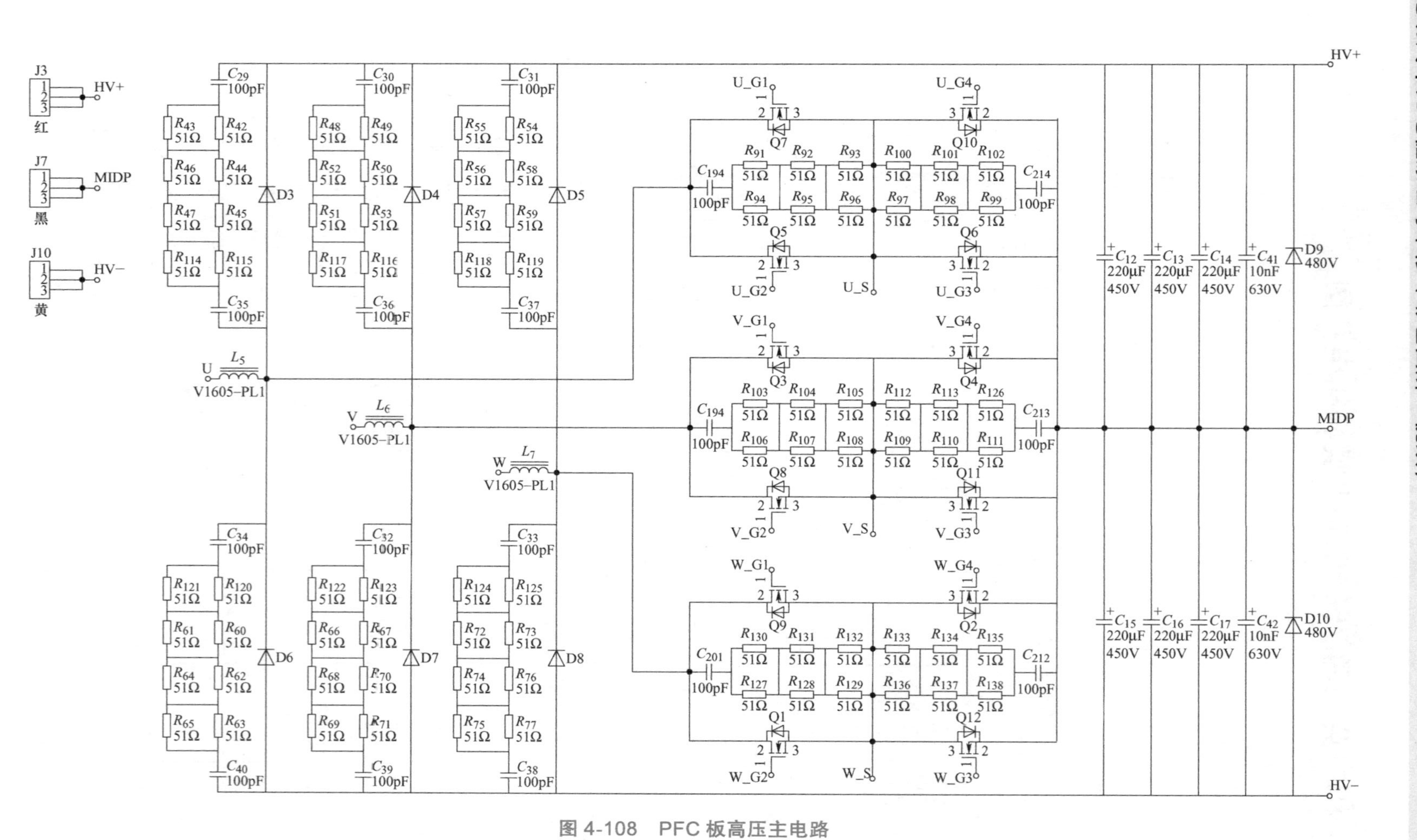

图 4-108　PFC 板高压主电路

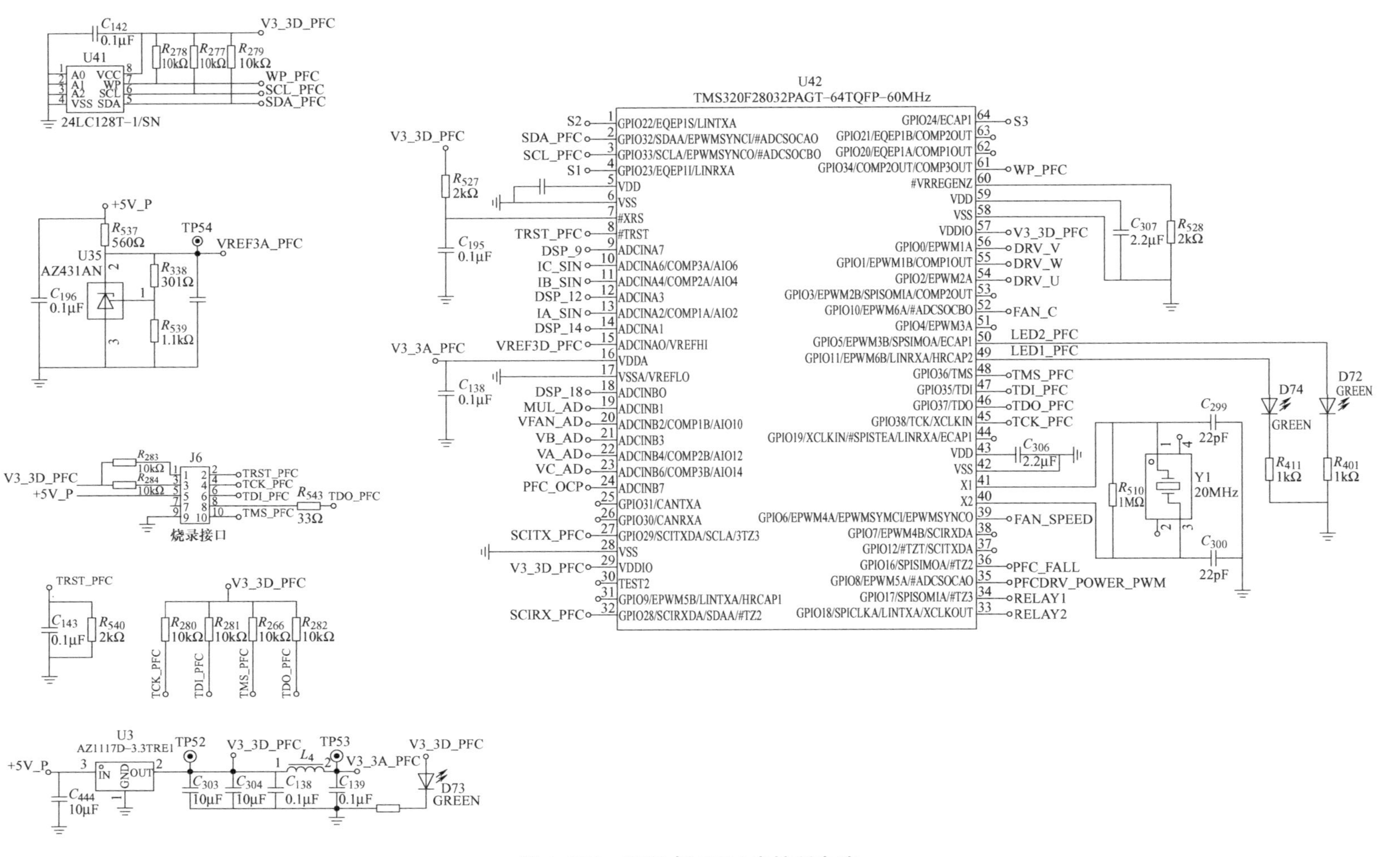

图 4-109　PFC 板 CPU 主控制电路

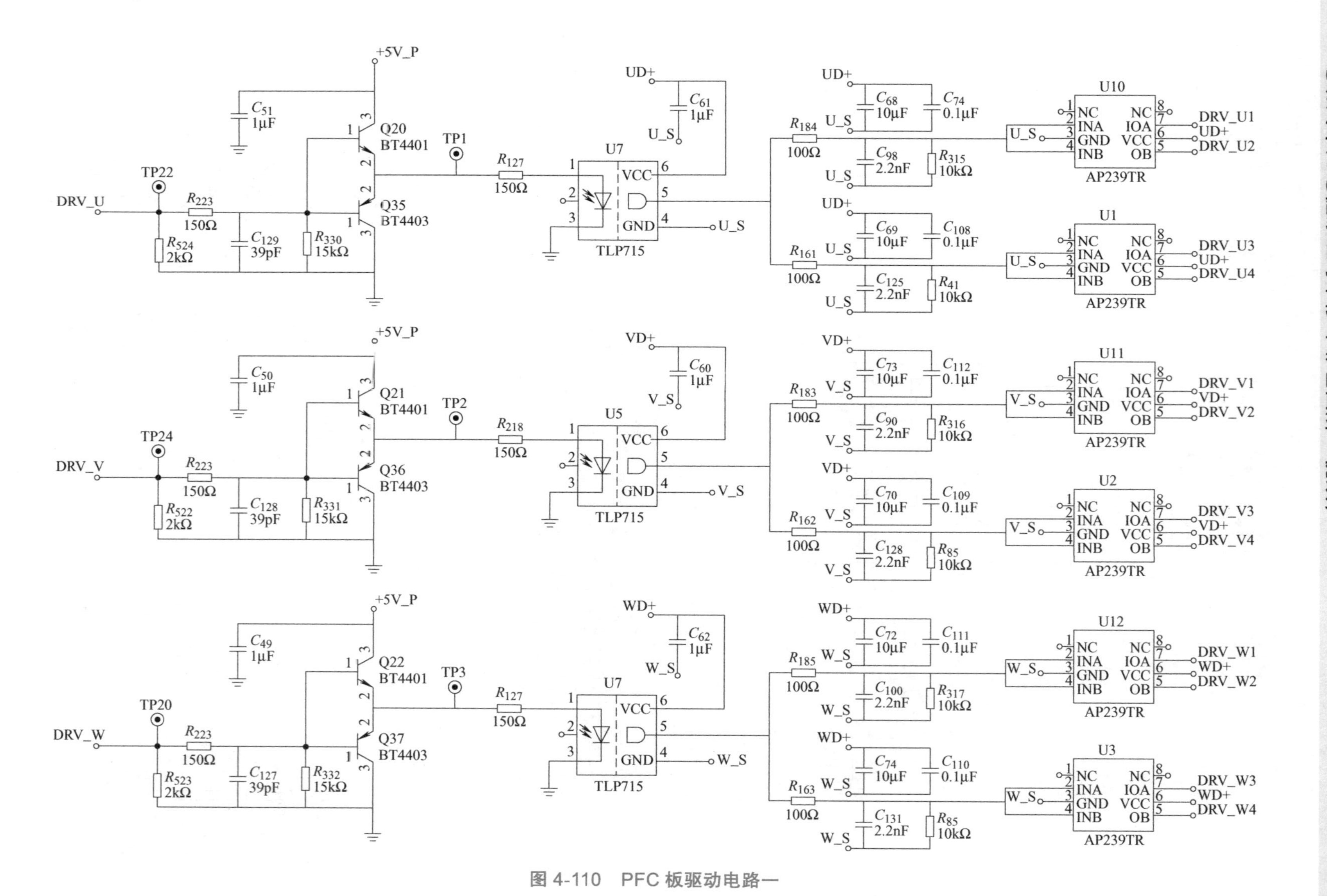

图 4-110　PFC 板驱动电路一

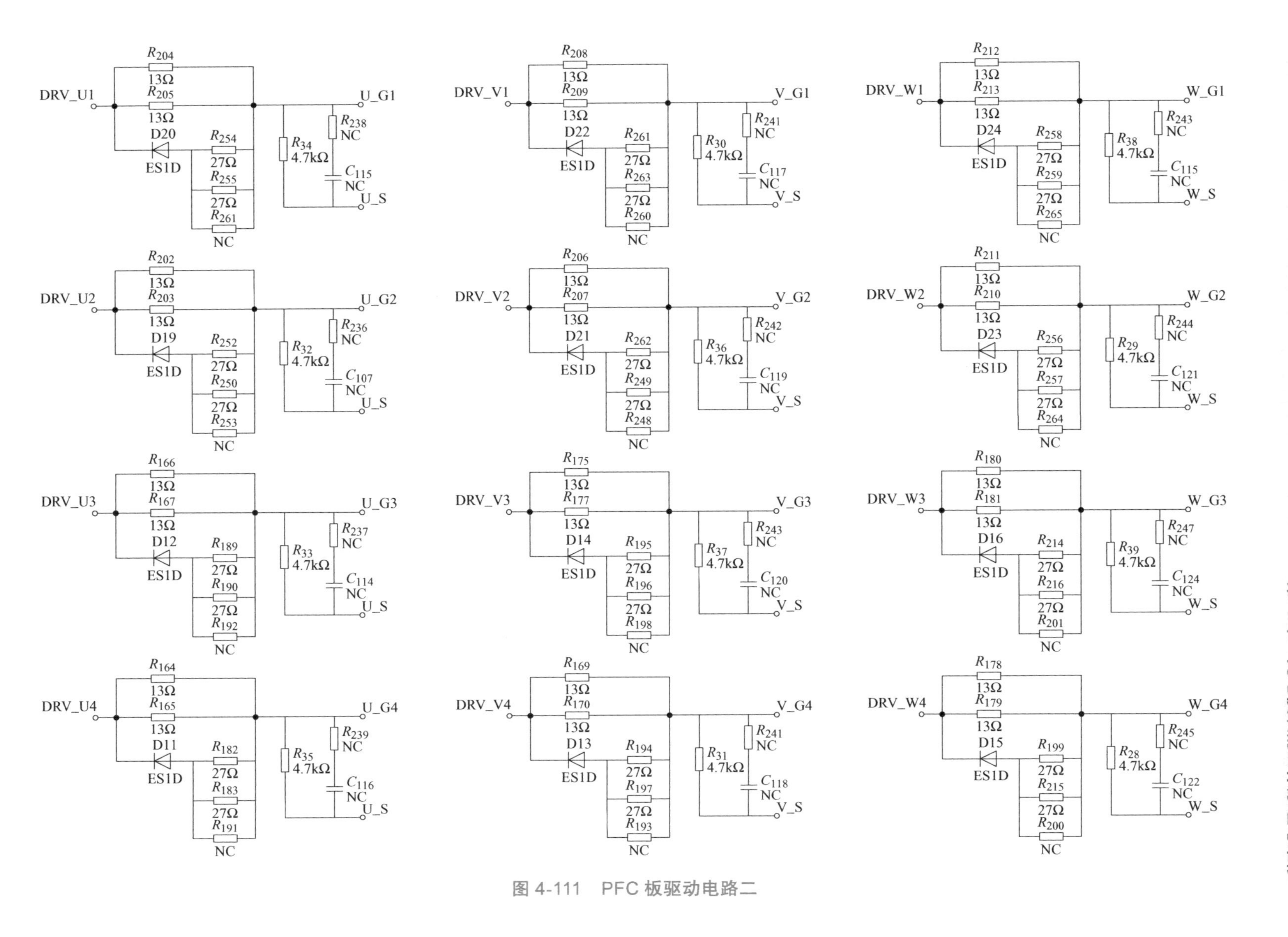

图 4-111　PFC 板驱动电路二

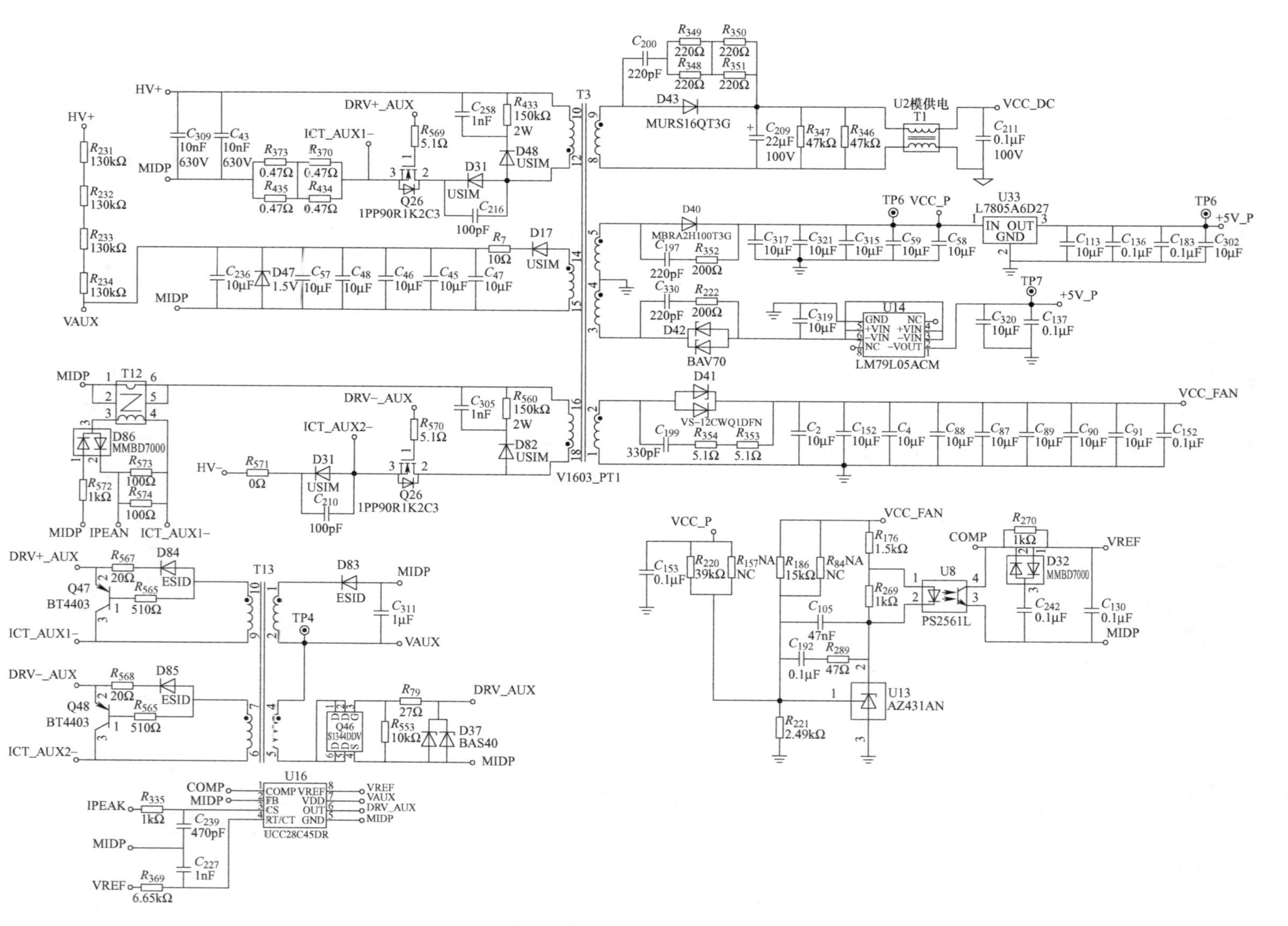

图 4-112　PFC 板主辅源电路

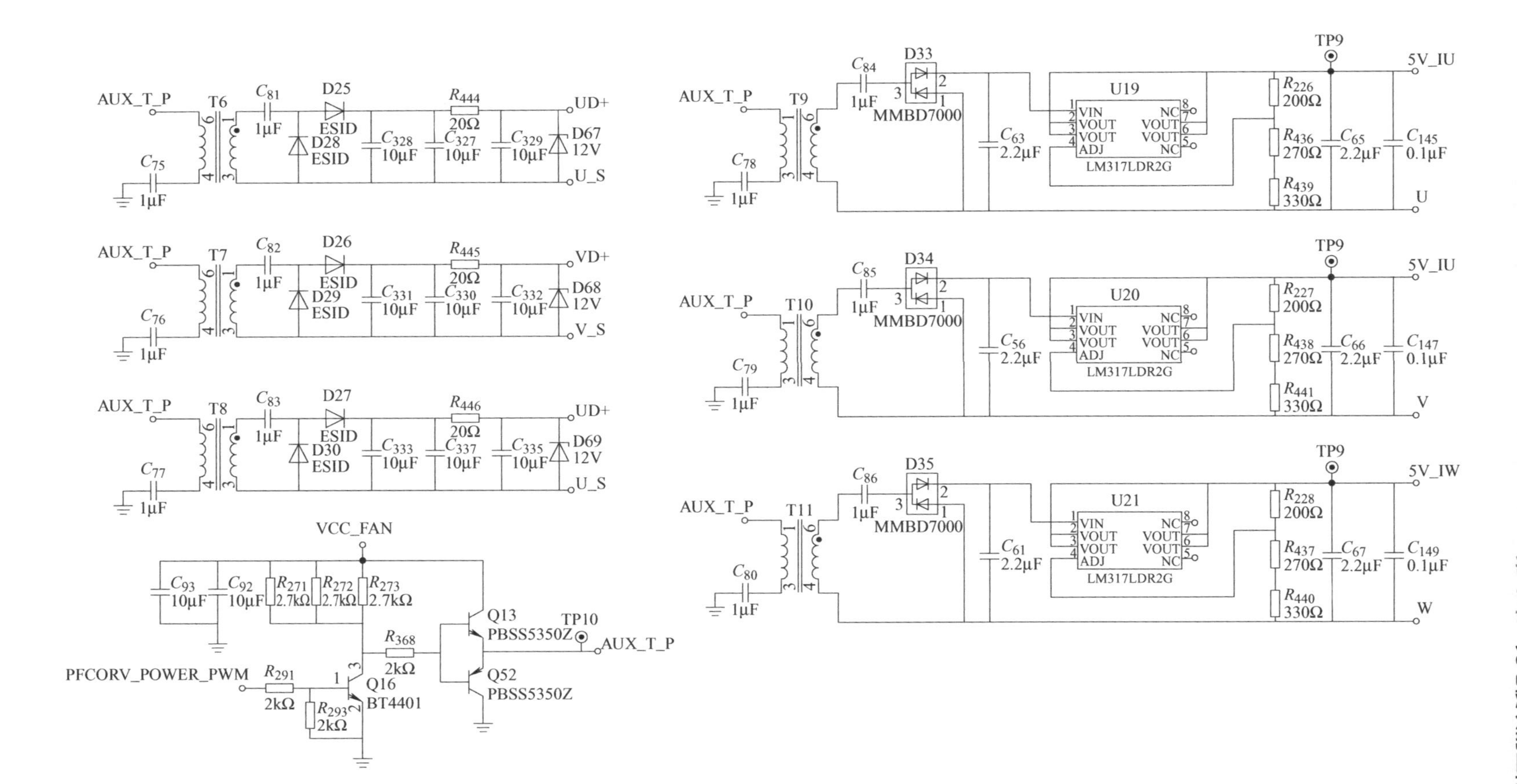

图 4-113　PFC 板次辅源电路

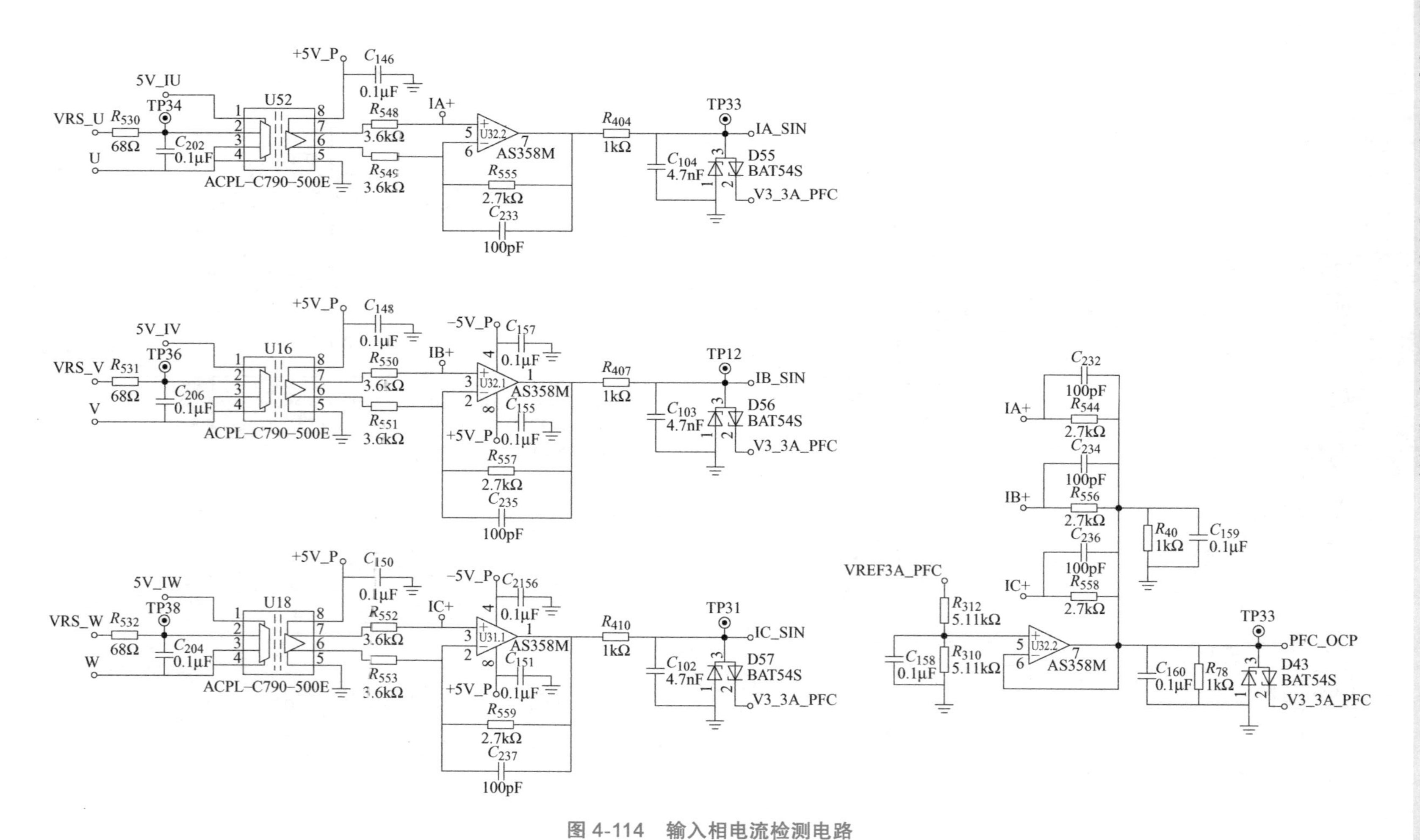

图 4-114　输入相电流检测电路

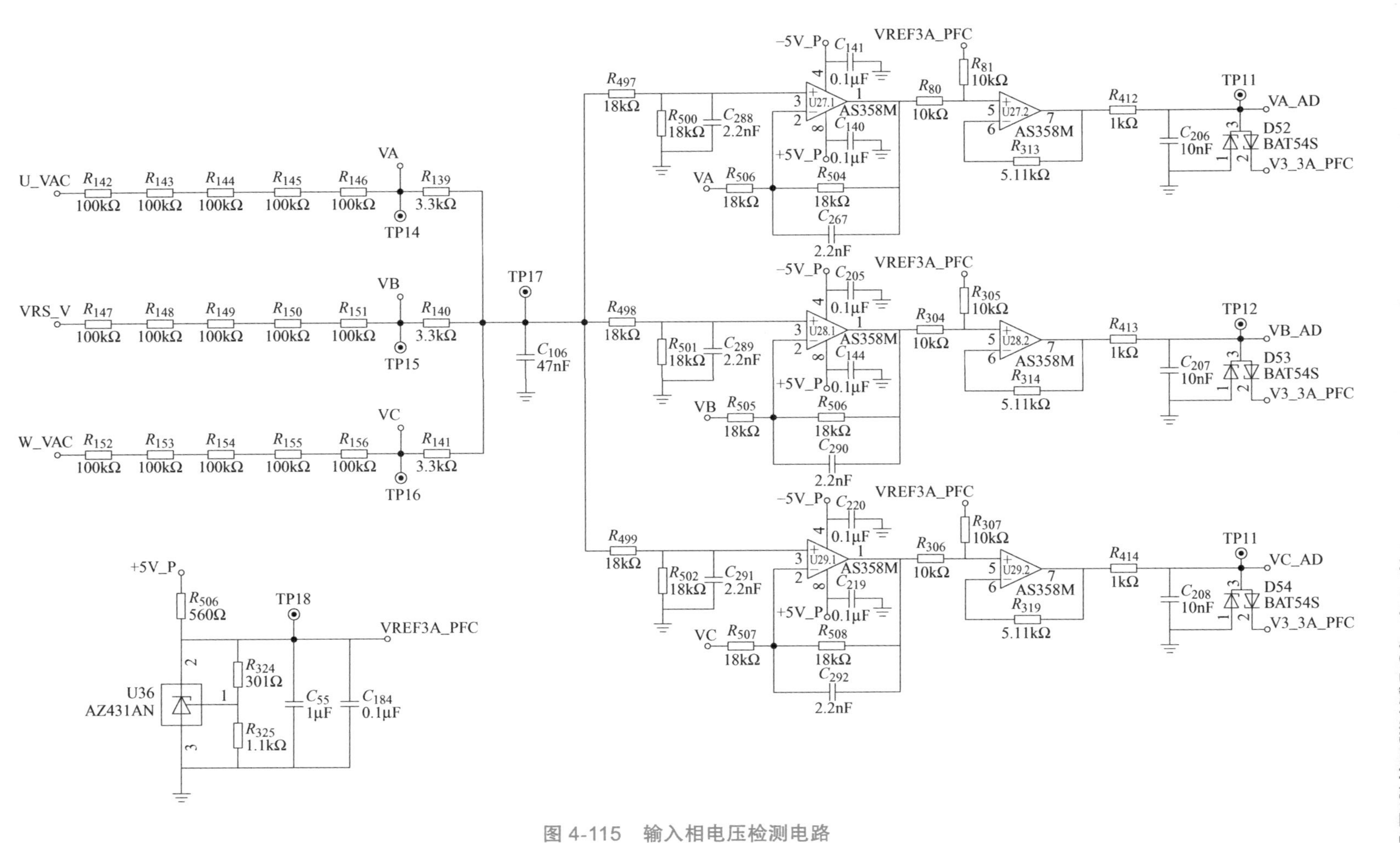

图 4-115 输入相电压检测电路

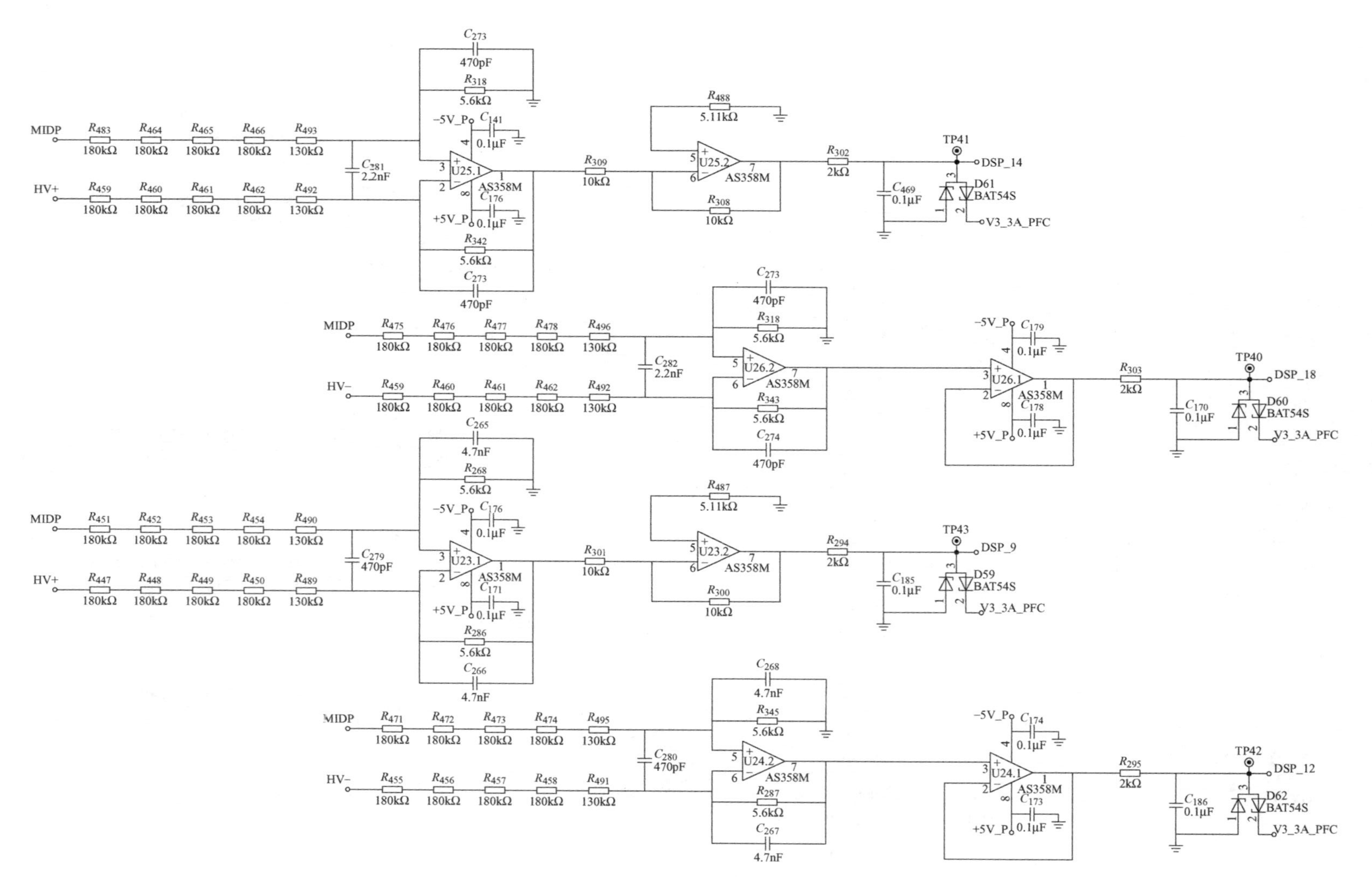

图 4-116 PFC 板输出电压检测电路

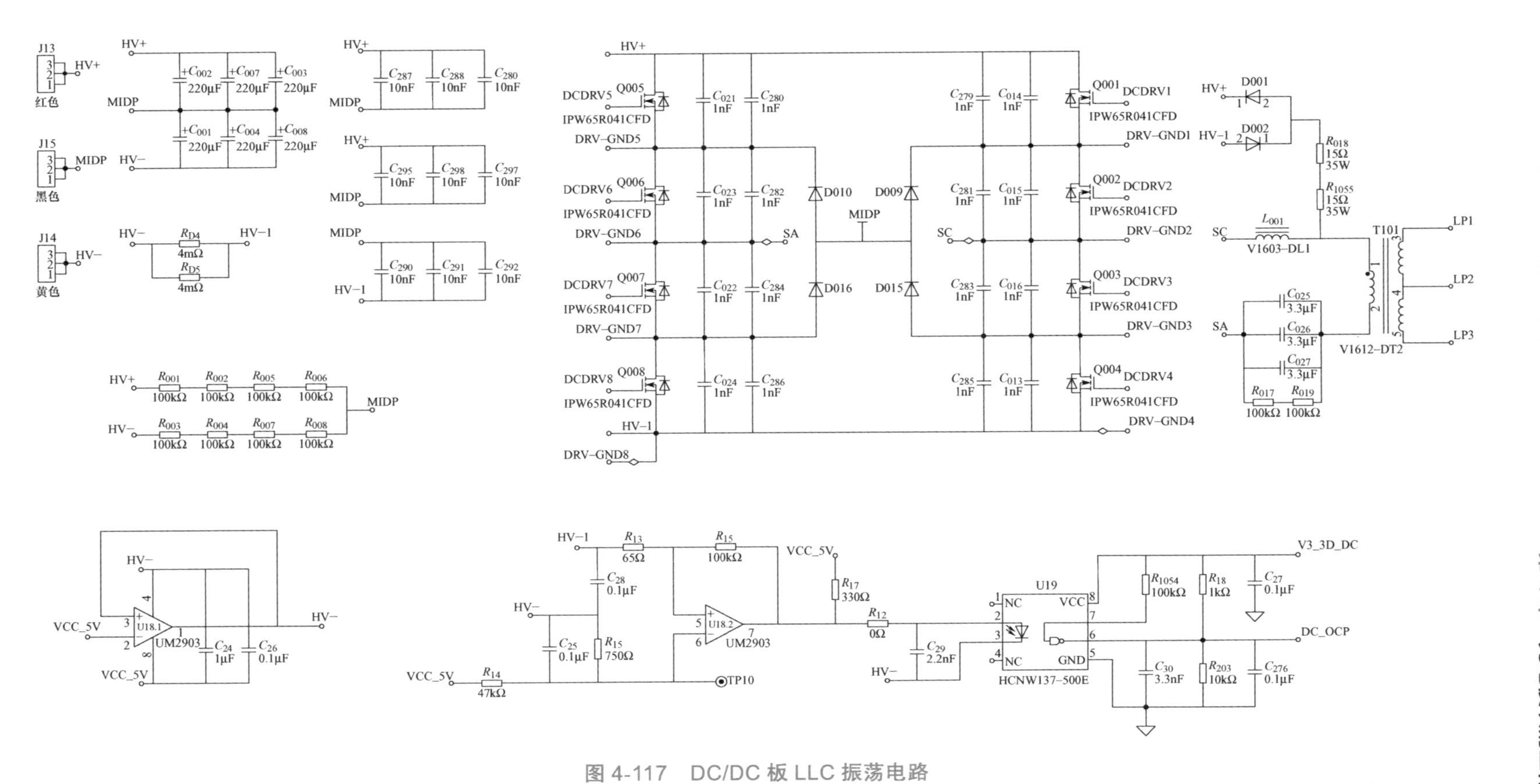

图 4-117　DC/DC 板 LLC 振荡电路

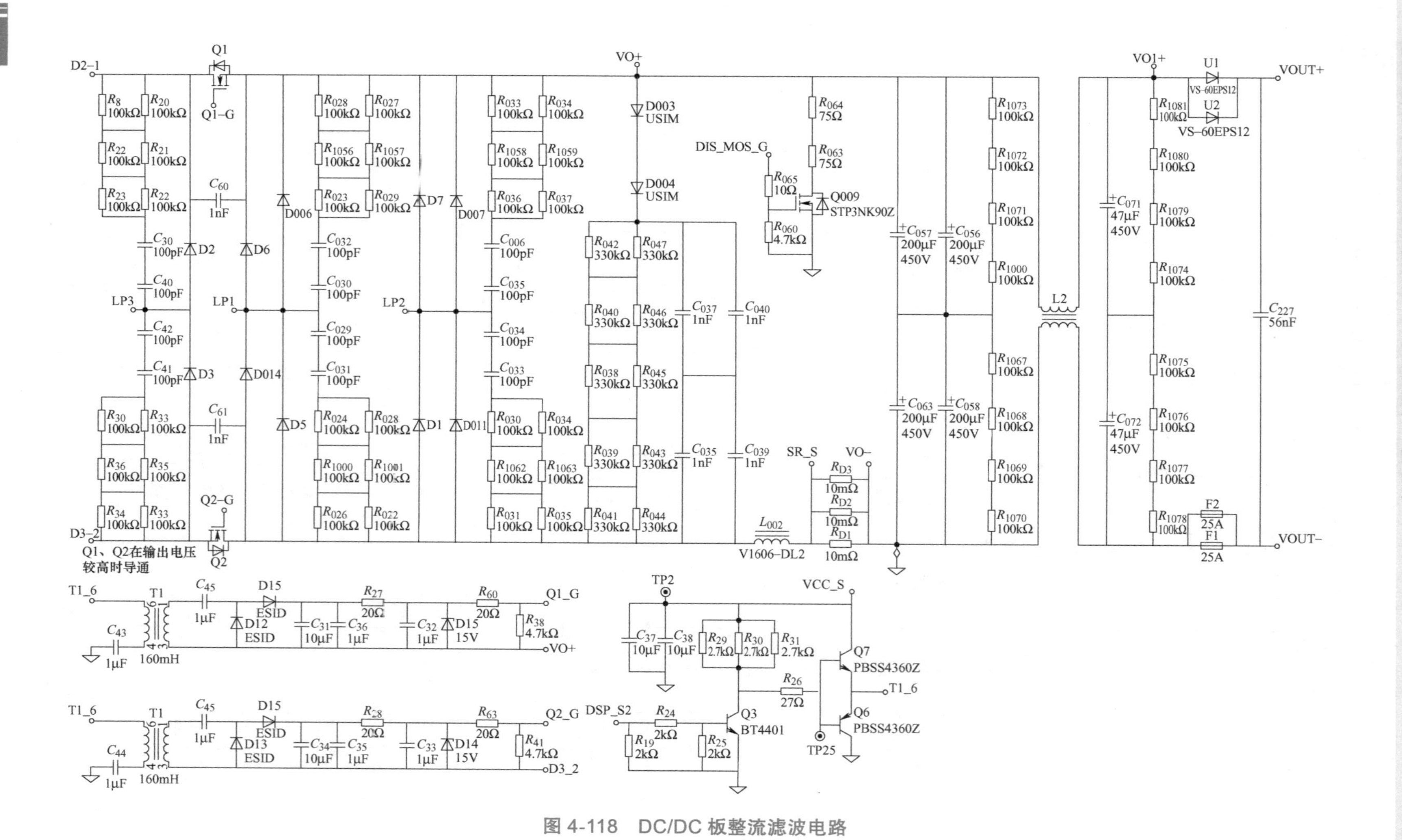

图 4-118　DC/DC 板整流滤波电路

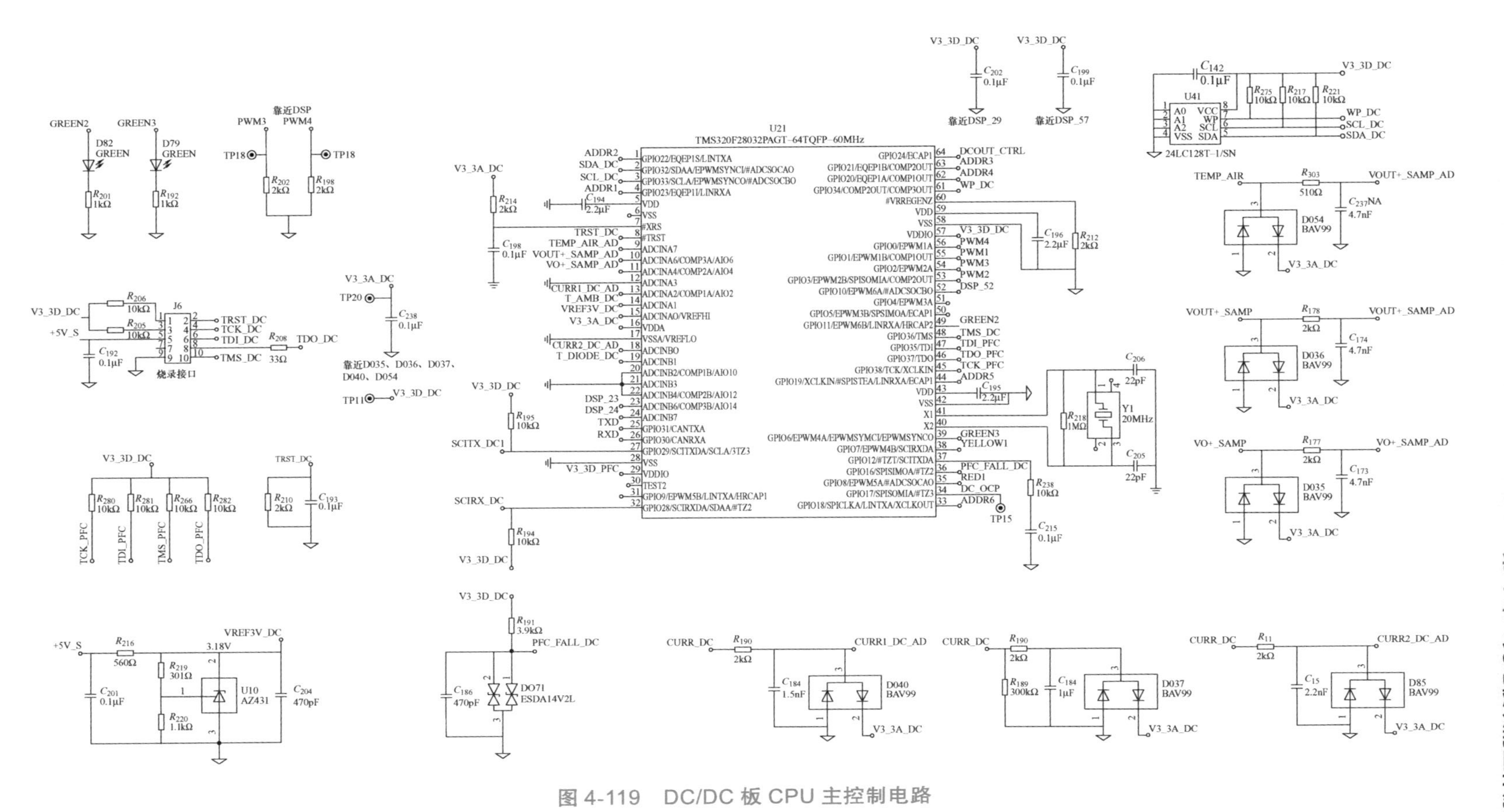

图 4-119　DC/DC 板 CPU 主控制电路

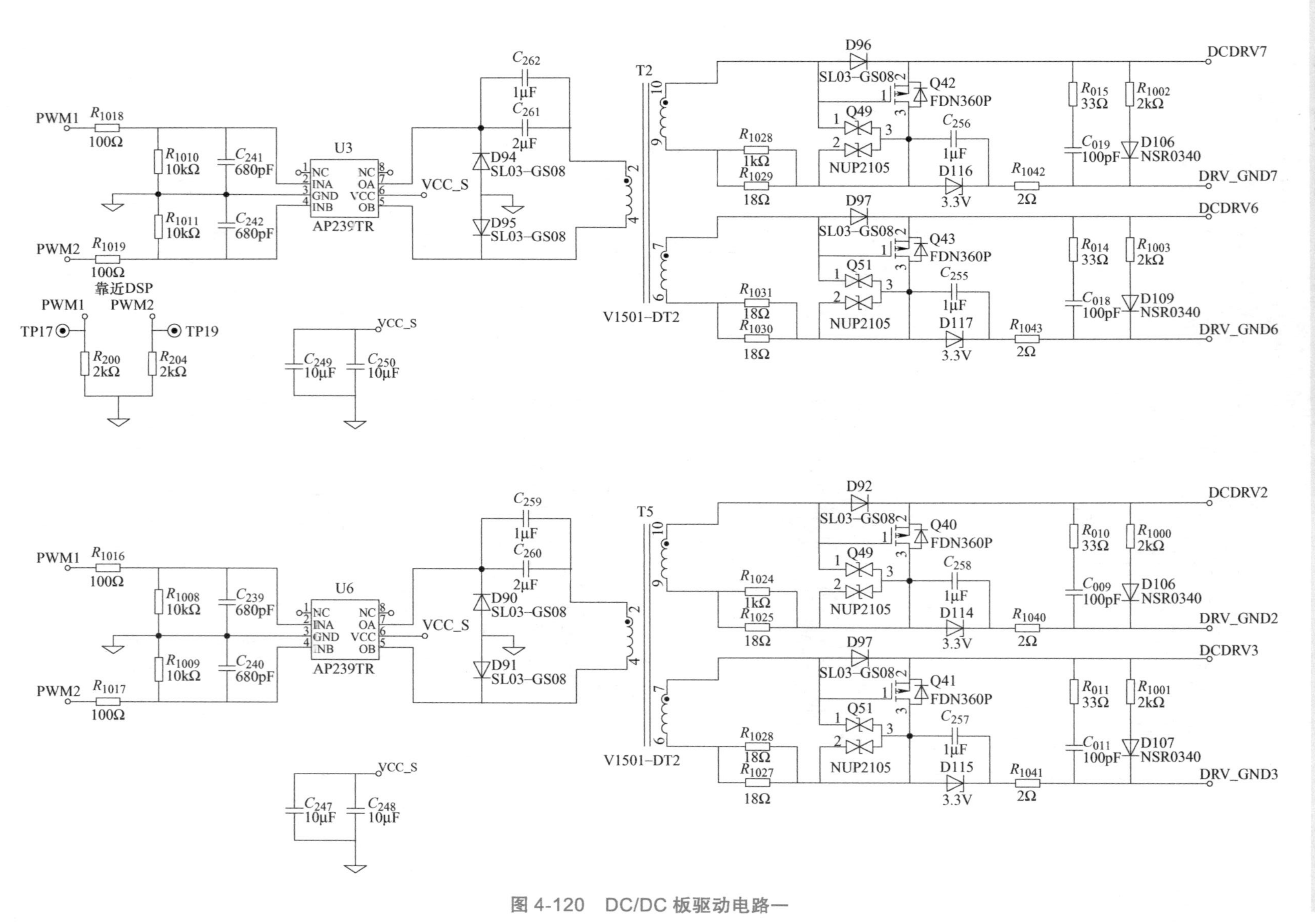

图 4-120 DC/DC 板驱动电路一

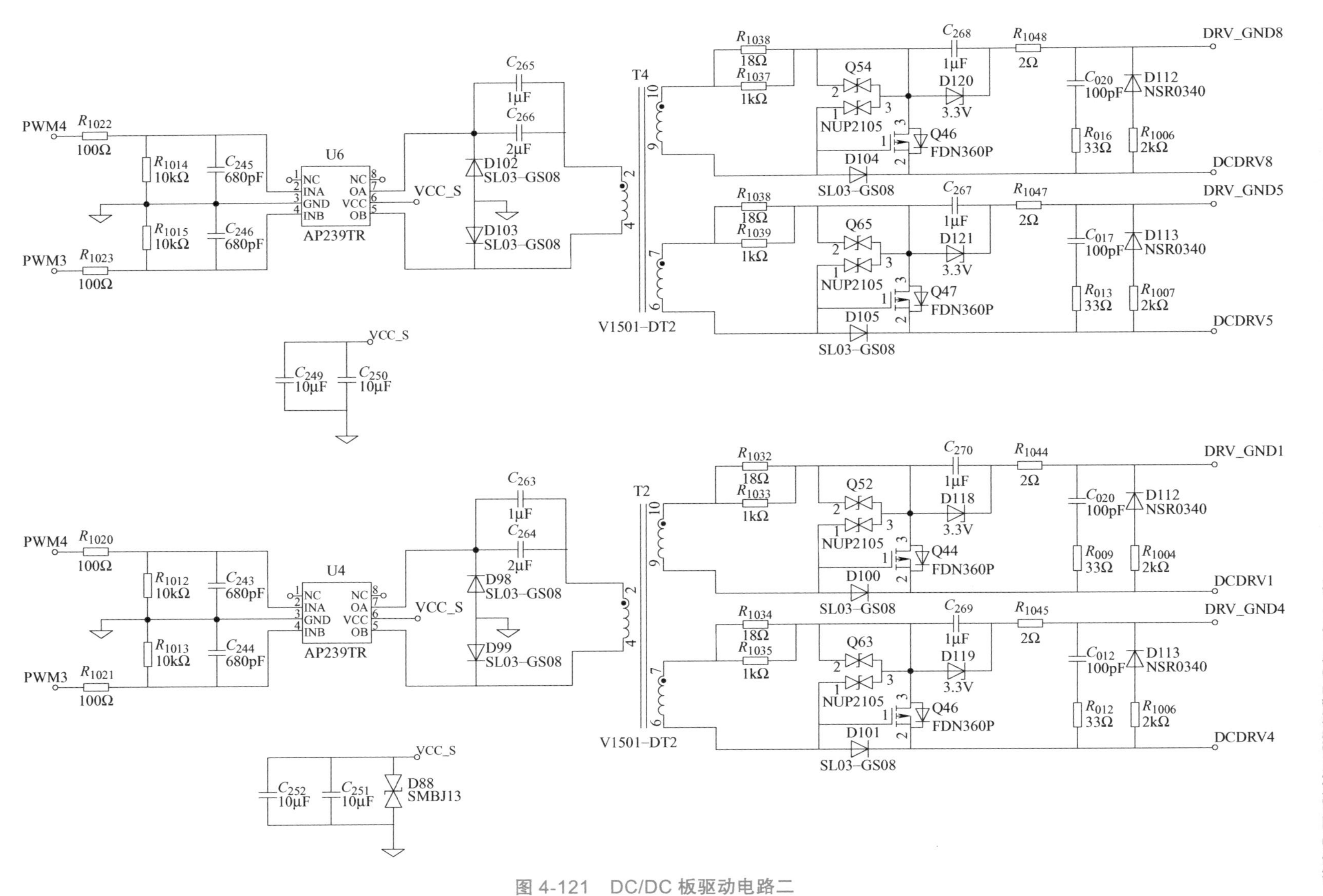

图 4-121　DC/DC 板驱动电路二

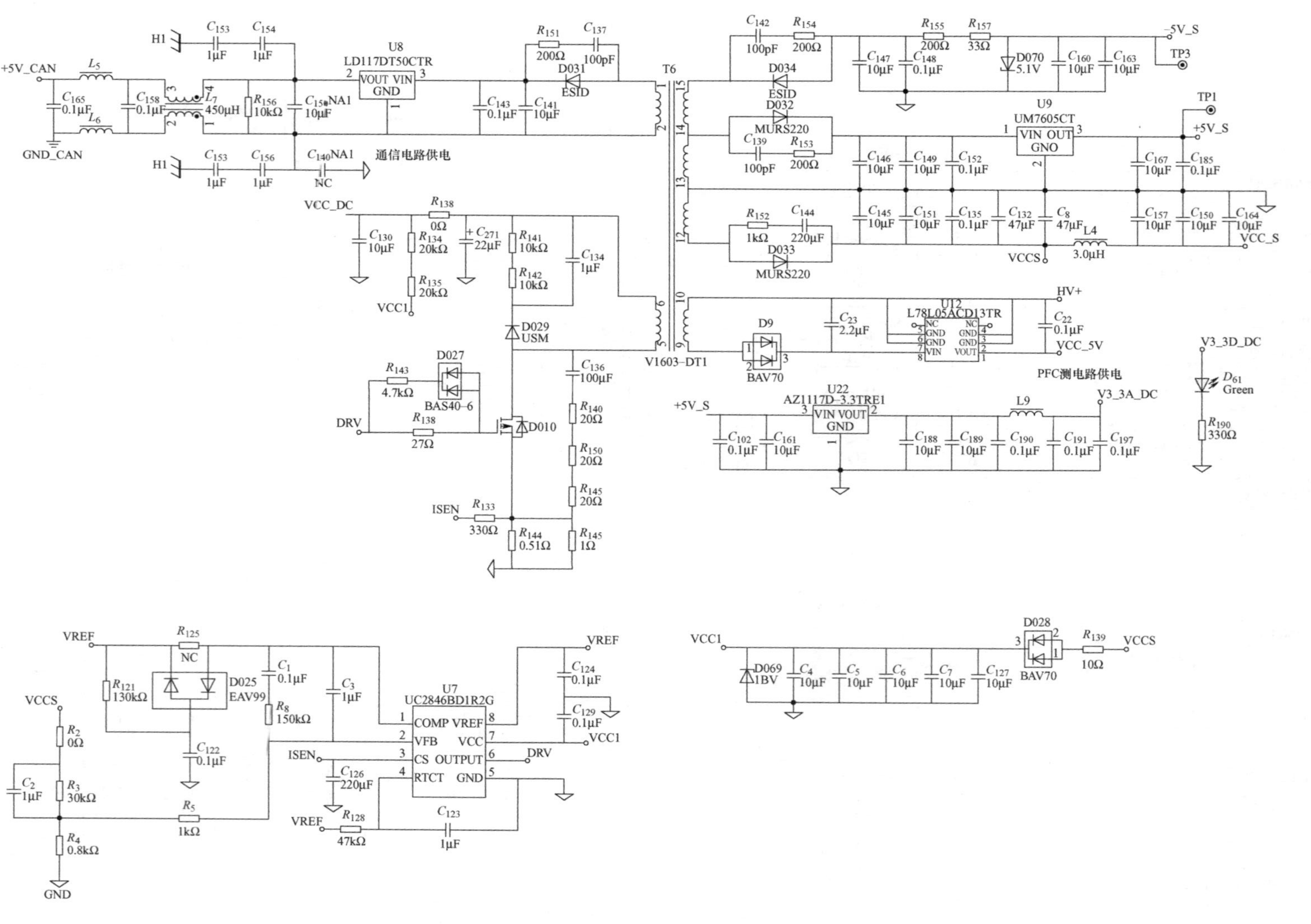

图 4-122 DC/DC 板辅源电路

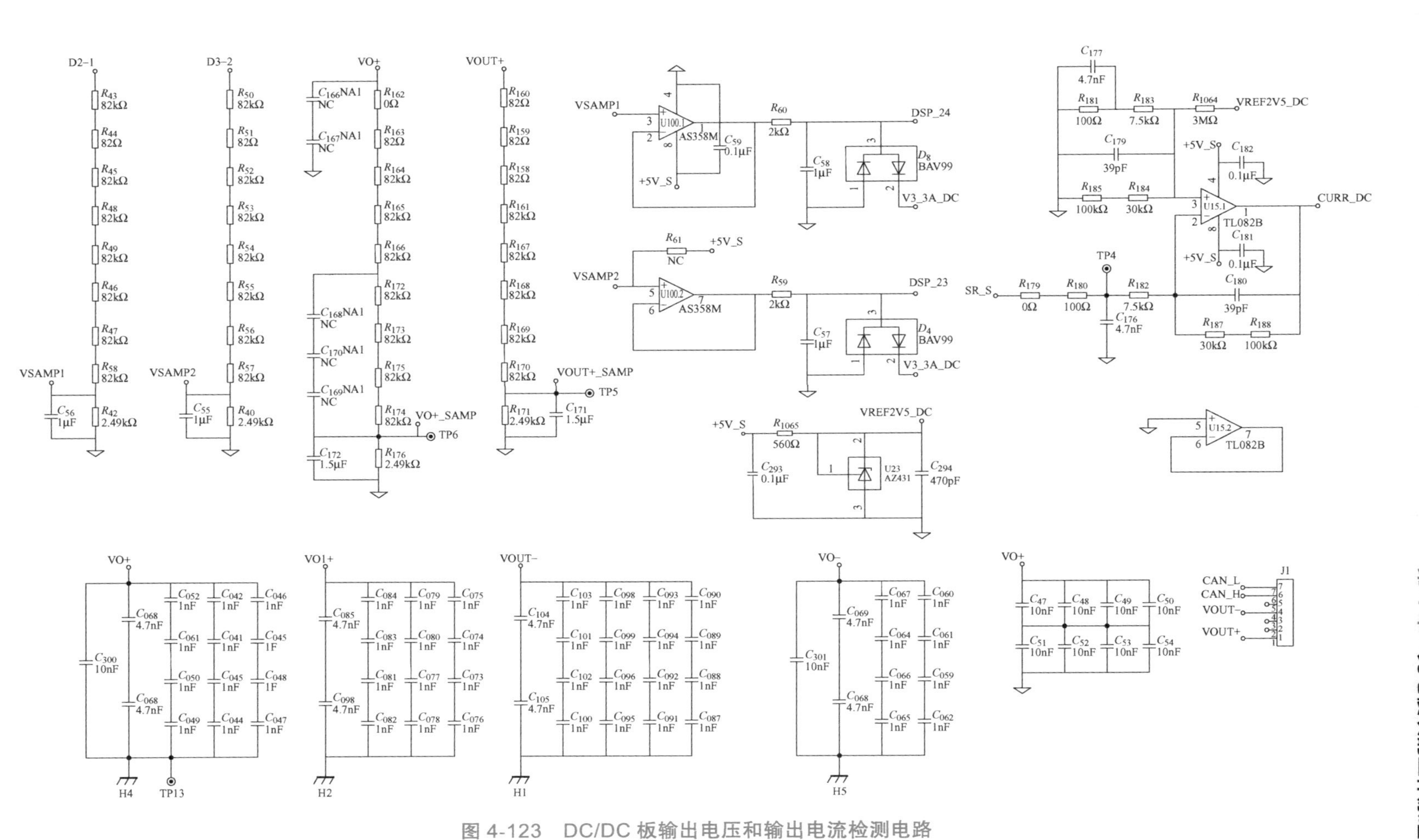

图 4-123 DC/DC 板输出电压和输出电流检测电路

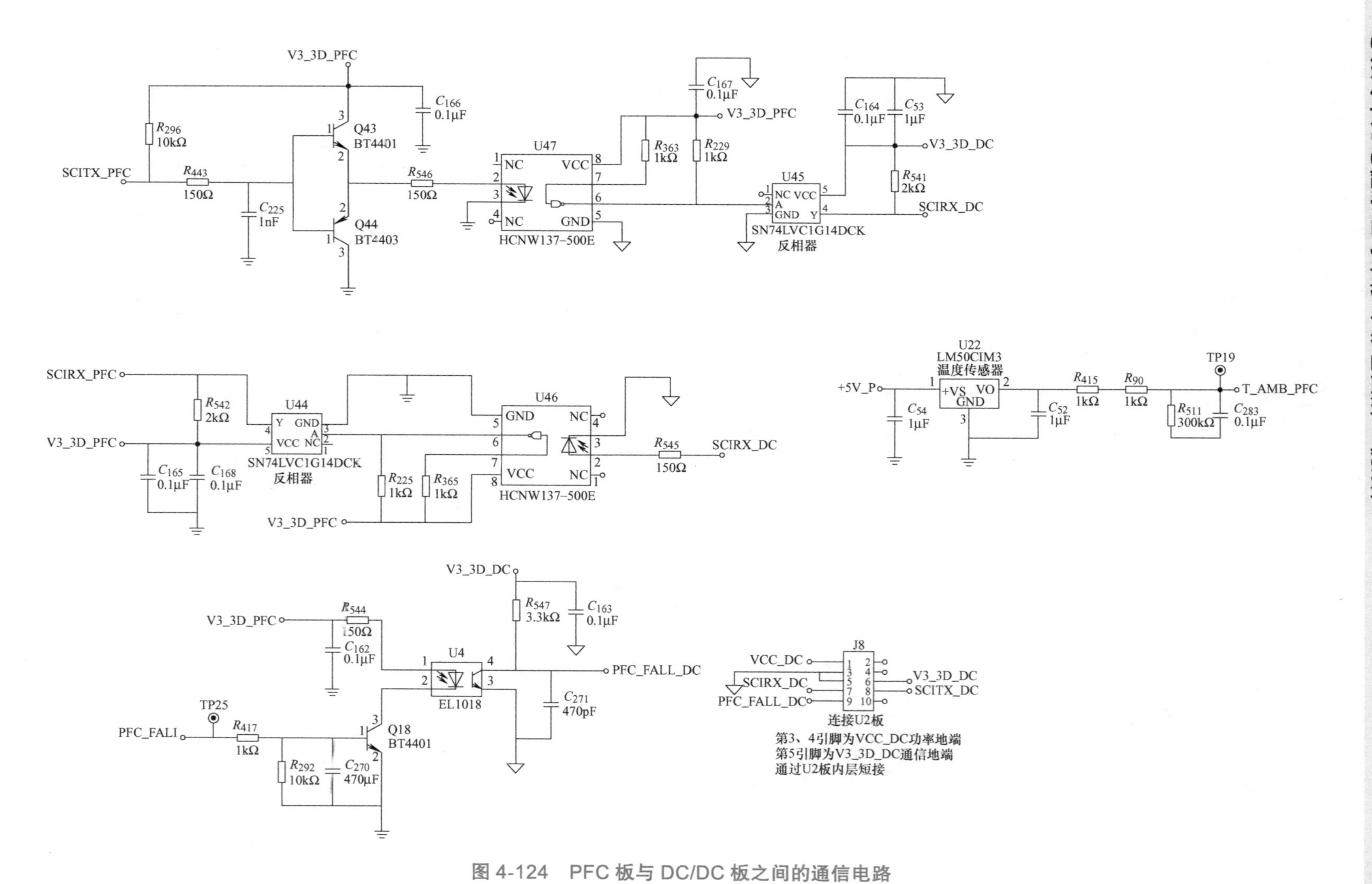

图 4-124　PFC 板与 DC/DC 板之间的通信电路

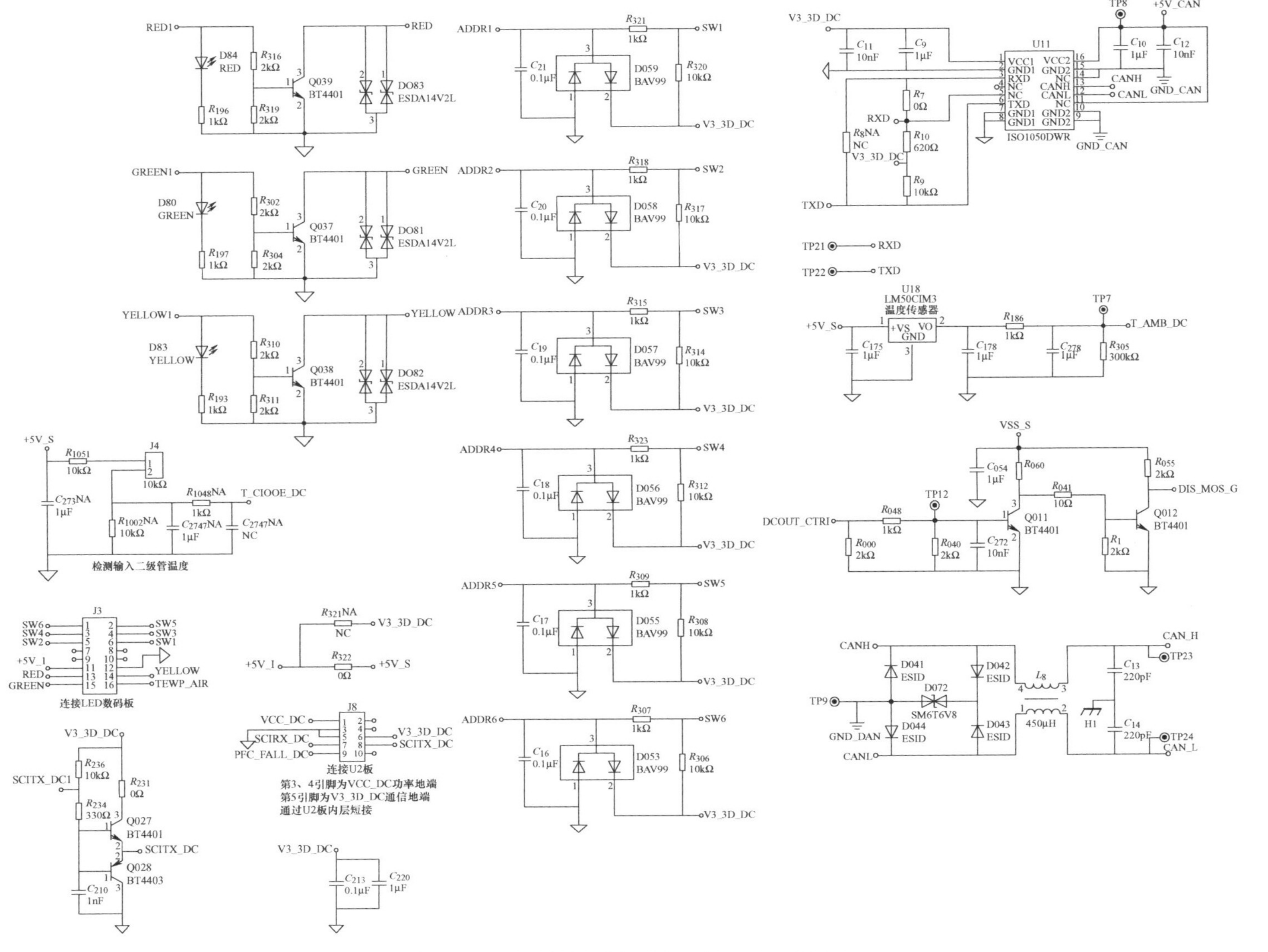

图 4-125　充电模块外部通信、编码及显示电路

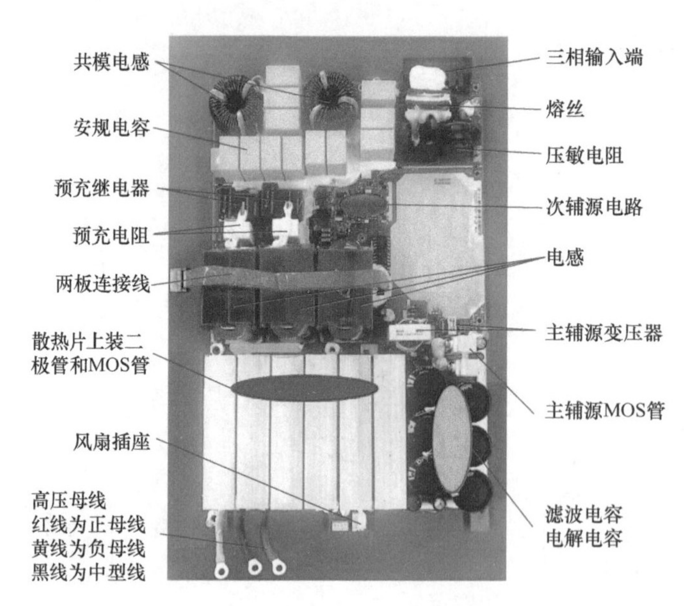

图 4-126　英飞源充电模块 75050PFC 板实物图

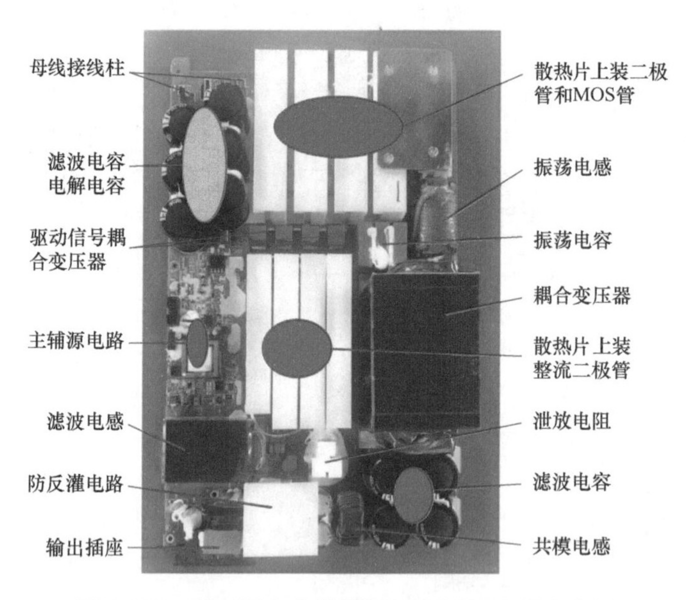

图 4-127　英飞源充电模块 75050DC/DC 板实物图